새로운 교육사회학

이 병 환 저

태영출판사

머리말

교육사회학은 교육과 사회관계를 거시적 · 미시적으로 분석하고 설명하는 교육학과의 기초과목으로 간주될 수 있다. 1950년대 '교육의 사회적 기초'로 개설되었고 1970년대에는 '학교와 지역사회'로, 1980년대 중반부터는 '교육사회'로 지칭되고 있다. 교육사회(학)는 교육현상을 설명하는데 중점을 두고 있다. 뿐만 아니라 학교체제, 학급 내 집단관계, 교사와 학생간의 상호작용을 포함하는 교육내적 측면의 인과적 관계를 설명하고 논의해 왔다.

교육사회학의 거시적 관점은 사회라는 전체 맥락과 구조 속에서 교육의 기능과 역할이 무엇이며 그것을 설명하고 논의하는데 초점을 두고 있으며 미시적 관점은 학교조직에서의 과정이나 상호작용에 영향을 주는 관계구조를 분석하는데 관심을 두고 있다. 교육사회학은 사회변동과 트렌드(trend) 변화에 대응해야 하는 학문이다. 사회변화에 적절한 진단과 처방이 우선적인 관심이요 책무로 보여질 수 있다. 따라서 사회현상을 분석하고 대안적 논의를 하는 것이 교육사회의 소임임에 틀림없다. 아울러 교육실천가로서의 지적 장인정신을 함양하고 사실과 현상들이 외양으로 나타나 보이는 것과는 다르다는 이해방식을 탐색하고자 한다.

사회현상으로써 인간에게 교육은 "교육을 통해서만이 인간이 되고, 인간은 사회를 통해서만 인간이 된다"는 말에서처럼 아주 먼 옛날 원시시대에서부터 우리와 함께 하였으며, 단지 그 의미가 시대와 사회에 따라 다소 차이가 있을 뿐이다. 이처럼 사회의 맥락 속에서 전개되고 있는 교육은 우리 모두의 관심사가 되고 있다. 특히 교육사회학은 오늘날 우리나라 교육의 대표적인 문제, 즉 삐뚤어진 교육열에 따른 입시교육의 문제, 학원폭력과 학교붕괴의 문제, 교육개혁의 전개과정에서 드러나는 이해집단 사이의 갈등문제, 사회불평등과 교육의 양극화, 다문화사회로의 진입에 따른 다문화 교육의 문제 등을 이해하는 데 도움을 줄 수 있을 것이다.

그런데 지금까지 교육사회학이라는 강좌는 예비교사들에게 교직 수행에 필요한 실질적인 도움이 되지 못했다는 푸념을 들어왔다. 교사를 학교(교실)에서 학생들과 더불어 지(知)와 행(行)의 가르침을 주된 혹은 우선적 과업으로 행하는 사람이라 정의할 때 교실, 학생, 가르칠 내용, 가르치는 방법은 교육대학과 사범대학 교육과정의 중심이 될 수밖에 없다. 즉 학교의 사회적 기능이나 교실 생태학적 분석 등이 주된 대상인 교육사회학이라는 강좌를 통하여 예비교사들이 무엇을 배우고 실천할 것인가? 흔히 들을 수 있는 교육대학과 사범대학 교육의 쓸모에 대한 교사들의 푸념은 어디에 근거한 것인가? 이러한 원인의 가장 중요한 부분은 교육대학과 사범대학 교육의 추상성(抽象性)에서 비롯되고 있다.

그런데 교육학을 전공하고 연구하고 있다는 우리나라의 교육대학과 사범대학 교수들이 강의하는 강의실에서도 그대로 이러한 일이 벌어지고 있음이 안타깝다. 교원임용시험을 대비한다는 이유로 추상적인 교육학 관련 이론들을 맹목적으로 예비교사들에게 주입하였다. 교육학 관련 과목들이 철저하게 예비교사들의 삶과 유리되어 있는 지식의 이름으로 일방적으로 가르쳐졌다. 교원양성기관에서 예비교사를 길러 내고 있는 교육학자로서 그들에게 늘 미안한 마음을 가져 왔다. 이런 현실적 고발에 대해 보다 친숙하게 들을 수 있는 말이 있다면 그것은 바로 현장성(現場性)이라는 용어일 것이다.

무엇보다도 우리나라의 교원양성기관은 교육의 특수성에 대한 충분한 진단이 부족함에서 반성의 여지가 있다. 교육의 특수성에 대한 배려는 이 책 집필의 시종(始終)에서 우선적으로 고려되었던 핵심적인 관건이다.

이 책은 교육에 관심을 갖는 여러분들에게 사회현상으로써 교육현상을 이해하는 데 도움을 줄 수 있을 뿐만 아니라 예비교사들의 교직소양 함양에 기초자료들을 제공하고자 하였다. 그래서 그동안 일반교직이 우리 교육현실을 도외시한 채 외국이론의 소개만을 다루고 있다는 비판을 수용하여 최근 국내에서 이루어진 연구와 교육현장의 소리 및 관련 자료들을 보완하려는 노력을 기울이면서 우리나라 전반의 교육현실을 이해하는 데 도움이 되고자 하였다. 다시 말하여 모든 교육 현상을 학교 현장의 입장에서 의미를 부여하거나 설명하고자 하였다.

이 책의 집필을 마무리하면서도 여전히 교육 관련 세간의 관심사에 대한 명쾌한 해답을 줄 수 없음이 아쉬움으로 남는다. 앞으로도 알찬 내용으로 독자 여러분들의 성원에 보답할 것을 약속하며 항상 초심을 저버리지 않을 것을 재차 다짐해 본다. 끝으로 이 책을 출간하기 까지 협조해 주신 분들의 노고에 감사드리며, 아울러 이 책의 출판 전반에 걸쳐 많은 수고를 하신 태영출판사 임직원 여러분께 감사의 마음을 전한다.

2014년 9월

전남 순천의 향림골에서
저자 이병환

제1장

교육사회학의 성격과 발달

1. 교육과 사회
2. 교육사회학의 기원
3. 교육사회학의 성격
4. 한국에서의 교육사회학
5. 교육사회학의 가치

본 장에서는 교육사회학의 개념과 대두배경 및 발달과정을 알아보고자 한다.

교육사회학이 무엇인가를 정확하게 규정하기란 매우 어려우나 교육사회학에 입문하는 학도에게 기본적 정의는 도움이 된다. 이러한 필요를 충족시키기 위한 정의는 다음과 같이 제시될 수 있다.

교육사회학은 사회적 상황 속에서 개개인의 교육적 경험에 관하여 연구하는 학문이다. 이 때의 사회적 상황은 집단 · 조직 · 문화 및 사회를 포함하므로 교육사회학은 교육과 개인 · 집단 · 조직 · 문화 · 사회와의 관련성에 대한 탐구가 된다. 즉, 개인과 교육과 사회와의 상호관련성에 관한 연구인 것이다. 교육사회학은 교육학과 사회학을 접합한 학문이므로 두 학문에 대한 이해를 요구한다.

1. 교육과 사회

인간은 사회 속에서 살아가며 사회를 떠나서는 존재할 수 없다. 그런 점에서 인간은 사회적 동물이다. 교육은 인간을 인간답게 만드는 의도적인 활동이다. 그러므로 인간에게 교육은 필수적인 활동이다. 교육의 주체이자 대상이 인간이고 인간은 사회 속에서 인간다움을 유지한다. 이런 논리에 비추어 본다면 교육은 사회 속에서 이루어지며 사회를 이해하는 것이 교육이라는 등식이 성립된다. 교육이 사회에 대하여 갖는 관계는 다음과 같이 요약될 수 있다.

① 기본적 관계(교육의 사회적 본질) : 교육은 본질적으로 사회적 속성을 지닌다.
② 수동적 관계 : 교육은 사회(정치 · 경제 · 문화 · 사회)로부터 영향을 받는다.
③ 능동적 관계 : 교육은 사회에 적극적으로 영향을 미친다.

교육도 우선은 사회의 포로나 꼭두각시와 같은 피구속적인 활동이다. 이는

교육의 수동적 기능을 의미한다. 즉 교육은 사회가 만들어 놓은 각본대로 이루어지는 측면이 강하다. 교사든 학생이든 학부모든 이미 사회에 의해 만들어진 제도와 내용과 방식에 따라 교육에 관여한다.

반면 교육은 사회를 변화시키는 능동적 기능 또한 갖고 있다. 그것은 주체적 인간형성을 추구하는 교육을 통하여 이루어질 수 있다. 교육은 사회의 다른 부문에 대하여 완전히 구속적인 것이 아니라 상대적 자율성을 가진 하위부문이다. 교육제도와 관행 그리고 교육행위자들(교사, 학생, 교육행정가, 학부모 등)이 익숙하게 하는 교육행동(교육과 관련된 행동)의 의미와 메카니즘을 이해하고 의사결정 과정에 참여할 때 주체적 교육행위자가 될 수 있다. 또 그러한 주체적 교육행위자들에 의해 교육이 운영될 때 주체적 교육이 될 것이다.

교육은 사회적 현상으로써 사회 속에서, 사회에 의해서, 사회를 위해서 수행되는 사회적 현상의 하나다. 교육의 목적과 내용도 사회적인 성격의 것이며 교육의 방법도 그 사회의 사회관계로부터 영향을 받는다. 따라서 교육의 모든 과정은 사회적인 과정이다. 교육사회학이라는 학문이 존재하는 근본적 이유는 바로 교육의 본질뿐만 아니라 교육의 과정(過程, process)과 결과도 사회적인 것이라는 데 있다(이종각, 2013: 53).

이상의 논의에서 확인했듯이 교육은 사회 속에서 이루어지는 사회적 행위다. 교육이라는 활동은 그 자체로만 존재하지 않는다. 사회의 복잡한 맥락 속에서 형성되는 사회적 현상의 일부다. 교육의 내용은 사회적으로 형성된 문화적 요소들이라는 점, 교육의 과정은 교육자와 피교육자간의 상호작용적인 인간관계를 통해 교육활동이 전개된다는 점, 사회가 용인하는 기준에 입각한 긍정적인 행동변화, 가치를 추구하고 있다는 점에서 교육은 사회적 과정임을 분명히 할 수 있다. 즉 교육은 사회 속에서 전개되고 있으며 상호 밀접한 관계를 지니며 영향을 주고받음을 알 수 있다.

교육과 사회의 관계를 역사적 관점에서 살펴보기로 하자. 교육의 현상은 아주 먼 옛날 원시시대에서부터 있어 왔다. 인류 문명의 발달과 함께 교육

현상이 점차 체계화되어 왔는데 교육은 사회의 발달과 함께 꾸준히 변해 왔다. 고대 그리스의 철학자 소크라테스(Socrates)는 “교육을 통해서만이 인간이 되고 인간은 사회를 통해서만 인간이 된다”라는 말을 통하여 인간에게서 교육과 사회적 관계의 중요한 의미를 지적하였다. 또한 아리스토텔레스(Aristoteles)는 “인간은 사회적 동물이다”라는 명제를 통하여 인간 성장은 사회적 과정을 통하여 이루어짐을 강조하였다.

인간은 자기가 속한 집단 속에서 생활한다. 따라서 인간의 행동은 생득적인 특성에 따라 지배를 받지만, 또한 집단의 특성에 의해 영향을 받는다. 다시 말해 인간은 생득적인 특성만을 지닌 생물학적인 존재로 태어났지만 그가 속한 집단의 구성원들과 사회생활을 통해 사회적 존재로 되게 된다. 한 개인이 그가 속한 특정집단의 생활양식을 배우고 익혀 그 집단의 성원으로 성장하게 되는 것이다. 한 사회의 문화를 다음 세대로 전달 계승하여 다음 세대의 사회성원을 형성하는 과정을 우린 사회화라고 일컫는다. 이러한 사회화의 의미를 광의의 교육의 의미로 이야기한다. 광의의 교육은 사회가 새롭게 교체되는 다음 세대에 그 사회의 문화나 가치를 전달함으로써 담당자를 형성하여 구성원으로서 투입되는 작용이며, 이것이 개인의 사회화 과정이다. 이러한 맥락에서 뒤르껭(E. Durkheim)은 교육을 “사회생활의 준비가 되지 않은 미성숙한 세대에게 기성세대가 행하는 영향력”이라고 하며, 듀이(J. Dewey)는 ‘사회적 과정’이라고 하였다.

이처럼 사회의 맥락 속에서 전개되고 있는 교육을 이해하고 실현하는 데는 사회과학이 이바지할 수 있다. 사회과학은 오늘날 우리나라 교육의 대표적인 문제, 즉 삐뚤어진 교육열에 따른 입시교육의 문제, 학교폭력과 학교붕괴의 문제, 계층 간의 갈등 문제 등을 이해하는 데 도움을 줄 수 있을 것이다. 교육은 사회 속에서 이해되어야 하며 결국 교육과 사회는 밀접한 관련이 있다는 사실을 알 수 있다.

2. 교육사회학의 기원

교육사회학은 그 발달과정에서 근간이 되는 교육학과 사회학에서 영향을 받아 왔다. 교육과 사회와의 관계를 과학적으로 탐구한 첫번째 사회학자는 프랑스의 뒤르껭(E. Durkheim)이다. 그는 파리의 대학에서 교육학과 사회학을 결브시켜 강의를 함으로써 교육사회학의 이론적이고 실질적인 토대를 구축하였다. 그는 특히 산업화로 급속히 변화하는 와중에서 학교가 사회의 통합에 어떤 도움을 줄 수 있는가에 관심을 가졌다.

이러한 뒤르껭의 교육사회학에 대한 선구자적인 노력은 미국 교육사회학 발달에 영향을 미쳤다. 미국은 유럽의 영향과 남북전쟁으로 인해서 일어난 비판적 사회문제에 주목하여, 사회통제를 위해 교육을 이용하고 교육의 사회적 기능을 규정하는 문제에 주의를 기울였다. 남북전쟁 후의 사회 재건은 여러 방면에 광범한 변화를 가져왔다. 학교교육의 정비도 그 일부분이었으며, 사범학교나 대학에서 교육학부의 설립이 촉진되었으며, 교육계획에 사회적인 측면이 결여되어 있는 것이 지적되어 학교의 사회화 운동이 개시되었다. 따라서 교사양성 교육과정에서 사회적 기초를 다루는 교육이 강조되었고, 워드(L. Ward)의 '응용사회학'과 '교사를 위한 사회학'에 대한 관심이 높아지면서 이들을 교사 교육기관에서 널리 받아들여지게 되었다.

교육사회학에 대한 최초의 현대적 관심은 1883년 워드(L. Ward)의 역동적 사회학(Dynamic Sociology)에서 비롯되었다고 볼 수 있다. 그 후 1889년 듀이(J. Dewey)의 「학교와 사회」(The School and Society)라는 저서가 출간됨으로써 이 분야에 활력을 불어넣게 되었다. 대학에서 이 분야에 대한 강의는 1898년 Stanford 대학에서 '교사를 위한 사회'를 개강한 사회심리학자인 로스(E. Ross)에서 비롯되었다. 교육사회학(educational sociology)이라는 명칭으로 강좌를 시작한 것은 1902년 질레트(J. M. Gillette)가 North Dakota의 사범학교에서 강의한 것이 처음이며, 사범대학에서는 1909년 스미스(W. R. Smith)가 Kansas주 Emporia의 주립사범대학에서 강의한 것이 최초이다. 미국에서의 교육사회학의 시작은 하지만 수잘로(H. Suzzallo)가 이보다 1년 앞선 1908년 Columbia대학교 교육학부에서 교육사회학을 개설하여 미국대학에서 교육사회학을 처음 개강하였기에 그를 교육사회학의 아버지로 보는 이도 있다. 이와 같이 미국에서의 초기 교육사회학은 소위 교사를 위한 교육사회학이었고 교육자에게 사회학의 일반적 교양을 부여하는 것에 초점이 맞춰졌다.

한편 뒤르껭(E. Durkheim)은 교육을 사회화(socialization)와 동일한 개념으로 봄으로써 교육의 사회적 기능을 강조하였다. 이러한 뒤르껭의 공헌을 인정하여 그를 교육사회학의 창시자라고 일컫기도 한다. 당시 교육에 대한 사회학적 관심을 가지고 '교육은 하나의 사회적 기술이고 사회통제의 한 수단'이라고 본 만하임(K. Mannheim)도 교육사회학의 출발에 공헌을 했던 대표적인 인물로 손꼽을 수 있다.

그 후 더욱 확산되어 1920년대에 미국에서는 200개 가까운 대학에서 이 강좌를 개설하였다. 이후 교육사회학은 교육학과 사회학의 두 영역을 오가면서 전세계적으로 급속하게 발전되어 왔다.

3. 교육사회학의 성격

교육사회학은 교육과 관련되는 현상을 사회적 관점에서 연구하는 경험학문이다. 교육사회학이 어떤 학문인가에 대해서는 다양한 설명, 정의가 내려지고 있다. 다음에 대표되는 몇 가지를 열거해 보기로 한다.

에드워드(C. A. Edward)는 교육사회학이란 '교육과정과 사회과정의 관계를 모든 측면으로부터 명쾌하게 함을 지향하는 학문이다. 그것은 사회 생활의 교육적 측면에 대한 학문이다'고 했다. 브라운(F. J. Braun)은 교육사회학은 '개인과 개인이 속해 있는 문화적 환경과의 상호작용을 연구하는 학문으로서, 문화적 환경 속에는 다른 사람들, 사회집단, 인간의 행동양식 등이 포함된다'고 했으며 일본의 바바(馬場西郞)에 의하면 교육사회학이란 '사회의 근본적인 기능 중 한 가지로서 교육 행위를 중심으로 갖는 부분의 교육 현상을 인간의 사회적 · 집단적 공동 생활이란 측면에서 사회 관계 · 문화 · 개성과 같은 기본적인 틀의 상호관련성에서 파악하고 설명하고자 하는 경험과학의 일종이다'고 강조했으며 시미쥬(淸水義弘)는 교육사회학은 교육 사실 및 교육 문제를 사회학적으로 연구하여 교육의 합리화를 높이고자 하는 과학으로 간주했다.

교육사회학에 대한 기존의 여러 정의를 내용상의 특징에서 정리해 보면, ① 사회와 교육과의 관계를 중시한 것, ② 인간의 발달 과정, 인간 형성의 여러 조건을 강조한 것, ③ 「교육과학」이란 입장에서 교육 현상에 관한 실증과학으로서의 측면을 중시한 것, ④ 교육 실천으로의 응용을 강조한 것으로 분류할 수 있다. 사실, 이상 네 가지 관점이 맞물려 교육사회학이란 학문의 전체적인 이미지를 설명하게 된다. 이상의 논의를 바탕으로 교육사회학을 정의하면

> "교육사회학은 인간의 발달과 이에 의도적으로 작용하는 교육에 관한 현상을 사회적 관점에서 실증적 방법으로서 연구하고, 그 성과를 가지고 교육제도와 실천의 충실에 공헌하고자 하는 학문이다."

이상과 같이 정의되는 교육사회학은 사회학의 한 분야를 구성하나 연구의 과학성, 경험적 타당성을 중시하면서 사회적 · 교육적 가치를 의식해서 교육과정에의 공헌을 의도하는 것이다. 그것은 「존재의 과학」임과 동시에 「규범적 과학」일 수도 있다. 「존재의 과학」이라는 점을 견지하면서 연구자가 일정한 가치에 관계하는 문제 의식을 강건히 하여 개혁에의 지향을 가질 때 교육사회학은 교육의 정책 과학으로서의 성격이 짙다.

교육사회학은 인간의 발달과 교육을 대상으로 한 고찰로서 사회적 관점과 과학적 · 실증적 연구가 결합하게 되면 성립한다. 인간의 발달과 교육적 고찰에 관해 사회적 관점과 과학적 · 실증적 연구가 결합된 것은 교육의 오랜 역사에서 보면 극히 최근의 일로 19세기부터 20세기 초엽의 일이다. 고대 그리스시대로까지 거슬러 갈 수 있는 교육학과 비교해서 교육사회학의 역사는 아주 짧다.

교육사회학이 교육학과 비교해서 현저하게 늦은 학문의 역사에 등장한 것은 교육을 고찰할 경우에 사회적 관점과 실증적 연구가 결합되기까지 오랜 역사적 과정을 필요로 하였기 때문이다. 보다 더 엄밀하게 말하자면 교육을 사회적 관점에서 조망한 것은 이미 플라톤(Platon)과 아리스토텔레스(Aristoteles)가 행하고 있어 정치이론과 함께 오래 전부터 있었던 것이긴 하나, 교육을 과학적 연구 대상으로서 실증적 방법을 사용한 고찰은 근대에 접어들면서 겨우 시작되었다는 사정에 의한 것이다. 이에 교육을 대상으로 과학적 · 실증적 연구가 이루어지기 위해서는 세 가지 조건 정비가 요구되었던 것이다.

우선 첫 번째는 교육이 사회의 공적 사업으로 중시되어 교육제도가 보급되어 사회적 · 국가적으로 중요한 위치를 차지하게 된 점이다. 두 번째는 이를 배경으로 연구의 관심이 고조됨과 함께 교육제도를 유지 · 운영하는데 있어 과학적인 연구의 필요성이 생겨났다는 점이다. 세 번째는 자연과학 외에도 사회과학, 특히 사회학이 발달함에 따라 연구의 기초가 확립되었다는 점이다. 이들 조건이 구비되어 교육 현상을 대상으로 한 과학적 · 실증적 연구가 시작된 것은 19세기 말 이후부터다. 앞에서 이미 밝혔듯이 19세기 말부터 20세기 초엽에 걸쳐 구체적으로 교육사회학을 성립시킨 사례가 미국과 프랑스에서 일어났다.

교육학의 하위 학문인 교육심리학이나 교육철학 등은 영문 표기에 있어서 교육사회학과 다르게 표기한다. 교육심리학을 영문으로 Educational Psychology라 표기하고 교육철학을 Educational Philosophy라고 표기하는 반면에 교육사회학은 Sociology of Education이라고 표기한다. 교육사회학을 타 학문과는 다르게 표기하는 데는 그럴 만한 이유가 있다. 즉, 교육사회학은 교육학(Educational Department)이라기보다는 사회학(Sociology)에 가깝다는 의미가 내포되어 있다. 그것은 교육사회학이 출발은 교육학에서 했지만 이후 사회학에 의하여 더욱 본격적으로 개발되었고, 사회학의 한 분야로 생각할 수 있을 정도로 영향을 받아 사회학의 전유물이 되었다는 사실이다. 우리나라에서는 교육사회학이 주로 교육학자들에 의하여 교육학의 하위 영역으로 연구되고 있지만 외국에서는 사회학의 한 영역으로 간주되기도 한다. 그것은 사회학자들에 의하여 연구되고 사회학자들에 의하여 강의가 이루어지고 있다는 사실이 말해 준다.

교육사회학을 정의함에 있어서는 사회학의 개념 규정이 선행되어야 한다. 사회학(sociology)은 인간의 집단이라는 뜻을 가진 라틴어 socius와 연구의 뜻을 지닌 라틴어 logus의 합성어로 사회현상의 실증적인 분석을 도입하여 사회학의 아버지라 일컬어지는 콩트(A. Comte)에 의해 처음 사용되었다. 이러한 실증적인 전통으로 인하여 사회학자들은 사회학을 과학으로 정의를 내려야 한다고 믿고 있다. 그들은 사회학을 사회적인 관계들을 연구하는 학문으로 간주한다. 우리가 사회라 부르는 것이 이러한 관계들의 네트워크이며, 주로 사회학만이 이러한 사회적 관계들을 연구한다는 것이다. 다시 말해 사회학은 개인의 행동을 연구하는 심리학과 달리 집단 내 인간행동을 과학적으로 연구하는 것으로 사회 내 제도와 과정을 연구하고 다른 집단과의 관련된 상황을 연구한다. 사회학은 사회현상으로서의 인간행동을 과학의 방법을 적용하여 설명하고 예측한다.

교육사회학의 학문적 성격을 알아보기 위해서는 교육사회학이 어떤 것인지 물어보기보다는 교육사회학자들이 무엇을 하며, 교육사회학을 언제 연구하는지를 알아야 할 것이다. 그 동안 교육사회학자들의 주요 관심사, 특히 그들이 묻고 답했던 주요 질문들을 조용환(한준상 외, 1996: 21~31)은 다음과 같이 정리하고 있다.

첫째, 교육은 어떠한 사회적 맥락에서 왜 시작되었으며, 어떻게 유지되고 변화되어 왔는가?

둘째, 교육을 통한 사회의 개선이 가능한가?

셋째, 교육이 얼마나 공정하게 이루어지고 있는가?

넷째, 교육에 관련된 집단들이 어떤 사회적 관계를 맺고 있는가?

또 발란틴(J. H. Ballantine, 2001: 5)도 최근 교육사회학자들이 지닌 주요 물음을 다음과 같이 소개한다.

첫째, 학교교육에 관여하고 있는 학부모의 자녀가 더 성공적인 학교생활을 하는가?

둘째, 상이한 교수기법, 학습유형, 학급조직은 다양한 형태와 능력을 가진 학생들에게 얼마나 효과가 있는가?

셋째, 일부 지역사회가 학교에 주는 영향은 무엇이며, 이러한 영향력은 특히 어린 학생들의 사회화와 관련하여 학교의 의사결정에 어떻게 반영되는가?

넷째, 교사들의 전문성이 학교체제에 주는 영향은 무엇인가? 교사 채용 시험이 교사의 질을 높이는가?

다섯째, 기회의 균등과 인종차별 철폐와 같은 문제들이 학교에 어떻게 영향을 주는가? 소수 민족의 학생들이 인종차별이 철폐된 학교에서 더 좋은 교육을 받을 수 있는가?

여섯째, 어떤 학생들은 그들에게 유익한 고용기회를 만들기 위해 더 많은 교육을 받고 있지는 않은가?

일곱째, 교육은 잠재적인 수입에 얼마나 영향을 주는가?

이러한 질문들은 세계 도처에서 연구되고 있는 것들로서 교육사회학의 성격을 이해하는데 도움이 될 것이다. 사회학의 하위영역으로서 교육사회학은 주

토 사회학의 연구에서 얻은 지식, 기술, 방법을 교육 체제와 과정 내의 집단관계를 파악하기 위하여 적용하는데 관심을 가지며(Prichard & Buxton, 1973), 직접적인 결과의 응용이 아닌 집단 사이에서나 집단 내에서의 관계의 특성을 과학적으로 탐구하는 것으로, 교육사실 및 교육문제를 사회학적으로 연구하여 교육의 합리화를 높이려는 과학(Havighurst), 사회학을 교육에 적용시키는 학문, 교육현상을 사회학의 과학적 연구방법에 의하여 연구하는 것(Parelius & Parelius, 1978), 교육에 대한 사회학적인 연구로서 교육현상을 사회학적인 연구에서 성취된 지식, 기술, 방법 등으로 연구하는 학문(차경수 외, 1997: 23) 등 다양하게 규정하고 있다.

요컨대 오늘날 교육사회학은 사회학의 하위영역으로서 교육현상을 사회현상으로 보고 사회학의 지식을 교육에 적용시킬 뿐만 아니라 교육현상을 사회과학적인 방법으로 탐구하여 이를 기술·설명하는 학문이다. 교육사회학은 주제와 접근 방법에 따라 변화해 왔음을 알 수 있다(오욱환, 2003). 즉, 첫째, 교육사회학은 교육적 사회학(educational sociology)에서 교육의 사회학(sociology of education)으로, 다시 신교육사회학(new sociology of education)으로 발전해 왔다. 둘째, 미시적 접근에서 거시적 접근으로 변화했다가 두 접근을 통합하는 방향으로 발전하였다.

1) 교육적 사회학(Educational Sociology)

교육사회학의 출발은 교육학 안에서 이루어졌다. 초창기 교육사회학을 이후에 전개된 교육의 사회학(Sociology of Education)과 구분하여 교육적 사회학이라고 부르기도 하고, 그냥 교육사회학이라고 부르기도 한다. 교육적 사회학(Educational Sociology)은 교육학자들에 의하여 교육학의 하위 학문영역 안에서 연구되어진 학문이다. 교육적 사회학의 성격은 다분히 응용지향적이고 실천지향적이다. 교육적 사회학은 교육현장의 개선과 발전을 위하여 사회학의 이

론이나 학설을 적용하거나 응용함으로써 발전하기 시작하였다. 교육의 과정이나 교육행정에 사회학의 일반 원리를 적용하여 학교교육의 개선을 도모하는 것이었다. 우리는 이러한 특성을 감안하여 실천지향적 교육사회학, 응용지향적 교육사회학 혹은 교육학지향적 교육사회학이라고 부른다.

1923년에는 미국 교육사회학연구회(The National Society for the Study of Educational Sociology)가 발족되었는데, 주로 교육 운영상의 문제에 국한하여 교육문제를 해결하는데 사회학을 이용하는 이 연구동향은 대학에서도 교사교육에 바람직하다고 믿는 각종 사회학 강좌를 개설하게 되었다. 미국 교육사회학연구회에서는 1926년에 「교육적 사회학(Educational Sociology)」이라는 학술지를 창간하였고 1931년까지 3권의 학회지가 발간되었다. 1932년에는 월러(W. Waller)에 의하여 「교수의 사회학」(Sociology of Teaching)이라는 책이 소개되면서 가르치는 과정에서 교사의 역할을 중요하게 다루었다(신군자, 2001: 14). 이러한 학문적 동향은 1940년대 초반까지 지속되다가 1940년대 후반부터 사회학자들의 교육에 관한 관심이 증대되면서 교육적 사회학은 위기를 맞게 되었고, 새로운 국면을 맞이하게 된다.

2) 교육의 사회학(Sociology of Education)

제2차 세계대전 이후 교육사회학이 미국의 전유물이 되면서 교육사회학 연구에 사회학자들의 관심이 커지기 시작하였다. 무엇보다도 고무적인 것은 사회과학의 훈련을 받은 사회학자들에 의하여 사랑을 받게 되었다는 것이다. 사회학으로 잘 훈련된 학자들이 고도로 세련된 사회과학적인 방법으로 교육현상을 연구하게 되면서 종전의 응용지향적 교육사회학은 탐구지향적으로 바뀌기 시작하였다. 즉, 교육현상을 사회학적으로 연구하는 사회학지향적 교육사회학으로 바뀐 것이다. 이들 사회학자들은 학교의 교육현상을 사회학이라는 학문을 가지고 탐구하는 탐구지향적, 학문지향적 교육사회학의 성격을 띠게

된 것이다. 교육의 사회학을 이론지향적 교육사회학 혹은 학문지향적 교육사회학이라고 부르는 이유도 여기에 있다. 〈표 1-1〉은 교육적 사회학과 교육의 사회학의 개념을 비교하였다.

표 1-1 교육적 사회학과 교육의 사회학

일반적 구분 및 정의	하위 또는 부차적 영역의 정의
1) 교육적 사회학(educational sociology) 당연히 교육학에 속한다. 교육심리학 및 교육철학과의 균형이 바람직하다. 교육문제를 유용하게 그리고 실제적으로 해결하는 것이 바람직하다고 본다.	(a) 사회연구 지향 교육을 사회진보의 수단으로 보며, 학교를 사람들이 자신의 의견을 개진하고 사회의 장래를 결정하는 변화의 매개체로 이바지할 수 있다고 본다. (b) 기술훈련 지향 교육적 사회학자들이 교사와 행정가들에게 학교문제를 보다 더 잘 다룰 수 있는 기술을 가르칠 도구가 바로 사회학이라고 본다. (c) 철학 지향 사회가 분석되고 또 사람들의 욕구가 커리큘럼과 학교목표에 반영될 수 있는 철학을 정립하는 데 주된 관심을 둔다.
2) 교육의 사회학(sociology of education) 당연히 사회학에 속한다. 교육의 사회학이 갖는 기능은 세련된 과학적 방법에 의하여 이론적 지식을 습득하는 데 있다.	(a) 전체 지향 사회화의 전과정에 관심을 둔다. 관심영역은 인류학으로부터 심리학 분야까지 확대된다. (b) 연구 지향 사회학 중심의 교육연구를 할 수 있도록 교육자들을 훈련시키는 데 관심이 있다. 교사, 연구원, 기타 교육자들에게 사회학적 방법과 기술을 적절히 훈련시킬 필요가 있다고 강조한다. (c) 사회유형 지향 사회적 상호작용, 사회 내 사회적 역할 및 학교 내외의 이들 상호관계의 제유형을 중요시한다.

출처: K. W. Prichard & T. H. Buxton(1973: 18).

1940년대 후반부터 종래의 교육적 사회학과는 달리 사회학자들이 주축이 되어 사회적 사실로서의 교육현상 및 교육제도를 객관적이며 가치중립적인 입장에서 연구하게 되자 교육사회학 연구의 주도권은 사회학자들에게 넘어가기 시작하였다. 1949년 미국 미시간주립대학교(Michigan State University)의 브루코버(B. Brookover) 교수가 Sociology of Education의 제목으로 논문을 내면서 처음으로 교육적 사회학과 교육의 사회학을 구분하여 교육의 사회학으로서의 교육사회학을 사회학의 한 분과로 정의하였다. 그러나 이것은 학문적인 주장에 불과하였고 실질적인 변화는 응용과학적 성격을 띠었던 「교육적 사회학(Educational Sociology)」이라는 학술지가 1963년 「교육의 사회학(Sociology of Education)」으로 학회지 명칭이 바뀌게 된데서 찾아볼 수 있다. 같은 해 미국 교육적 사회학회는 사회학자들의 학문적 주장이 강해지면서 미국사회학회(American Sociological Association)에 흡수되기에 이르렀다(강상철 외, 1992: 26).

이러한 현상은 유럽에서도 그 경향은 비슷하였다. 영국에서도 제2차 세계대전이 끝나고 사회학자들이 교육문제에 대하여 관심을 보이기 시작하였고 교육사회학이 교육학의 하위영역인가 사회학의 하위영역인가를 따지는 논쟁이 일어나기 시작했고 서서히 사회학의 영역으로 자리를 굳혀 갔다. 1964년 런던대학교 교육학부에 교육사회학 석사과정이 생겨나면서 본격적인 연구가 이루어졌으며, 1980년에야 비로소 영국 교육의 사회학지(British Journal of Sociology of Education)가 창간되었다. 독일에서도 마찬가지로 실천지향적 교육사회학과 사회학지향적 교육사회학이 경쟁을 벌이며 발전하였다(김신일, 2002: 16~17).

1950년대 이후 지금까지 사회학자들의 손에 넘어간 교육사회학은 외국의 경우 우리 한국과는 다르게 사회학의 하위영역으로 사회학자들에 의하여 연구되고 강의가 이루어지고 있다. 1960년대까지의 교육사회학의 동향은 기능주의(functionalism)적 성격이 강하였고 1970년대 들어오면서 교육사회학이 비판적 성격을 띠기 시작하면서 갈등이론으로 그 세력을 확장하였다.

3) 신교육사회학(New Sociology of Education)

1970년대 영국을 무대로 종래의 교육사회학이 교육내용에 대한 접근이 부족했음을 지적하면서 "가르치는 내용"에 대한 비판적 접근을 시도하는 신교육사회학이 등장하였다. 이러한 주장을 하는데 가장 커다란 공헌을 한 학자가 영국의 번스타인(B. Bernstein)과 영(M. F. D. Young)이었다. 번스타인은 사회언어학적 연구를 통하여 교육내용에 대한 연구의 범위를 확대하였다. 그는 교육내용이 누구를 위한 것인가?의 문제를 제기하면서 종래의 교육과정에서는 이 문제를 본질적으로 다루지 못하였음을 비판하였고 교육내용에 대한 본질적인 검토가 사회학적으로 새롭게 이루어져야 함을 역설하였다. 그의 교육내용에 대한 본질적 문제제기는 교육사회학을 넘어서 교육학의 전 영역에 커다란 파장을 가져왔으며 새로운 교육학, 새로운 교육사회학으로 인식되기에 이르렀다.

번스타인(B. Bernstein)과 함께 종래의 교육사회학과 교육과정을 단호히 비판하면서 교육내용에 대한 사회학적 검토를 시도한 사람이 영(M. F. D. Young)이다. 그의 저서 「지식과 통제(Knowledge and Control)」에서는 종래의 교육사회학은 사회계층과 교육기회의 분배에 집착한 나머지 학교 내부 현상에는 등한시하였다고 비판하면서 학교에서 가르치고 있는 지식에 대한 사회학적인 재검토가 필요하다고 역설하였다.

신교육사회학은 지식사회학의 영향을 많이 받았는데, 지식은 절대적이라기보다는 시대적, 사회적 산물로서 상대적이고 가변적이라는 견해다. 신교육사회학에서는 가르치는 교육내용에 문제를 제기하였기 때문에 교육과정사회학이라는 학문이 생겨날 정도로 이 학문적 동향은 매우 새로운 것이었다. 신교육사회학이라는 용어를 사용한 사람은 고버트(D. Gorbutt)다. 그는 교육내용의 중요성을 강조하는 새로운 학문동향을 신교육사회학이라고 명명하고 이것은 종래의 교육사회학을 대체할 대안적 패러다임(alternative paradigm)이라고까지 주장하였다(김신일, 2002: 24~25).

영국에서 신교육사회학의 발전에 이바지한 학자로는 데이비스(J. Davis)와 이글스톤(J. Eggleston) 등이 있다. 이글스톤은 지식의 사회성에 바탕을 두고 학교 교육과정을 논하고 있는데, 학교교육과정은 사회적으로 통제된 문화전수의 한 방편이기 때문에 보편적인 것도 절대적인 것도 아니요, 사회적, 정치적 산물이라는 것이다.

영국에서는 실제로 학교에서 가르치는 교육내용에 대한 비판적 검토가 활발하게 이루어졌다. 학교 교육내용이 아동들의 사회 경제적 지위로 볼 때, 하층에서 중층으로 중층에서 상층으로 계층 간에 이동하기에 유리한 내용인지, 아니면 상·중·하 계층이 그대로 유지하는데 유리한 내용인지를 검토·분석하였다. 그 결과 영국의 교육내용은 계층 이동에 유리하기보다는 계층 유지에 유리한 내용이라는 사실이 밝혀졌고 이 사실을 영국 상원 교육담당 분과위원회에 보고하면서 개선해 줄 것을 건의하였다. 그러나 상원에서는 이에 대한 소극적 대처로 별다른 조치가 이루어지지 못했다. 그리하여 영국에서 출발했지만 꽃을 피우지 못한 신교육사회학은 미국으로 건너가 꽃을 피우게 되었다.

70년대 미국은 갈등론이 우세한 사회적 분위기 속에서 교육내용에 대한 비판적 접근을 시도한 신교육사회학은 미국의 사회학자나 교육과정론자들에게 커다란 반향을 일으켰고 미국 교육과정사회학 발전에 새로운 이정표를 제시하였다.

신교육사회학은 1980년대 드디어 우리나라에 상륙하였다. 당시 한국은 민주화의 봄을 맞아 참으로 오래 만에 교육에 대한 비판적 접근이 가능한 상황이었다. 한국에서의 신교육사회학도 교육내용에 대한 검토부터 관심을 갖기 시작하였는데, 교과서 분석으로부터 시작되었다. 교과서에 실린 삽화나 교재 내용이 남녀 불평등의 요소는 담겨져 있지 않은지, 교과서의 내용이 도·농간에 그리고 사회계층간에 불평등하게 구성되어 있지는 않은지를 비판적으로 분석하는 것이었다. 이러한 교과서에 대한 비판적 검토는 한국 교육이 민주화를 향하여 진일보하는데 영향을 끼쳤다.

4) 새로운 패러다임(New Paradigm)

그 동안 실천지향적 교육사회학에서 탐구지향적 교육사회학으로 변천해 온 교육사회학은 1990년대 들어서 설명지향적인 교육사회학으로 그 패러다임이 변화하는 것을 발견할 수 있다. 설명지향적 교육사회학의 출발은 지금까지 교육학이 걸어온 여정에 대한 뒤돌아봄과 반성에서 비롯되었다. 지금까지의 교육학은 주로 교사 준비생들에게 교직과목으로 가르치면서 교육의 방법적 원리나 효율적인 처방에 많은 관심을 기울여 왔다. 그리하여 교육현상을 이해하고 설명하는 일에는 등한시했다고 해도 과언이 아니다. 이는 학문이 가지고 있는 방법학적인 면은 충족되지만 철학적 인간학의 측면에서 볼 때 불충분한 부분이다. 따라서 이러한 부족한 부분을 반성하면서 교육학은 교육현상을 이해하고 설명하는 일에도 더욱 관심을 가질 필요가 있다는 것이다(성용구, 2012).

이러한 현상은 교육사회학에서도 마찬가지였다. 그런데 마침 교육사회학 분야에서 현상학과 문화인류학의 도움을 얻어 문화기술법(ethnography)을 가지고 교육현상을 연구하기 시작하였다. 문화기술법은 질적인 연구방법론으로 교육학에서 교육현상을 진단하고 해석하는 일을 가능하게 해 주었다. 그리하여 많은 교육사회학자들은 교육현상을 질적인 방법론을 통하여 있는 그대로 기술(describe)하고 이해하는 작업을 수행함으로써 교육사회학의 발달에 커다란 영향을 주었고 이는 교육사회학 연구에 새로운 패러다임으로 자리잡히게 되었다.

4. 한국에서의 교육사회학

우리나라에서의 교육사회학은 교육적 사회학과 교육의 사회학이 구분이 없이 혼합되어 소개되고 연구되었다. 우리나라에서는 외국에서처럼 교육사회학이나 교육학에 대한 사회학자들의 관심이 별로 없다. 따라서 교육사회학은 교육학의 하위 영역에서 교육학자들에 의하여 연구되고 강의가 이루어지고 있다. 우리나라에서 사회학자들이 교육 분야에 관심이 적은 것은 한국의 특수한 정치적 상황 속에서 사회학의 발전이 외국에 비해 늦었지 때문에 아직까지 교육문제에까지 관심을 돌릴 여유가 없었을 것으로 생각된다. 앞으로 우리나라에서도 사회학자들이 교육문제에 대하여 관심을 가지고 사회학적으로 연구하게 되면 교육사회학 발전에 상당한 공헌을 하리라고 생각된다. 그러나 외국의 경우처럼 교육사회학을 사회학의 전유물로 가져가기는 힘들 것이다. 그것은 1940년대 외국의 교육적 사회학 시대와 우리의 실정은 판이하게 다르기 때문이다. 우리는 이미 교육학을 전공한 교육사회학자들에 의하여 학교 교육현상에 대한 학문적 탐구를 충분히 해왔고 교육사회학의 학문적 토대를 공고히 하면서 발전해 왔다(성용구, 2012).

우리나라에서 교육사회학 강의가 처음 시작된 것은 한국전쟁 기간이었던 1952년 9월 서울대학교 사범대학 부산 피난교실에서 선택과목으로 개설되었다. 2년 후에는 서울대 사대 전체 학생에게 필수과목으로 지정되었으며, 1955년에는 문교부령 제39호로서 공포된 '교육공무원 자격검증 시행세칙'에 의하여 '교육의 사회적 기초과목'으로서 교직과정의 한 과목으로 지정되었고, 각종 현직교육 연수 및 강습 등에서 필수적으로 취급되었다. 그리하여 각 대학의 교육학과와 교직과정이 설정된 여러 대학에서 교육사회학 또는 유사과목이 설정 · 개설되었다. 1967년에는 비로소 교육사회학 연구에 관심을 기울인 교육학자들이 연구회를 조직하여 한국교육학회의 산하 분과조직으로 활동해 왔으며, 1991년부터 학회지 「교육사회학연구」를 발행해 왔다. 1996년부터는 이 조직을 한국교육사회학회로 조직을 확대 · 개편하였다.

교직강좌로서 개설되던 교육사회학 강좌는 1970년대에 들어서서 큰 변화를 겪게 된다. 당시 정부는 새마을운동을 추진함에 있어 학교가 지역사회개발과 성인교육에 공헌할 수 있기 위해서는 교사가 이에 관한 지식과 열의가 있어야 한다고 보고, 1972년에 문교부령을 개정하여 교직과정의 필수과목으로 「교육사회학」 대신에 「학교와 지역사회」라는 강좌를 신설하기에 이른다. 이렇게 하여 교육사회학의 주요 내용에는 지역사회개발 사업인 새마을운동을 추진하는데 이바지할 수 있는 학교의 역할 강화를 위한 지식과 원리를 담게 되었다.

제4공화국이 역사의 뒤안길로 멀어지고 1985년 교직과정의 개편에 따라 '학교와 지역사회' 강좌는 폐지되었으며, '교육사회'라는 이름으로 그 자리를 대신하여 오늘에 이르고 있다. 학교와 지역사회는 교육사회학에서 다루어질 수 있는 작은 영역에 불과하였지만 교육사회는 그 영역의 폭을 확대시켰으며, 당시 국내 민주화 운동의 사회과학에 미친 영향에 따라 학교교육에 대한 사회학적인 색채가 두드러지게 나타났으며, 연구영역도 확대해 가고 있다.

한국 교육사회학의 성격은 교육자들이 교육현장에서 활용할 수 있는 사회학적 지식을 체계화한 실천지향적인 성격이 강하다. 그것은 교육사회학이 대학에서 교사들의 교직소양을 위한 교과로 개설된 것에서, 또한 「학교와 지역사회」라는 강좌가 새마을운동을 추진하는데 학교를 활용하기 위하여 지역사회 및 지역사회개발에 관한 내용을 중심으로 하고 있다는 것에서 실천지향적인 성격을 찾아볼 수 있다. 뿐만 아니라 특이하게도 미국과 유럽과는 달리 사회학자들이 일반적으로 교육과 사회화와 관련된 사항에 체계적이고 경험적인 관심을 최근까지도 보이지 않고 있다는 점이다. 최근까지 한국사회학회의 학회지에 수록된 수백편의 논문 가운데 교육에 관한 것은 찾아보기 힘들 정도로 불과 몇 편에 지나지 않으며(김신일, 2000: 6), 한국에서 교육사회학 연구는 거의 전적으로 교육학자들 손에 이루어지고 있다는 점에서도 나타나고 있다.

교육사회학이 일반사회학이나 사회학의 하위영역인 산업사회 관련 사회학, 조직사회학, 정치사회학, 종교사회학, 가족사회학 등과 같은 것보다 뒤떨어졌었지만, 1980년대의 반정부운동, 사회개혁운동, 체제비판 운동 등과 같은 국내 민주화 운동의 영향에 따라 교육과 학교교육에 대한 사회학적인 관심이 증대되면서 실천지향적인 성격이 약화되고 학문지향적인 성격, 즉 사회학지향적인 성격이 강화되는 추세다.

이 기간 동안에 한국식 갈등론적 시각이 전혀 없었던 것은 아니며, 1970년대 들어서면서 점차 기존 교육사회학자들의 학문적 한계를 극복하려는 신진교육사회학자들의 연구가 등장하게 된다. 특히 80년대 국내 민주화 운동은 사회과학에 대한 학문의 자유를 확대하였으며, 그 결과 마르크스(K. Marx)와 베버(M. Weber)의 갈등론적 관점이 소개되어 국내 학교교육에 대한 비판적인 연구를 자극하였으며, 또한 기존의 구조기능주의가 사회에서의 지위 획득에 대한 교육의 역할을 제대로 설명하지 못하는 한계를 드러내면서 이러한 단점에 대한 부분적인 대응으로서 교육에 관한 갈등론적 시각이 부각되었다.

그러다가 1990년대에는 국내적으로는 문민정부의 등장과 함께 국제적으로는 공산권의 몰락에 따라 학문적 논의에 있어서 이념적 한계나 이념적 대결구도가 사라지면서 교육사회학의 학문의 폭은 더욱 다양해졌다. 문화인류학적 접근, 해석학적 접근, 현상학적 접근, 상징적 상호작용론적 접근, 포스트모더니즘과 같은 다양한 이론적 접근의 도입은 지역간·계층간 교육격차, 교육열과 그에 따른 사교육비의 과다지출 등과 같은 우리 교육체제가 안고 있는 문제들을 이해하는데 도움을 제공하고 있다. 또한 우리의 자생적 교육사회학 이론 정립뿐만 아니라 교육사회학 전반의 발전에 이바지하고 있다(김경식 외, 2011).

1990년대 들어서면서 우리나라의 교육사회학은 학교교육 현상에 대한 사회학적 이해를 바탕으로 학교교육이 안고 있는 한계에 대하여 지적하고 한계의 극복을 위한 개혁과 대안제시에 관심을 가지게 되었다. 학교교육 현상에 대한 있는 그대로의 이해를 위하여 문화기술법(ethnography)이라고 하는 질적인 연구 방법을 도입하였다. 그리하여 초·중등학교 뿐만 아니라 대학교에서 일어나는 교육 현상들까지 구조와 맥락을 중심으로 기술, 설명, 해석하는 연구들이 많이 수행되었다. 학교교육 현상에 대한 문화기술적 연구는 학교 구성원들 간의 상호작용을 중심으로 미시적 관찰과 면접법을 동원하여 진행되었는데, 교육인류학이라고 하는 새로운 학문 영역이 생겨날 정도로 교육에 대한 양적 접근의 한계를 극복하려는 사람들의 호응을 받으면서 발전하였다.

학교교육의 한계를 극복하기 위한 시도들은 교육개혁, 열린교육, 대안학교에 대한 관심이 증폭되면서 학교 현장을 새롭게 개선하려는 방향으로 초·중등 교육현장을 중심으로 연구가 진행되고 있는 실정이다.

2000년대 들어서서 한국 교육사회학의 관심은 교육기회의 불평등, 병리적 현상, 기형적이고 건강하지 못한 모습, 정의롭고 합리적이지 못한 부분을 들추어 내서 교육의 평등, 건강, 정의, 정상화를 위해 변화를 꾀하자는 인식을 가지고 비판적이면서도 대안을 제시하는 연구가 이루어지는 경향을 찾아볼 수 있다(성용구, 2012).

5. 교육사회학의 가치

교육사회학 연구는 왜 그리고 어떻게 하는가? 혹은 연구에 또 다른 상위의 목적이 있는가? 교육에 대한 사회학적 탐구의 실제적 가치는 아래와 같이 구체적인 측면에서 요약될 수 있다.

① 교육사회학은 학생의 학습을 강화하거나 방해하는 집단적 특성을 확인하고 상세히 설명해 줄 수 있다. 예를 들면, 학급에서 이루어지는 구체적 행위들

이 교육기회의 불평등과 어떻게 연관되는지를 알아볼 수 있다. 우리나라에서도 사회적 불평등과 교육이 어떤 관련이 있는 계급(또는 계층), 성, 도 · 농간 격차 등의 요인들을 중심으로 밝혀 보려는 노력들이 이루어졌다(집단적 특성의 차이 → 학업성취의 차이 → 지위분배의 차이 → 계층 차이).

② 교육사회학은 사상(事象, 사실과 현상)들이 겉으로 나타나 보이는 것과는 다르다는 이해를 갖게 해 준다. 즉 사회적 맥락 속에서 지식전달(즉 광범한 의미의 교육)의 본질이 매우 복잡하다는 것을 나타내 준다. 예컨대 교육상황에서 지식이 어떻게 선택 · 조직화되는가에 대한 교육사회학적 탐구 결과는 지배계층과 피지배계층의 관계를 반영할 수 있다. 또 학습의 상호작용에 대한 탐구의 결과는 교사가 수업 내용 및 학습진도를 결정하거나 수업에서 자신의 역할을 결정하는 등의 수업전략 수립에 있어 많은 시사점을 제공한다.

③ 교육사회학은 교육실천가들에게 교직업무의 총체적 의미를 지속적으로 반성해 볼 수 있는 이론적 · 방법론적 공헌을 한다. 예를 들면, 교사들은 학급관리 과정에서 자유와 통제의 문제와 같은 교직세계의 근본적 딜레마들에 봉착하게 된다. 교사들은 '나는 학생들을 미래 직업세계에서 실패하도록 교육시키고 있지 않는가?' 또는 '나는 내 학급 학생들의 계층적 다양성에 어떻게 대처하고 있는가?'를 자문해 볼 필요가 있다.

④ 교육사회학은 정책의 수립과 정책결과에 대한 평가를 통해서 실제적인 기여를 할 수 있다. 교육사회학은 정책수립에 있어서 교육심리학 및 교육철학과 더불어 수용될 정책이 어떤 집단에 적용 가능하거나 가능하지 않은지에 대한 판단의 준거를 제공한다. 또 정책수립에 있어서 학교와 지역사회가 성취하기 바라는 목적과 목표와 정책수행을 위한 구체적 프로그램의 결과로 생기는 사회적 행위를 판단하는 데도 도움을 준다. 교육심리학이 개인의 학습행동을 판단하는 데 유용한 반면 교육사회학은 모든 교육 프로그램에 포함되는 집단행동을 판단하는 데 유용하다.

또 교육사회학은 정책수립에 참여하는 교육자들이 교육에 영향을 주는 사회적 압력과 그것이 교육체제에 작용하는 방식에 대하여 알게 해 준다. 지역사회 내 특정 집단 구성원들이 어떻게 행동하고 어떤 태도를 갖고 있는지 이해하는 일은 학교체제로부터 사회로 이행되는 사회변동의 과정을 원활하게 이끄는데 도움이 된다(이종각, 2013: 87~88).

제2장

교육현상과 기능주의적 접근

1. 사회학과 교육사회학의 이론적 접근
2. 기능주의 이론의 특징과 범주
3. 기능주의와 학교교육

본 장에서는 사회학의 학문적 성격과 사회과학 분류체계를 이해하고 이를 통해 기능주의 이론의 개괄적인 이해를 도모하고자 한다.

본 장에서는 교육에 관한 기능론적 관점에 대하여 먼저 기능론적 패러다임을 개괄하고, 뒤르껭(E. Durkheim)의 이론을 비교적 상세히 살펴본 다음, 파슨즈(T. Parsons) 그리고 드리븐(R. Dreeben)의 학교사회화 이론에 대하여 알아본다. 이어서 기술기능이론, 근대화론, 인간자본론으로 나타나는 기능론의 하위 관련 이론들을 살펴본 후 학교교육에서 기능론의 관점을 살펴보고 끝으로 기능론적 설명의 한계와 문제점을 제시한다.

사회과학 일반에서와 마찬가지로 교육사회학에서도 인식의 나침반 역할을 해 주는 가장 대표적인 패러다임은 기능이론과 갈등이론이다. 그 중 기능이론은 역사적으로 볼 때 1970년대까지 서양과 한국 모두에서 '사회학과 교육사회학에서' 주도적인 위치를 차지하였다.

기능이론(functional theory) 또는 기능주의(functionalism)는 그 강조점에 따라 구조기능주의 이론(structural-functionalism theory), 합의이론(concensus theory), 균형이론(equilibrium theory), 질서모델(order theory) 등으로도 불린다.

1. 사회학과 교육사회학의 이론적 접근

교육현상을 분석하고 설명하는 교육사회학의 이론은 사회현상을 명확히 밝히려는 사회학 이론이 지닌 담론의 맥락과 같이 발달하였다. 그래서 교육사회학의 이론은 사회학의 패러다임에 따라 분류할 수 있다. 부렐과 모건(G. Burrell & G. Morgon, 1979)은 인식론적 가정과 사회의 개념으로 사회학의 이론을 간단하게 분류하는 방안을 소개하였다. 그들은 [그림 2-1]과 같이 객관과 주관의 가로축과 조정의 사회학 대 급진적 변화의 사회학인 세로축으로 만든 4/4분면을 통해 사회학 이론을 4가지 패러다임으로 분류한다.

[그림 2-1]의 가로축 주관-객관은 하버마스(J. Habermas)의 두 가지 지식에 대한 관심, 즉 경험적-분석적 지식(객관적, 환원적)과 역사적-해석적 지식(주관적, 해석적)과 관련하여 분류한 것이다.

세로축은 파슨즈의 합의이론에 대한 독일의 사회학자 다렌도르프(R. Dahrendorf)의 비판과 함께 1960년대 중반 나타난 사회에 대한 '질서'와 '갈등' 이론간의 분류에 근거한다. 사회질서의 원리에 근거한 사회이론은 안정성, 통합, 기능적 협력, 합의 등을 강조한 반면에 갈등에 근거한 이론은 변화, 갈등, 분열, 강제 등을 강조한다.

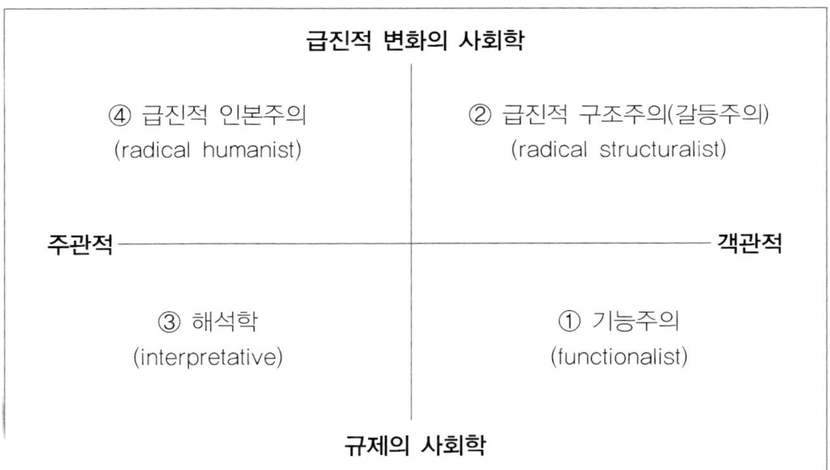

[그림 2-1] 사회이론 분석의 패러다임

이들 각 4/4분면의 패러다임은 상호 밀접한 연관성을 지니고 있기에 각 부분에 속하는 사회이론을 엄격하게 구분하기는 어렵다. 하지만 이들 네 패러다임에는 각 패러다임을 대표하는 주된 이론이 있으며, 그 나름의 방법론도 있기에 이해를 돕기 위하여 각 패러다임에 근접하는 사회학 이론을 분류하면 다음과 같다(김명기, 1994).

① 기능주의 패러다임에는 객관적이고 규제가 강한 것으로 실증주의적 관점에 기초하여 구조기능주의, 상호작용론, 사회교환이론이 이에 해당한다.

② 급진적 구조주의 패러다임에는 사회의 급진적 변화와 사회에 대해 객관적인 시각을 가진 갈등이론과 이보다 색채가 강한 구조주의를 들 수 있다. 갈등이론을 연속선상에서 분포로 보면 이론의 성격이 강한 순서로 마르크스(K. Marx) 갈등이론, 변증법적 갈등이론, 다렌도르프의 갈등이론을 들 수 있다.

③ 해석적 패러다임에는 슈츠(A. Schutz)의 현상학, 현상학적 사회학, 해석학, 민속방법론이 해당한다. 이 패러다임은 민속방법론부터 역순으로 다른 이론보다 덜 주관적이라 할 수 있다.

④ 급진적 인본주의 패러다임에는 현상학적 색채가 강한 실존주의인 프랑스의 현상학과 이보다 성격이 약한 지식사회학이 해당한다.

또한 터너(J. H. Turner)는 사회학에서 가장 널리 퍼져있는 일반적인 전망으로 기능이론, 갈등이론, 교환이론, 상호작용론 및 역할이론을 들고 있고(김진균 외 옮김, 1996: 33), 신기능주의자인 알렉산더(J. Alexander)는 구조기능이론, 갈등이론, 교환이론, 상징적 상호작용이론, 민속방법론, 문화사회학으로 구분한다(이윤희 역, 1995).

사회현실이 복수적 현실(multiple reality)로 존재하듯이 이를 설명하려는 사회학 이론과 그 이론적 접근은 학자에 따라 다양할 수밖에 없다. 각 사회학 이론은 실제 사회세계의 여러 특징들을 조망하기 위한 하나의 일반적인 전망 내지 지향(orientation)에 불과하기 때문이다. 이러한 사회학 이론의 패러다임 또는 이론적 접근의 특성은 교육사회학에도 그대로 반영되어 나타나고 있다. 교육현상을 설명하는 다양한 교육사회학 이론도 사회학의 패러다임과 같이 학자에 따라 다양하게 패러다임화하고 있다.

카라벨과 할시(J. Karabel & A. H. Halsey, 1977)는 교육사회학의 연구경향을 통

해 ① 기능주의, ② 인간자본론, ③ 방법론적 실증주의, ④ 갈등론, ⑤ 상징적 상호작용론과 새로운 사회학의 도전으로 구분하고 있고, 블렉리지와 헌트(D. Blackledge & B. Hunt, 1985)는 ① 뒤르껭(E. Durkheim)과 기능주의적 전통, ② 마르크스주의 관점, ③ 베버(M. Weber)와 해석학적 관점으로 교육사회학 이론의 계보를 분류하고 있으며, 발란틴(J. H. Ballantine, 2001)도 거시적 관점인 ① 기능론적 접근과 ② 갈등론적 접근, 미시적 관점인 ③ 상호작용론과 해석학적 접근으로 분류하여 기술하고 있다.

한편 국내 교육사회학자들도 학자에 따라 다양하게 분류하고 있다. 한준상(1990)과 송병순(1996)은 사회적 행위의 중간수준을 제외하여 교육사회학의 이론적 관점을 미시적 관점과 거시적 관점으로 크게 구분하고, 그 영역에 적합한 이론을 분류하고 있다. 이종각(2013)은 교육사회학의 이론적 전망으로 사회현실과 같이 교육현실도 복수적 현실(multiple reality)로 존재하므로, 이러한 교육현상의 복수적 현실의 차이를 체계적으로 설명해 주는 대표적인 교육사회학의 패러다임을 기능론, 갈등론, 해석학을 들고 있다.

이상에서 살펴보았듯이 학자들에 따라 교육사회학이 다양하게 구분되고 있다. 그러나 대부분의 학자들은 거시적 차원에서 기능주의와 갈등주의로 구분하고 미시적 관점의 이론으로 해석학을 추가하여 이 세 가지를 교육사회학 이론으로 정리하는데 대체로 동의한다.

이러한 다양한 이론적 관점과 패러다임은 교육현상을 이해하고 연구하는데 도움을 주고 있다. 하지만 이들 각 이론적 접근들은 서로 경쟁하는 이론들 속에 있다. 게다가 상당한 중첩과 차용의 확산이 이루어져 광범위한 수렴이 이루어지고 있기도 하다.

2. 기능주의 이론의 특징과 범주

1) 등장배경

18세기 후반 유럽은 산업화와 도시화에 따른 격심한 사회변동과 프랑스 대혁명 이후의 정치적 불안정은 사회사상가들로 하여금 사회질서에 깊은 관심을 갖게 하였다. 사회가 왜, 어떻게 만들어지고, 무엇이 사회를 유지시키는가? 무엇이 사회를 변동시키는가? 이러한 의문에 대하여 사회학자들은 생물학의 종의이론과 진화론, 그리고 세포이론의 발달에 영향을 받아 그 해답을 구하고자 하였다.

기능주의는 사회와 교육과 같은 사회 내의 제도들은 모두 함께 일하는 상호의존적인 부분들로 이루어져 있고, 각 부분은 전체 사회의 기능에 일부 필요한 활동에 기여한다는 것을 전제로 출발한다. 이 접근은 인간 유기체의 생물학적 기능과 같은 것으로 생각하여, 각 부분은 전체를 위해 역할을 하며, 모든 부분들은 생존을 위하여 서로 의존한다. 심장과 뇌가 인간의 생존에 필요한 것처럼 사회의 각 부분은 사회의 생존에 필요하다. 또한 사회는 항상 안정을 유지하려는 속성을 지니고 있으며, 어떤 충격에 의하여 안정이 깨뜨려지면 이를 회복하기 위한 노력을 전개한다. 이처럼 사회의 각 부분은 사회 전체의 존속을 위해 상호의존적이면서 제 나름대로 각각의 기능을 수행한다.

기능주의의 주된 관심은 사회의 질서와 균형(equilibrium)에 두고서, 보다 큰 사회체제의 욕구와 기능적 요건을 어떻게 충족하느냐에 관심을 가지며, 이들을 충족하는 사회 각 부분의 사회적 구조를 분석하는 일을 주요 과제로 삼는다. 따라서 기능주의 이론에서는 사회 각 기관을 사회체제로 보며, 사회체제는 전체체제의 기능적 분할이라고 이해한다.

기능이론은 사회학의 아버지로 불리는 콩트(A. Comte)나 사회유기체설을 제시한 스펜서(H. Spencer)까지 거슬러 그 이론적 기초를 찾을 수 있다. 그러나 보다 이론적 근거를 발전시킨 사람은 뒤르껭(E. Durkheim)이었으며, 사회학 이론으로의 구축은 파슨즈(T. Parsons)에 의해 이루어졌다. 그러나 사회의 유기체론적 분석형태에 기능주의라는 제명을 최초로 적용했던 사람은 인류학자인 말리노프스키(Malinowski)이다. 같은 인류학자인 브라운(Brown)은 기능이라는 개념을 사회와 유기체의 비교를 통하여, 유기체에 있어서는 생명의 유지를 위한 역할로, 사회에 있어서는 전체 사회의 유지를 위한 기능으로 설명함으로써 현대 기능이론의 대가인 파슨즈와 머튼(Merton)의 기능론적 전망을 형성하는데 크게 공헌하였다.

2) 기본전제

기능이론의 기본입장은 스펜서의 사회유기체설에서부터 비롯된다. 즉 인간은 오래 전부터 사회를 생물유기체와 유사한 것으로 보고 사회를 이해하는데 모델로 사용했다. 사회를 구조와 기능의 개념으로 보는 입장은 생물학적 유추에서 비롯된다. 이 같은 경향을 구조기능주의라 한다. 기능이론의 관점은 바로 이 구조기능주의 이론의 관점에서 설명하는 경향이 강하다. 사회는 생명이 있는 하나의 유기체와 마찬가지로 여러 신체적인 각 기관과 같은 구조들로 이루어져 각자 기능한다고 보는 것이다. 신체의 각 기관은 따로따로 각자 작용하는 것이 아니라, 상호 긴밀한 유기적인 관련 하에 일사불란하게 움직인다. 어느 한 기관이라도 제대로 기능하지 않으면 생명 유지라고 하는 전체적인 목적달성에 문제가 생긴다. 사회도 일단 생성되고 나면 인간 유기체와 마찬가지 현상을 보인다고 할 수 있다. 사회도 일단 합의된 목표를 달성하기 위해서는 사회의 각 기관이나 구조가 그에 상응하는 기능을 원만히 수행할 때 사회가 존속 유지된다. 따라서 기능이론은 사회의 본질을 상호의존적인 관계 또는 부분의 집합으로 구성된 체제로 본다. 상호의존적인 여러 기관이나 부분은 전체의 생존과 존립에 공헌한다. 기능이론은 사회를 구조와 기능의 관점에서 분석하고, 사회의 지속과 번영을 위해서 질서와 균형, 그리고 안정을 강조하며, 더 나아가 사회 구성원간의 합의와 통합을 중요시한다. 기능이론에서 보면 사회는 질적으로 우열의 차이가 없는 기능을 수행하는 많은 개인 및 집단의 통합체로서 안정과 질서유지라는 합의된 목표 아래 상호작용적으로 살아가는 집단이다.

기능이론에서는 다음과 같은 기본적인 전제를 가지고 접근한다.

첫째, 각 요소(부문)가 상호 연관된 체계로서의 사회는 동질성과 균형성을 지향하는 경향이 있어 자기 규제적(self-control)으로 본다.

둘째, 사회가 생물유기체와 같이 자기 유기적 체계로서 생명을 연장하고 동질성을 보존하고 균형을 유지하려면 충족시켜야 할 기본적인 필요와 요건을 갖추고 있어야 한다.

셋째, 사회의 각 부분은 우열이 없으며, 수행과정에서 기능상의 차이가 존재한다고 본다.

넷째, 모든 사회구조는 그 구성원간의 가치에 대한 합의에 기본적 토대를 둔다.

다섯째, 사회계층은 차등적 보상의 결과물로 인해 형성된다.

또한 모든 사람에게 공평한 기회를 제공함으로써, 과거 신분이나 환경, 개인의 여건 등으로 인해 학교교육의 혜택을 받지 못하는 사람들에게 불평등하게 제공되었던 제도적 문제는 기회의 균등을 제공해 주었다는 것이다. 이러한 주장의 밑바탕에 프랑스혁명(1789~1794)이 있다. 절대주의 왕권체제에 반대하여 일어난 시민혁명으로서 특권층에 유리하도록 형성된 학교교육 체제를 점차 모든 사람들이 공평한 기회를 가질 수 있도록 해 주었다는 것이다. 따라서 균등하게 주어진 교육기회를 획득한 사람들이 학교에 들어가서 개인의 노력에 의해 학업성취를 형성하게 되며, 그 결과로 사회에서 필요로 하는 직업적 지위로 나아가게 된다는 것이 기능이론의 주장이다. 기능주의의 중심 개념은 다음과 같다.

(1) 구조(structure)와 기능(function)

기능주의자들은 조직의 구조와 기능에 관한 문제에 관심을 갖고 있다. 그들은 사회를 많은 부분(part)들로 만들어진 존재라 보고, 이들 각 부분들은 사회의 구조를 형성한다고 본다. 그들은 전체사회나 사회체제를 구성하는 부분으로 제도들을 생각하였다. 체제의 부분들은 전체 체제에서 체제를 구성하는 부분들의 기능과 목적이라는 의미로 논의되었다. 사회를 한 체제로 보았을 때, 이것이 유지 · 존속되기 위해서는 꼭 수행되어야 하는 임무 또는 활동이 있는바, 이를 기능이라 한다. 되풀이되는 어떤 활동의 기능은 전체로서 한 사회의 사회적 삶에 역할을 하므로, 이것은 사회의 구조적 유지존속에 이바지한다. 기능주의자들은 기능이라는 말 대신에 기능적 필요요건, 기능적 선행요건, 기능적 요건(functional imperatives)이라는 용어를 사용한다. 파슨즈는 사회가 존속하기 위해서는 ① 적응(adaption), ② 목표달성(goal attainment), ③ 통합(integration), ④ 잠재유형 유지와 긴장관리(latent pattern maintenance and tension management) 등의 네 가지 요건이 수행되어야 한다고 주장한다.

(2) 통합(integration)

기능주의자들은 사회의 여러 부분들이 제한적이기는 하지만 그것들이 서로 통합되어 있어서 사회의 한 부분에 발생하는 변화는 다른 부분에 영향을 미친다고 한다. 즉 사회의 각 부분들은 서로 독립 · 대립적인 갈등관계에 놓여 있는 것이 아니고, 동등한 상호의존과 상호연관적인 관계를 이루고 있기 때문에 전체 사회의 존속에 기여하게 된다. 이처럼 사회의 각 부분들 사이의 상호의존의 정도는 이들 부분들 사이의 통합의 정도와 관련되어 있는 것이다. 따라서 사회의 각 부분들은 서로를 보완하며, 사회 전체가 원활하게 운영되는 안정된 사회가 통합이 잘 이루어진 것이라고 볼 수 있으며, 통합의 개념은 어떻게 사회가 안정을 유지할 수 있는가 하는 질서의 문제와 관련이 있다.

이러한 사회의 통합은 다음의 몇 가지 형태로 이루어진다고 주장한다(한준상 외, 1996: 43). ① 전문화된 업무에 종사하는 개별 사회행위자들의 기능적 상호의존성에 의해 촉진된다. ② 사회적 여러 관계적 지침이 되고 상호작용을 규제하는 특정한 규범 혹은 규칙들을 사회성원들이 집단적으로 수락함으로써 가능해진다. ③ 공통된 가치와 신념체계에 대한 대중의 고수에 의해 이루어진다.

(3) 안정(stability)

기능주의자들은 사회가 다소간의 변동을 피할 수는 없지만, 급진적이고 돌발적인 변동을 가져오는 힘보다는 사회의 질서를 유지하고 안정을 꾀하려는 힘을 더 강조한다. 사회질서라는 관점에서 사회체제의 중요한 특성은 균형(equilibrium)이라는 개념으로, 사회의 어느 한 부분의 변화가 사회의 존속에 위협이 되지 않도록 하기 위해서 다른 부분이 이를 보상(compensate)함으로써 균형을 통해 안정을 이루게 된다는 것이다. 파슨즈는 이러한 현상유지의 효과가 있는 가장 단순한 균형 형태인 정적 균형(static equilibrium)과 함께 동적 균형(moving equilibrium)에도 관심을 가짐으로써 사회변동을 소홀히 취급하지 않았다. 동적 균형은 사회체제는 일정한 방향으로 계속 변동하면서 그 구성 부분들 사이에도 역동적인 균형을 계속하는 것을 말한다.

(4) 합의(consensus)

기능주의자들은 어떤 사회에서나 중요한 지각 · 감정 · 가치 및 신념에 대한 일반적 합의는 존재해 왔다고 본다. 물론 합의는 성질과 범위에 따라 사회마다 차이가 있지만, 모든 사회에서는 사회생활이 가능한 세계에 대한 개괄적이고 종합적인 일련의 가정을 갖고 있다.

사회적 안정과 사회질서 유지에는 합의의 창출이 요구된다. 이 때 합의의 개념은 혼돈과 무정부주의적 상태를 야기시키는 사회적 갈등과 사회분화는 일련의 이념과 가치 그리고 원리의 준수로서 해결될 수 있을 것이라는 파트리즈(P. H. Partridge)의 '동의와 합의(consent and consensus)'에서 찾을 수 있다. 홉스(T. Hobbes)의 유명한 명제인 만인에 대한 만인의 전쟁상태가 극복되기 위해서는 사회의 모든 구성원이 사회구성원들의 특수한 목표와 관심과 신념을 초월하는 어떤 일반적 원리를 수용하고 실천할 수 있어야 한다(최정웅, 1993: 77).

3) 기능이론의 범주

기능이론의 범주에 들어가는 이론들은 원래부터 기능이론의 시작에서 학교교육의 정당성을 주장하기 위한 가정으로 출발한 것이 아니다. 단지 연구의 결과가 기능이론이 주장하는 내용을 정당화시켜 주는 형태로 나타난 것이 원인이라고 할 수 있다. 그 중에서 대표적인 이론이 기술기능이론, 근대화이론, 인간자본론이다. 각각의 이론들을 살펴보면 다음과 같다(김종두, 2013: 45~54).

(1) 기술기능이론

기술기능이론은 제2차 세계대전 후 복구 과정에서 사회가 발달하고 산업화를 통한 경제가 성장하는 현장을 직시하면서 대두된 이론이다. 즉 산업사회의 성장과정에서 요구되는 기술수준이 점점 높아짐에 따라 기술이 매우 중요시되었다(1940~50년대의 미국과 영국). 이와 같이 생산체계의 기술에 대한 요구가 교육변화에 추진력을 제공하게 된다. 급속한 산업화 시대에는 숙련된 기술자와 직업적 전문가들을 요구하며, 교육체제는 이런 사람을 배출하는 데 공헌해야 한다는 주장이다.

기술기능이론에서는 학교제도와 직업세계가 상호 밀접한 관계에 있음을 강조한다. 학교는 산업사회를 지탱하는 핵심장치로서, 사회에서 요구하는 직종 수준에 맞게 학교제도가 발달하였다는 것이다. 즉 직업세계의 피라미드 구조처럼 학교도 마찬가지의 모습으로 발전하였다는 것이다.

이 이론의 특징은 기능이론의 관점에서 학교교육을 평가하였는데 슐츠(Schultz)의 인간자본론과도 유사하다. 기술기능론자들의 주장을 콜린스(Collins)는 다음과 같이 정리하였다. 산업사회에 있어서 직업의 기술요건이 과학기술의 변화에 따라 끊임없이 높아지므로 취업을 위한 교육의 요구수준이 계속하여 높아지고, 점점 더 많은 인구가 오랜기간 동안 학교교육을 받게 된다는 것이다.

클락(Clack)의 전문가 사회의 교육(1962)에서 보면, "우리 시대는 유능한 기술자와 전문가를 계속하여 요구하고 있는 바, 이러한 인재를 양성하는 과업에 교육제도는 더욱 충실하여야 한다. 또한 직업세계는 생산과 분배에 관한 기술의 진보 때문에 날이 갈수록 복잡해지고 전문화되고 있기 때문에 그에 따라 요구되는 교육수준 또한 계속 상승하고 있다"고 하였다.

이러한 기술기능이론에 대한 비판을 보면, 첫째, 기술사회를 향한 발전과정에서 갈등과 불화 측면은 외면한다는 점이다. 둘째, 학교의 팽창은 대중의 요구도 있지만, 지배계층의 특권유지 수단으로서 생산성 높은 노동자를 길러내기 위한 수단이었다는 점이다. 셋째, 직업세계의 기술수준이 학교교육 수준과 일치한다는 전제의 성립이 어려우므로 과잉 학력현상은 기술기능이론의 입장을 대변한다고 보기 어렵다. 작업수준의 향상이 교육수준을 가져온 것은 15%이고 나머지 85%는 다른 요인에 의한 것이라는 주장도 있다.

(2) 근대화 이론

근대화 이론가들은 경제 성장에 있어서 그 사회의 전통은 장애물과 같이 보았다. 근대화가 급진적인 변화를 가져오기 위해서는 전통 사회의 가치에 대한 희생은 당연하다고 생각했다. 근대화 이론가들은 전통 사회는 산업 사회와 전통 사회 간의 경제 격차가 실제 증가하는 경우는 산업화의 장점을 확보하지 않았기 때문이라고 생각했다. 그것은 현대적인 변화를 수용하지 못하는 전통 때문이라는 것이었다. 생활수준의 향상, 물리적인 교육인프라, 경제적 성장의 토대와 같은 것들은 그 사회의 주민들이 인식의 변화를 통하여 근대화를 이룩하여야만 가능하다고 본 것이다.

근대화 이론은 사회는 내·외적 요인을 다함께 고려하면서 통합과 분화, 그리고 재통합을 통하여 진화의 길을 따라서 발전하고 있다고 본다. 대표적인 학자는 인켈리스(Inkeles), 스미스(Smith), 립셋(Lipset), 맥클리랜드(McClelland) 등이 있다.

근대화 이론은 근대화 기관, 근대적 가치, 근대적 행위, 근대사회, 경제발전의 다섯 가지 변인 간에 직접적인 인과관계가 있다는 가정에 기초를 두고 있다.

인켈리스와 스미스(Inkeles & Smith, 1974)는 근대화하는 것은 발전하는 것이며, 한 사회는 대부분의 사람들이 근대적 가치를 가지고 될 때까지는 발전할 수 없다고 주장한다. 근대적 가치의 창출은 인간의 계획 결과이며, 특수한 사회기관은 근대적 가치와 출현하는데 매우 중요하며, 대표적 사회기관이 학교라는 것이다. 근대성(modernity)에 관한 초기의 대표적인 연구로 맥클리랜드(D. McClelland)의 성취사회(The Achieving Society, 1961)가 있다. 맥클리랜드에 의하면 '문명의 발생과 쇠퇴는 그 사회 내에 있는 대다수의 사람들이 소유하고 있는 개인적 가치관에 기인된 것'이다. 그는 한 사회가 경제적·기술적 발전을 가능케 하는 성취동기라고 하는 성격적 특성이 있는데 이것은 사회화를 통하여 획득된다고 주장하고 있다. 그러나 근대화 이론은 근대화 과정에 대한 가정이 너무 이상적이며, 서구 중심적이라는 비판을 받는다.

(3) 인간자본론

인간자본론(Human Capital Theory)을 체계화한 사람은 경제학자 슐츠(Theodore William Schultz)이다. 그는 1927년 사우스다코타주립대학을 졸업하고 1930년 위스콘신대학교에서 박사학위를 취득하였다. 아이오와주립대학과 시카고대학의 경제학과에서 교수로 재직했고, 1979년에 개도국 문제 고찰을 통한 경제발전연구로 노벨상을 수상했다.

인간자본론은 개인적 측면뿐만 아니라 국가발전에 있어서도 교육에 대한 투자와 국가의 경제적 발전 사이에 높은 상관관계가 있다는 것을 밝히는데도 적용되었다. 실업가에게는 투자로서의 교육이 매력적인 구호가 되었고, 대학교수나 연구자들에게 그들의 활동을 확장시킬 수 있도록 정당성을 부여받았다. 정치가들에게는 교육기회의 민주화에 대한 지지로 보였으며, 교육을 '원하는 자들'에게는 보수 좋은 직업을 얻을 기회가 확대되리라는 기대를 주었다. 1960년대 세계의 성장과정을 설명하는 데 매우 타당한 논리적/실증적 근거를 제공하였으며, 2차 대전 후 세계는 경제성장을 위한 노력과정에서 인간자본에 대한 투자는 성장을 위해 노력하는 거의 모든 국가들에게서 나타나는 공통적으로 적용되는 논리였다(이종각, 2013).

이러한 인간자본에 대한 투자의 편익이 확대되는 현상은 그 당시 성장을 추구하는 단계에 있던 모든 국가들에게 공통적으로 적용되는 현상으로서 국가에서 교육을 중시해야 하는 이유를 제공하는데 매우 설득적이면서, 실질적 증거를 제시해 주는 것이었다. 이러한 인간자본에 대한 투자 효과는 현재에도 후진국에서 개발도상국으로 성장하는 국가들에게 공통적으로 적용되고 있다.

우리나라는 교육제도의 체계화를 통해 후진국에서 선진국으로 성장할 수 있다는 증거를 보여준 대표적인 국가라고 할 수 있다.

3. 기능주의와 학교교육

교육에 관한 현대 기능주의 이론은 파슨즈의 연구에서 그 기원을 찾는다. 그는 교육은 과거 사회와는 상당히 다른 현대사회에서 중요한 부분이라고 믿었다. 이런 관점으로부터 학교교육은 특히 모든 시민의 기회균등에 관해서는 현대 민주 사회의 발달과 유지에 중요한 기능을 수행한다. 데이비스(Davis)와 무어(Moore)와 같은 기능주의자들은 가장 재능있는 자가 가장 중요한 위치를 차지하는 것처럼 불평등은 모든 사회에서 필요한 것이라고 주장한다. 학교는 기능주의자들의 사회 시나리오에서 중요한 역할을 한다. 왜냐하면 성취와 발전은 특권보다는 능력에 근거하고 있기 때문이다. 이러한 민주적-자유주의적(democratic-liberal) 관점은 교육을 자본주의 사회에서 중요한 제도로 보고 있다(Cookson & Sadovnik, 2002).

교육현상에 대한 기능주의적 이해방식은 사회의 이해방식과 일관성을 갖는다. 이종각(2000)은 사회에 대한 기능론적 이해방식을 ① 질서유지의 관점, ② 체제적응적 관점, ③ 기회균등과 업적주의 사회관, ④ 개인주의, ⑤ 점진적 개량주의로 요약 · 정리하고 있으며, 그에 따른 기능주의 교육관을 다음과 같이 요약 · 설명하고 있다.

① 학교교육의 목적은 본질적으로 기존사회의 유지와 변화하는 사회에 적응하기 위한 사회화에 있다.
② 학교교육의 기능은 재능있는 사람들을 분류하고 선발하는 합리적인 방법을

사회에 제공하여, 업적주의 사회의 기반을 튼튼히 하는데 있다. 흔히 교육의 사회적 기능에는 문화전달 기능, 사회통합적 기능, 사회충원 기능, 사회이동 촉진 기능, 사회혁신적 기능 등이 있다고 한다. 여기서 문화전달과 사회통합적 기능과 관련된 사회화 기능, 사회충원 기능과 관련된 사회적 선발 기능을 강조한다.

③ 학교는 지식과 전문적 소양을 중시하고 있는 현대 전문가 사회에서 제반 역할 수행에 필요한 각종 지식 · 기술 · 가치규범을 함양하여 전문가 사회에 적응해야 한다.

④ 학교는 능력있는 사람을 분류 · 선발하는 합리적인 방안으로서 가장 능력있는 사람들이 높은 사회적 지위를 획득할 수 있도록 해 준다.

⑤ 능력별 분류에 의한 서로 다른 교육적 성취는 장래 성인사회의 직업적 분화에 도움을 준다.

⑥ 교육개혁에서 점진적 개량주의의 입장을 취하며, 변화하는 사회에의 적응과 기회균등 확보를 기본원리로 삼는다.

이렇듯 기능주의 이론은 궁극적으로 사회질서가 어떻게 유지되며 실현되는가 하는 문제에 관심을 갖고, 사회질서 유지의 기본적인 문제해결을 위한 메커니즘으로 제도들(institutions)을 들고 있다. 이들 제도들은 사회적 기능을 수행하며, 사회적 요구를 충족시키는데 이바지한다고 생각한다. 즉 기능주의는 제도들이 어떻게 전체 사회체제의 욕구와 필요를 충족하느냐에 관심을 갖는다. 교육사회학의 거시적 관점에서 기능주의 이론은 전체로서 사회에 대한 교육구조의 중요성을 분석하며, 교육이 사회안정에 얼마나 이바지하며 사회적 요구를 얼마나 충족시킬 수 있는가에 관심을 갖는다. 기능적 분석의 가장 일반적인 형태는 현대사회에서 교육의 기능을 나열하는 것이다. 사회에서 교육제도를 포함한 각 제도들은 전체 사회에 관련이 있으며, 서로 다른 제도들과 관련이 있는 가운데 중요한 기능을 갖는다. 고슬린(D. A. Goslin)은 사회를 위한 교육의 세 가지 기능, 즉 ① 문화(지식, 신념, 가치 등)의 유지와 전달, ② 새로운 지식의 혁신, 발견, 전달, ③ 사회 내 지위에 개개인의 배치 등을 들고 있지만, 전통적으로 교육은 사회화의 기능과 사회선발의 기능을 수행해오고 있다(Turner & Mitchell, 1997). 이들 기능에 대하여 기능주의자들의 견해를 정리하도록 한다.

교육에 대한 기능주의 접근들 사이에는 그 강조점에서 많은 차이가 있다고는 하지만, 전후 복지국가들을 특징지우는 보다 일반적인 합의 가정들을 수렴하고 강화하는 많은 분석적인 논거들을 공유한다. 독특한 강조점은 교육의 현시적 기능(manifest functions)과 선택적인 잠재적 기능(latent functions)에 있으며, 사회발전에 대한 교육의 전반적인 긍정적 기능에 있다(Morrow & Torres, 1995: 55). 네 가지 주요한 교육의 기능, 즉 학구적, 분배적, 경제적, 정치사회화 기능을 구분하는 것이 유익하다. 학구적 기능(academic function)은 사회역량을 사회성원들에게 제공하는데 반드시 필요한 보편적인 인지적 기능을 가르치는 책임과 부합하는 것이다. 분배적 기능은(distributive function)은 분업사회에서 개개인에게 역할을 준비시키며 경쟁적 선발을 통해 인재의 효율적인 분배를 준비하는 교육의 기능을 말한다. 경제적 기능(인간자본론에서 유사하게 생각함)은 교육과 개개인 입장에서의 높은 생산성과는 연결되어 있다는 것을 말한다. 정치사회화 기능의 상황에서 교육의 중요성은 사회통합과 사회통제에 필수적인 것으로 받아들여지고 있다. 게다가 이 네 가지 기능은 사회 내 교육의 과업과 관련하여 일반적인 사회적 합의와 일치한다.

1) 사회화

일반적으로 사회화란 인간이 사람다운 사람이 되어 가는 과정을 말한다. 이 사회화는 개인적인 차원에서 볼 경우엔 개인이 사람다운 사람이 되기 위하여 각자에게만 특유한 자아성, 혹은 personality를 형성하는 과정으로 보며, 사회적인 측면에서 볼 경우는 각 사회가 그의 문화적 유산을 세대에서 세대로 면면히 이어가는 과정으로 본다.

기능주의자들은 이런 사회화 과정을 교육과 같은 뜻으로 보고 있다. 이것은 뒤르껭의 교육에 관한 설명에서 잘 나타나 있다(최정웅, 1993: 9; 김신일, 2000: 55). 그는 교육은 사회생활을 위한 준비를 아직 갖추지 못한 어린 세대에 대한 성인세대의 영향력 행사다. 즉, 비사회화의 상태의 비성인을 사회화된 성인으로 성숙케하는 과정이다. 교육의 내용은 사회에 따라 변하기 때문에, 또한 시대와 장소에 따라 다르기 때문에 어떠한 교육이 되어야 한다는 당위적이고 절대적인 가치지향의 교육내용을 정립한다는 것은 불가능하다고 보고 있다. 교육은 사회적인 것이며, 사회의 목적에 대한 수단이 교육이다. 교육은 사회에 의해 규정지워지는 것이지 교육받는 개인이나 교사나 교육행정가에 의해 규정되는 것은 아니다. 교육의 주된 기능은 개개인의 능력과 잠재력을 계발하는 것이 아니라 사회가 요구하는 능력과 재능을 계발하는 것으로 보고 있다. 즉, 전체로서의 정치사회와 아동이 장차 소속하게 되는 특수환경의 양편이 요구하는 지적 · 도덕적 · 신체적 제 특성을 아동에게 육성 · 계발하는 것이라고 한다.

그는 이러한 사회화를 위한 교육의 기능은 보편적 사회화와 특수사회화라는 두 가지 면으로 이루어진다고 보았다(김병성, 1990). 보편적 사회화는 한 사회의 공통적 감성과 신념, 즉 집합의식을 새로운 세대에 내면화시키는 것을 의미한다. 이 보편적 사회화는 한 사회가 해체되는 일 없이 존속하는 데에 있어서 뿐만 아니라 한 사회의 독특성을 변화없이 유지하는 데에 있어서도 필수적인 것이다. 특수사회화는 개인이 속하게 되는 특수한 직업집단이 요구하는 지적, 도덕적 특성의 함양을 가리킨다. 개개인은 교육을 통해서 자신이 속하여 살아가게 될 직업집단의 규범과 전문지식을 학습하는 것이다.

이렇듯 뒤르껭은 사회에 적합한 인간을 위한 교육의 기능은 사회화의 과정에 의해 성취되는 것으로 본다. 즉, 교육에 의해 성숙해 가는 인간은 자연적으로 성장하는 것이 아니라 사회에 의해 사회가 바라는 인간으로 성장 · 발달해 가는 것이다. 그에게 있어 교육의 기능은 사회의 유지존속에 있으며, 인간에게 부족한 규범체계와 지적체계를 준비시킴으로써 사회화시키고 인간화시키는 과정이 곧 사회적 기능이라고 본다. 기능주의를 구체화한 파슨즈는 교육의 두 가지 본질적 기능을 사회화 기능과 사회선발의 기능으로 보고, 그 중 보다 중요한 기능을 사회화 기능이라고 강조한다. 그는 학교와 학급을 사회체제로 보아 학교가 사회화 기구로서 어떻게 전체사회에 이바지하는가를 설명하였다. 그는 학교를 사회화 기구로서 개인의 인간성을 도야하고 성인으로서의 사회적 역할을 수행해 나갈 수 있도록 준비시키는 조직체로 보고 있다. 즉, 교육은 사회적 역할 수행을 위해 필요한 개인의 능력을 도야하는 중요한 사회화 과정으로 보는 것이다.

파슨즈는 체제의 유지를 위해서는 '동기구조의 재조직'이 필요함과 무엇보다도 동료집단이 이러한 체제적 욕구를 충족시켜주는 데에 의의가 있다고 한다. 가정에서는 성원들간에 서로 친밀한 관계를 유지하며 아동을 자연적으로 사회화하고 있기 때문에, 아동에게 도덕과 규범 및 기술을 적절히 가르칠 수 없다. 따라서 가정과 학교는 서로 다른 종류의 사회화 기능을 수행하고 있다고 한다(이종각, 2000).

파슨즈는 유형변수(pattern variables) 이론을 적용하여 가정은 아동을 감정적(affective) · 특수적(particularistic) · 귀속적(ascriptive)으로 사회화시킨다면, 학교는 합리적 · 보편적 · 성취적으로 사회화시킨다고 구분한다. 합리적, 보편적 및 성취적 사회화의 특성은 오늘의 능력사회, 합리적 사회의 가치와 일치한다. 그리하여 학교에서의 사회화는 오늘의 사회유지를 위한 것으로 볼 수 있다는 것이다.

드리븐(R. Dreeben)은 뒤르껭과 파슨즈의 사회화에 관한 주장을 좀 더 구체적으로 설경하였다. 그는 학교가 무엇보다 강조해야 할 일은 학생들을 사회인으로 만드는 것이라고 보았으며, 독립성(independence), 성취지향성(achievement), 보편성(universalism), 특정성(specificity)이라는 네 가지의 주요 규범이 현대 산업사회의 일원으로서 살아가는데 필수적인 것으로 간주하였다. 이들 규범은 단순히 가정이나 지역사회를 통해서 습득할 수 있지만, 학교가 학생들에게 보다 효과적으로 지도하고 있다는 것이다. 다시 말해 학교는 규범을 적절한 방법을 동원하여 학생들에게 내면화시켜 사회유지를 위해 그 기능을 다하고 있다는 것이다.

2) 교육과정

교육이란 '내용'을 매개로 가르치는 사람과 배우는 사람 사이의 상호작용으로 이루어진다. 따라서 학교에서는 학생들이 무엇을 공부하고 생각하고 학습하도록 할 것인지 그 내용을 선정하고 있다. 교육과정 내용의 대부분이 지식으로 구성되는 바, 지식은 어떻게 성립되는지, 누가 지식의 선정과 배분을 통제해야 하는지, 학교에서 가르치는 지식은 누구를 위한 것인지 등과 같은 문제도 사회학적 이론에 따라 서로 다르다.

기능이론에서는 학교교육 내용은 보편적 가치를 지닌 것으로 보지만 갈등이론은 교육과정이란 사회적으로 조직된 지식이며, 여기에는 이해를 달리하는 여러 집단이 관련되어 있으나 결국 지배적 위치에 있는 집단이 가치롭다고 믿는 것이 교육내용으로 결정된다는 것이다. 즉 기능이론에서는 교육과정이란 누구에게나 의미있고 가치로우며 보편성을 띤 것이지만, 갈등이론에서는 정치적 과정을 거쳐 결정되는 사회적 산물로서 사회와 시대에 따라 다르다는 것이다(김병성, 1990).

기능주의 교육이론에서는 학교의 할 일을, 첫째, 사회구성원들로 하여금 사회에 잘 적응하도록 사회성을 길러 주는 일, 즉 사회화를 시키는 일과, 둘째, 현존사회의 체제와 질서를 유지하고 균형과 통합을 이루는 일로 보고 있다. 이러한 학교관은 학교에서 가르쳐야 할 교육내용관에도 적용된다. 따라서 학교에서 가르치는 지식은 ① 학생들을 원만히 사회화시키기 위하여 그 시대의 문화를 전달하는 내용이며, ② 학생들에게 다가올 미래사회를 준비시키는 내용이며, ③ 구성원들에게 직업을 준비시키는 내용이며, ④ 체제유지에 필요한 내용이다(이종각, 1998: 225~226).

이처럼 기능주의 교육과정론은 교육과정을 그 사회와 문화의 핵심을 뽑아 조직한 것이므로 학생들에게 필수적으로 가르쳐야 한다고 보고, 교육목표 내지 교육내용의 보편성을 강조한 나머지 교육목표의 선정과 진술, 교육내용의 선정과 조직, 수업계획 등에 관한 측면의 개발에 주력하였다.

3) 사회적 선발 · 배치

기능주의자들은 교육을 사회통합의 원천으로 취급하고 있지만, 또한 교육체제의 기능적 분화와 선발의 기능을 강조해 왔다. 교육은 사회질서와 사회적 조화를 위해서 사회화 기능뿐만 아니라 다양한 부류의 사람들을 사회의 특정 지위에 분류하는 기능을 수행한다는 것이다. 파슨즈를 비롯한 기능주의자들은 앞에서 설명한 사회화의 기능을 교육의 제1차적 기능이라 하고, 사회적 선발 · 배치를 제2차적 기능이라고 한다.

문화전수와 사회화는 뒤르껭이 제시한 사회화를 위한 교육의 두 가지 기능인 보편적 사회화와 특수사회화라는 것에서 보았듯이 모든 구성원들에게 동일하게 이루어지기도 하고 차별적으로 이루어진다. 반면 학교의 선발 · 배치 기능은 학교가 학생들을 능력이나 소질, 취미 등을 기초로 선발하고, 학생들은 일정기간 교육을 받은 후 특수한 사회적 지위를 갖게 되는 것을 말한다. 다시 말해, 학교는 사회적 선발 · 배치 기능을 수행하기 위하여 학생들을 선발 · 분류하고, 이들에게 서로 다른 경험을 전수하여 적재적소에 배치하는 역할을 한다는 것이다. 이와 같이 학교교육이 수행하는 기능 중 인력을 선발, 분류, 배치하는 바로 이 기능이야말로 어쩌면 가장 현실적이고 구체적인 기능일 것이다.

이 세상에는 수많은 직업이 존재하며 일의 종류에 따라 지위와 역할이 달라

지며, 지식과 기술 등의 자질이 다르게 요구된다. 특히 산업 및 사회구조가 급격히 변하는 현대사회는 기술 및 전문 인력을 점점 더 요구하게 되며, 교육체제는 직업세계의 분화에 따라 다양한 분야에 적합한 사람을 선발하여 길러내는 역할을 효과적으로 수행해야 한다. 교육선발에 대한 이와 같은 기능론적 해석은 첫째, 능력과 재능은 사람마다 다르며 높은 능력일수록 소유자가 적다는 것과 둘째, 선발기준이 능력본위이어야 한다는 것을 기본 전제로 삼고 있다(김병성, 1990: 49).

학교가 사회적 선발 기능을 수행하는 것은 사회와 학교가 성취지향의 가치를 공유하고 있기 때문이며, 학교가 현대 산업사회의 성취지향의 가치관을 수용한 결과라 할 수 있다. 그렇기 때문에 교육기회가 공정하게 주어진다면 학력은 성취수준을 나타내며 학력수준에 따라 사회적 지위가 달라지는 것은 공정하다는 것이다. 파슨즈가 보기에 산업사회의 학교는 이러한 기능을 무리없이 수행하고 있다는 것이다(김신일, 2000: 60).

이처럼 기능주의자들은 학교를 ① 재능있는 사람들을 분류 · 선발하는 합리적인 체제로서 가장 유능하고 동기가 강한 사람들을 최고의 지위에 오르게 하고, ② 갈수록 전문적 기술과 지식에 의존하게 되는 사회에서 대부분의 역할수행에 필요한 인지적 기술과 규범을 가르치는 현대사회의 필수적인 기관으로 본다. 즉 능력주의 사회, 전문가 사회, 민주주의 사회로 일컬어지는 현대사회에서 학교교육은 전체 사회질서를 위해 어떤 필요불가결한 기능을 수행하는 바 사회적 출세는 능력에 입각한 자유경쟁에 의해 결정되며 학교교육이 긍정적인 역할을 하고 있다고 본다.

기능주의 사회학 이론의 중심개념을 담고 있는 대표적인 이론으로 학력인플레이션, 즉 학력사회를 설명할 때 자주 이용되는 기술기능론과 인간자본론을 들 수 있다. 먼저 클락(Clark)이 대표적인 학자로 소개되는 기술기능론은 학교제도와 직업세계가 상호 밀접한 관계가 있음을 지적한다. 그는 시대가 유능한 기술자와 전문가를 계속하여 요구하고 있기에 교육제도는 이러한 인재

를 양성하는 과업에 충실해야 한다고 주장한다(Clark. 1962). 이러한 기술기능론자의 입장을 콜린스(Collins, 1971)는 다음과 같이 정리하고 있다.

① 산업사회에 있어서 직업이 요구하는 기술조건이 과학기술의 변화에 따라 끊임없이 높아진다.
② 학교교육은 점점 높아지는 직업에 필요한 전문기술과 일반능력을 훈련시킨다.
③ 취업을 위한 교육의 요구수준이 계속 높아지고, 점점 더 많은 사람이 오랜 기간 동안 학교교육을 받게 된다.

경제학자 슐츠(Schultz)에 의해 체계화된 인간자본론에서는 교육을 증가된 배당금(increased dividends)의 형태로 미래에 되돌려받을 인간자본에의 투자로 보며 인간이 교육을 통해 지식과 기술을 갖추게 될 때 인간의 경제적 가치는 증가된다고 주장한다(김병성, 2002: 58). 이러한 인간자본론은 보다 좋은 교육을 받은 사람은 보다 좋은 직업을 가지며, 상대적으로 높은 미래의 소득을 위해 현재의 소득을 희생한다는 가정에서 출발한다.

또한 최근의 신기능주의(new functionalism) 관점은 학교교육을 비판하면서도 동시에 학교교육의 강화를 주장하는 특성을 지니고 있다. 이러한 관점은 사회통합 기능만을 강조하는 것이 아니라 비판적 기능도 중시함으로써 사회통합과 아울러 사회분화의 기능도 동시에 이룩하는 경향을 지니고 있다. 특히 신기능주의는 효율적인 학교운동을 통한 학교교육 기능의 강화 노력과 함께 교육의 질 향상을 위한 교사의 수월성을 강조하기도 한다(김병성, 2002: 62~64).

4) 기능주의 교육이론의 비판

거시적 수준의 기능주의 교육이론은 1960년대와 1970년대 초에 최절정에

달하게 된다. 하지만 그 이래로 상당히 미약했던 기능론적 분석의 적합성 문제가 1960년대 갈등론의 부활로 도전을 받게 된다. 기능주의자들은 다양한 갈등론의 주장에 종종 보잘것 없는 사람이 되곤 하지만, 기능주의는 사라지지 않고 중간범위 조직분석으로 전개되었다. 즉 이론적 담론은 갈등론으로 이동하였지만, 여전히 학교교육 현장에서는 이런저런 구조나 프로그램의 기능에 계속적인 관심을 갖고 있는 실정이다. 그러나 기능주의 교육관은 여전히 다음과 같은 비판을 받고 있다.

첫째, 기능주의는 다양한 관심과 이념, 그리고 갈등하는 이익집단이 많이 있다는 사실을 인식하지 못하고, 통합과 합의를 지나치게 강조한 나머지 집단 간의 갈등을 잘 다루지 못한다. 기능주의자들은 사회를 가치 합의에 기초하는 것으로 보지만, 갈등론자들은 사회질서를 강제와 이데올로기 조작의 산물로 본다. 또한 갈등론자들은 학교교육과 사회와의 관계가 없다는 것이 아니라 이러한 관계가 불평등에 기초하고 사회적 힘에 의해 유지된다는 점이다 (Cookson & Sadovnik, 2002).

둘째, 기능주의는 인간을 사회화의 주체가 아닌 객체로 봄으로써 아동에 대하여 수동적인 존재, 사회의 종속적 존재라는 입장을 견지한다. 또한 기능주의 관점에서는 학급의 역동성(교사와 학생 또는 학생과 학생의 관계)과 같은 상호작용을 분석하는데 어려움이 있다고 지적한다. 이와 관련하여 기능주의 접근은 교육과정(educational process)의 내용(content), 즉 무엇을 가르치고 어떻게 가르치는가와 같은 것을 잘 다루지 못한다고 비판을 받고 있다.

셋째, 변화가 일어날 때 그 변화는 느리고 계획적이며 체제의 균형을 전복하지 못한다는 기능주의 가정은 모든 상황에서 타당한 것은 아니다. 연쇄반응(chain reaction)과 같은 변화의 가정은 함의를 지니고 있지만, 이것은 안정된 사회나 급속히 변화하는 사회의 실제들을 반드시 반영하는 것은 아니다. 이처럼 교육에 대한 기능주의 분석은 다소 엄밀성이 부족하며, 인과적 적합성을 가지고 있지 못하다.

넷째, 교육선발이 능력본위로 이루어진다는 기능주의의 가정은 선발과정의 귀속적 측면에 대한 관심을 소홀히 다루었다. 또한 학생들의 인지적 측면의 성취를 강조하고 학력경쟁을 가열화시킴으로써 고학력을 부채질하는 한편, 인성교육, 전인교육을 소홀히 하고 인간성을 메마르게 한다.

다섯째, 학교는 학생들을 선발·분류하고, 이들에게 서로 다른 경험을 전수하여 적재적소에 배치하는 역할을 한다지만, 대부분의 고용주들은 사회적 지위와 계급적 배경의 징표로서 교육적 신임장(educational credentials)을 찾는다는 점이다. 콜린스는 교육이 능력에 기초하는 것처럼 보이지만 주로 특권(priviledge)에 기초한 신임장을 제공함으로써 불평등을 유지하는 일을 한다고 주장한다(김경식 외, 2011).

제3장

교육현상과 갈등주의적 접근

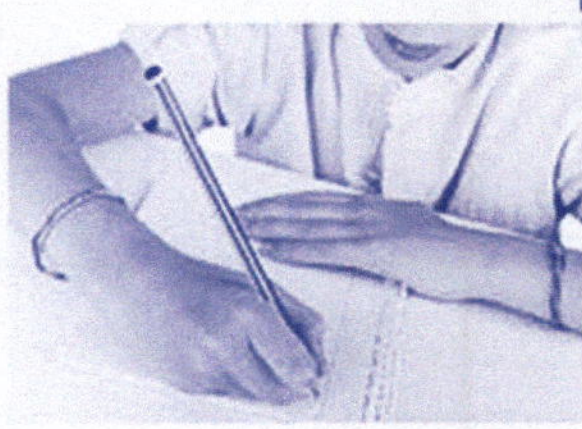

1. 갈등론적 사회관과 교육관
2. 마르크스의 계급갈등론
3. 학교교육에 대한 갈등론의 관점
4. 갈등론의 한계와 비판
5. 기능론과 갈등론의 비교

기능론과 갈등론은 여러 측면에서 대조적이다. 기능론은 기본적으로 사회가 어떻게 유지 · 존속되는가에 관심을 갖는 반면 갈등론은 사회가 어떤 동력에 의해 변화되는가에 관심을 갖는다. 교육에 있어서 기능론은 학생들을 기존의 사회제도에 적응하도록 사회화시키고 있다는 관점을 취하는데 반하여 갈등론은 지배계급(혹은 권력집단)이 자신들의 지배를 확보하기 위해 교육을 이용한다고 본다.

기능론이 정치적 보수성을 띠고 있다면, 갈등론은 정치적 급진성을 띠고 있다. 갈등론적 교육이론은 비판적이다. 학교는 현대 산업사회에서 필요한 지적 기술을 가르치기보다는 교육자격증을 발급해 주는 곳으로 간주된다. 교육확대를 통해 기회균등이 이루어지기보다는 오히려 특수계층의 이익을 유지하는 수단이 된다고 본다. 학교는 아동의 지적 · 정의적 성장을 실현시키는데 그다지 공헌하지 못하며, 오히려 억압하고 비인간화시키는 도구로 이해된다. 학교는 재능 있는 사람들의 사회적 이동을 촉진시켜 주는 제도라기보다는 특정 엘리트들의 권력을 영속화시켜 주는 도구에 불과하다는 것이다.

본 장에서는 이러한 급진론적 패러다임(radical paradigm)에 속하는 학교교육에 대한 비관론적인 관점을 중심으로 그 근거와 형성배경을 살펴보고자 한다. 즉 갈등이론에서 보는 교육설명의 기본적 시각, 쟁점, 특징 및 한계를 파악해 본다.

1. 갈등론적 사회관과 교육관

갈등론(conflict theory)을 대표하는 학자로는 마르크스(K. Marx), 베버(M. Weber), 짐멜(G. Simmel), 코저(L. Coser) 등을 들 수 있으나, 갈등론의 전통은 마르크스와 베버의 두 가지 서로 다른 뿌리에서 시작되었다. 이 두 사람에 의해 구축된

이론적 뿌리는 이후 아주 복잡하고 다양한 양상으로 뻗어 나갔다. 여기에서는 이들이 대체로 공통적으로 지적하는 사항들을 중심으로 살펴본다.

1) 갈등론적 사회관

갈등론은 사회의 재화는 일정한데 비해 인간의 욕망은 무한하므로, 모든 사회는 이를 둘러싼 갈등과 긴장관계에 놓여 있다고 전제한다. 갈등론은 기능이론이 변화를 제대로 설명하지 못하고 권력투쟁 · 계층갈등 · 일탈행위 등을 소홀히 다루었다고 비판하면서, 사회의 강제적 속성과 사회변동의 편재성(遍在性, ubiquity)에 초점을 맞춘다. 그리고 한 집단의 목표는 다른 집단의 목표와 일치하지 않으며, 이러한 부조화 현상은 외적으로는 잔잔하게 보일지 모르나 내적으로는 활기차게 용틀임하며 때로는 그 갈등이 표면화되거나 폭력화되기도 한다고 본다.

갈등론에서, 지배집단은 모든 사회가치의 중심체 역할을 하며 현 상태가 계속 유지되기를 바란다. 지배집단은 피지배집단을 체제안정의 위협요소로 보고 설득 · 교화 · 선전 등의 방법으로 피지배집단에게 자신들의 입장을 정당화시키려 한다.

지배집단과 피지배집단의 대립적 관계는 새로운 형태의 사회를 창출하려는 사회변동의 원인이 된다. 지배집단은 피지배집단을 강제적으로 억압하고, 동시에 정신적 교화를 통해 지배체제를 효과적으로 통제하고자 한다. 지배집단은 자신의 위치가 위협받지 않도록 계속적으로 새로운 사회질서를 창출하는 반면, 피지배집단은 자신들의 불리한 위치를 극복하기 위해 지배집단에 대항할 수 있는 물리적 · 이념적 수단을 동원하여 자신들에게 유리한 사회편성이 되도록 노력한다. 결국 지배집단과 피지배집단은 계속되는 긴장과 갈등상태에 직면하게 된다.

칼 마르크스(K. Marx)는 역사의 발전과정을 유산계급과 무산계급의 경제적 이해관계를 둘러싼 갈등관계로 파악한다. 즉, 생산수단을 소유한 유산계급은 무산계급의 잉여가치를 착취한다. 유산계급은 생산력과 생산관계를 통해 무산계급을 철저히 소외시키고 그들이 현 사회질서에 순응하게 하여 불평등한 사회구조를 정당화한다. 무산계급은 유산계급이 경제적 이익을 독점하는 것을 막고 자신들도 정당한 보상을 얻기 위해 유산계급에 대해 적대적 입장을 취한다.

베버는 마르크스와 달리 사회갈등의 원인을 물적 생산관계에서만 찾지 않는다. 베버 역시 경제가 사회에 중요한 영향을 미친다는 점을 인정하나, 경제적 요인이 사회성격을 결정하는 구조적 결정변수는 아니라고 본다. 베버는 사회구조가 경제와 같은 단일변수에 의해 규정되는 것이 아니라 지위 · 권력 · 부 같은 다양한 사회적 변인에 의해 영향을 받는다고 본다. 이러한 베버의 입장은 콜린스(R. Collins)나 헌(C. Hurn) 등에게 영향을 미쳤다. 이들은 경제적 요인보다 문화의 화폐적 가치를 강조함으로써, 학교교육에 대한 새로운 이해의 틀을 제공하기도 하였다.

이러한 갈등론의 사회관을 정리하면 다음과 같다.

① 사회의 모든 요소는 긴장 · 경쟁 · 갈등을 일으키는 힘이며 원인이다.
② 갈등의 원인은 사회계급 간의 권력의 차이에서 비롯된다.
③ 지배집단은 피지배집단과 언제나 불일치와 갈등을 보이며, 이것은 사회분열과 사회변동을 초래하기도 한다.
④ 사회질서 유지는 지배집단의 강제에 바탕을 두고 있다.

2) 갈등론적 교육관

갈등론적 교육관이 대두되기 시작한 것은 그리 오래되지 않았다. 제2차 세계대전(1939~1945)이 끝난 후 미국과 소련은 이념적 경쟁관계에 돌입하게 되어

동서갈등이 표면화되기 시작하였다. 서구는 체제경쟁의 우위를 위해 사회안정과 효과적인 사회발전을 강조하게 되었고, 이를 지지하는 발전론적 관점이나 기능주의 사회학이 주류를 형성하였다. 1950년대와 60년대의 학교교육론 역시 사회발전과 기능적 효율성에 초점을 두고 있었다. 따라서 교육의 사회적 기능에 관한 설명에서 사회안정과 질서유지 및 발전에 관심이 집중되었고, 교육을 통해 사회평등화를 실현할 수 있다는 관점이 지배적이었다.

그러나 미국은 1960년대에 들면서 심각한 인종문제 · 사회불평등 문제의 분출에 직면하였다. 특히 기존사회의 부조리에 대해 회의를 느낀 학생들에 의해 뉴 레프트운동(New Left Movement)과 흑인 민권운동이 확산되기 시작하였다. 보수적 관점을 지향하는 기능주의 사회학은 사회불평등이나 갈등문제 해결에 한계를 보이기 시작하였다. 갈등론은 이러한 사회적 요청에 의해 이론적 대안으로 등장하였다.

이러한 사회적 요청은 교육에 관한 질문의 방식에 변화를 가져왔다. 1960년대 중반부터 학교교육이 인간의 삶을 풍요롭게 하고 있는가, 학교교육이 사회구조적 모순을 해결하고 사회평등화를 도모하고 있는가, 학교교육이 요구하는 사회적 질서는 누구를 위한 것인가 등의 문제에 대해 근본적 의문이 제기되었다.

기능론과 마찬가지로 갈등론도 학교와 사회가 밀접하게 관련되어 있다고 본다. 그러나 갈등론은 학교와 전체 사회의 요구 간의 관계보다는, 학교와 엘리트 혹은 지배집단 간의 관계를 강조한다. 학교는 재능 있는 사람들의 사회이동을 촉진시키고 사회평등화에 기여하는 제도라기보다는, 특정 엘리트 집단들의 권력을 영속시키고 기존 계층질서를 유지시키는 도구라고 본다. 또 학교는 기존의 불평등 구조를 영속화 또는 심화시키고 피지배집단에게 현 사회구조에 순응하는 태도를 갖게 함으로써 지배 엘리트의 이익을 대변한다. 학교는 현대적이고 자유주의적이며, 민주적인 정책운영에 필요한 가치나 태도를 가르치지 않고, 오히려 중간계층의 도덕성, 맹목적 애국심, 바람직한 노동습관,

순종적 예법 등을 가르치는 제도로 간주된다. 학교는 자율적 사고를 고무시키기보다는 상업적 가치에 동조하는 태도를 주입시키며 또 현대사회의 복잡한 직업특성에 필요한 인지기술을 가르치기보다는 편협한 기술적인 가치관을 가르친다(Illich, 1971).

학교에서 배운 지식과 기술이 직업신분이나 직무수행 능력과는 크게 관계가 없다는 증거가 제시됨으로써, 학교는 현대 산업사회에서 필요한 지식과 기술을 가르치기보다는 교육자격증을 발급해 주는 곳이다. 학업성취에 있어서도 계급간 · 인종간의 차이가 지속적으로 나타남으로써, 교육확대를 통한 기회균등이 이루어지기보다는 특수계층의 권위를 유지하는 데 학교가 이용되고 있다. 학교는 아동의 지적 · 정의적 성장을 실현시키는 데는 별로 공헌하지 못하고 억압적이고 비인간적인 사회를 형성시키는 도구로 간주된다. 예컨대, 학교에서 중시하고 있는 것은 인지적 · 지적인 기술이 아니라 계층에서 연유한 가치와 태도를 강화시키는 일이다. 즉, 학교는 독립적인 사고와 인간적인 가치를 길러 주기보다는 순종과 예속성을 가르치는 기관이라는 것이다(Bowles & Gintis, 1976; Carnoy, ed., 1975).

이와 같이 갈등론적 교육관은 비판적인데, 그것을 몇 가지로 정리하면 다음과 같다.

① 학교는 객관적이고 중립적인 기관이 아니며 지배집단과 관련을 맺고 있다.
② 학교는 지배집단의 이데올로기를 전수하는 곳으로, 불평등한 사회구조를 심화시키는 역할을 한다.
③ 학교는 업적주의 이념으로 공정성을 위장하고 있으며, 실패의 원인을 사회구조적인 측면보다 개인의 능력과 노력 부족으로 돌리고 있다.
④ 학교는 지적 능력의 함양보다는 지배집단이 선호하는 가치 · 태도 · 규범 등의 주입에 치중하고 있다.

⑤ 결국 학교는 기존의 불평등한 사회질서에 개인을 편입시키며, 결과적으로 지배집단의 이익에 기여하는 도구적 장치로 기능한다.

2. 마르크스의 계급갈등론

갈등이론은 사회관계의 본질을 집단 간의 갈등으로 파악하고, 그 갈등의 결과로 일어나는 변화에 관심을 집중한다. 기능이론에서는 변화가 부차적인 관심사이지만, 갈등이론에서는 일차적인 관심사이다. 사회학에서는 갈등이론을 흔히 크게 두 가지 종류로 나눈다. 하나는 칼 마르크스(K. Marx) 이론이고, 다른 하나는 막스 베버(M. Weber)적 갈등이론이다. 흔히 갈등이론이라고 하면 전자를 가리키며, 특별히 후자를 언급할 때는 '지위경쟁이론'으로 부른다. 그 이유는 베버가 강조한 갈등이 계급 간의 갈등이 아니라 지위집단 간의 경쟁이기 때문이다. 여기서는 갈등이론의 중심을 이루며 흔히 '정치경제학'으로도 불리는 마르크스이론을 먼저 살펴본다.

칼 마르크스(Karl Marx, 1818~1883)는 현대사회에 큰 영향을 미친 사회사상가였음에도 불구하고 미국 사회학계와 교육학계에서는 그의 중요성이 오랫동안 인정되지 않았다. 일제 암흑기와 해방기에는 마르크스 이론이 한국에서도 그리 낯선 이론이 아니었다. 그러나 미국 이론의 집중적 영향과 분단 상황이라는 특수한 조건하에 있던 우리나라에서는 6 · 25 이후부터 1980년대 이전까지는 마르크스에 대한 언급자체가 금기시되었다. 따라서 사회와 교육을 이해하는 시각이 80년대 이전까지는 기능론에 일방적으로 치우쳤으므로, 교육사회학의 비판적 기능은 한계가 있었다.

마르크스 이론에 대하여 사회계급론, 사회변동론, 이데올로기론을 축으로 살펴본 후 네오마르크시즘에 대해서도 소개한다.

1) 사회계급론과 사회변동론

마르크스는 근대사회의 변화, 특히 자본주의 경제체제의 변화에 대한 비판적 분석에 집중했다. 마르크스에 의하면, 근대 시기에 일어난 가장 중요한 변동은 자본주의(capitalism)의 발전과 관련되어 있다. 자본주의는 역사적으로 그 이전의 경제질서와는 근본적으로 대조되는 하나의 생산체계이다. 자본주의에서 재화와 용역의 생산은 광범한 소비자에게 판매하기 위한 것(상품생산체제)이다. 자본(공장 · 기계 · 막대한 양의 돈)을 소유하고 있는 사람들은 지배계급을 형성한다. 인구의 대부분이 생계수단을 소유하지 못한 임금노동자계급 혹은 노동자계급을 구성하는데, 그들은 자본 소유자들에 의해 제공되는 고용을 찾아야 한다. 그래서 자본주의는 하나의 계급체계이며, 계급 간의 갈등은 일반적인 사건이다.

마르크스는 사회를 분석하는 기본단위는 '사회계급(social class)'으로 보았다. 어떤 사람의 사회계급은 생산수단(생산도구 · 기계설비 · 원료)에 대한 그의 관계에 의하여 결정된다. 마르크스는 생산수단을 가진 집단과 갖지 못한 집단을 구분하고, 가진 집단을 '유산계급(자본가계급, 부르조아, capitalist class)', 갖지 못한 집단을 '무산계급(프롤레타리아, proletariat)'으로 각각 규정했다. 무산계급은 임금을 받기 위하여 자신들의 노동력을 팔아야만 한다. 두 계급 사이에는 본질적인 이익갈등이 개재해 있는데 그것이 계급갈등이다.

계급갈등은 사회변화를 일으키는데, 역사상 모든 사회는 다양한 형태의 계급갈등을 겪어 왔다. 마르크스는 이런 시각에서 역사가 변증법적으로 발전해 가는 단계를 원시 공산사회 → 고대 노예사회 → 중세 봉건사회 → 자본주의 사회 → 공산주의 사회로 분석하였다. 마르크스의 관점은 이러한 역사적 유물론(materialist conception of history)에 기초를 두고 있다.

마르크스는 사회변동의 주요 원천을 인간이 가지고 있는 관념이나 가치가 아니라 경제적 영향에서 찾았다. 경제적 영향은 역사 발전의 원동력을 제공하는 계급 간의 갈등과 연관되어 있다. 마르크스에 따르면, '지금까지의 모든 인간의 역사는 계급투쟁의 역사이다'. 그는 자본주의 시대의 계급갈등이 가장 강렬하기 때문에 가장 극심한 사회변화가 초래될 것으로 보았다.

마르크스에 의하면, 자본가와 무산자 사이의 본래적인 갈등은 두 계급 사이의 모순된 이해관계에 의해서 발생한다. 자본가계급은 자본주의의 체제적 속성에 따라 이윤을 극대화하고 그것을 유지하도록 행동하게 된다. 그러한 행동은 바로 노동자에 대한 착취로 귀결된다. 노동자에 대한 착취는 생산과정의 속도 증진, 근무일수와 근무시간의 증가, 최저수준의 임금 유지, 열악한 근무조건의 방치 등을 통하여 이루어진다. 이와 같은 행동들은 자본가들의 이윤을 높이는 데 공헌하는 한편 그 반대의 효과도 초래하게 된다. 즉, 자본가들이 살찔수록 노동자들은 더욱 핍박해져 부익부와 빈익빈 현상이 격심해진다. 그리하여 노동자들의 노동과 생활조건을 점점 더 악화시킴으로써 노동계급의 이해관계의식(利害關係意識)을 자극하여 계급투쟁이 강화된다.

마르크스가 지적하듯, 자본주의의 이러한 특성은 자본가들의 숫자를 점점 줄이게 된다. 이윤 쟁취를 위한 경쟁의 강도가 심해질수록 노동자로 전락하는 자본가들의 숫자가 늘어나기 때문이다. 이리하여 노동자계급은 점점 늘어나게 된다. 마르크스에 의하면, 결국 사회는 소수의 엘리트 자본가 집단과 빈곤상태에서 허덕이는 다수의 노동자계급 집단으로 확연히 나누어지며, 자본가들의 이해관계와 직접적으로 갈등을 빚는 노동계급의 이해관계가 점차 분명해지고 증대된다. 이와 같이 마르크스는 '계급의 분리성'을 강조하였다.

마르크스는 노동계급이 자신들의 이해관계가 사유재산 제도를 붕괴시키고, 자본가들을 소멸시키며, 생산수단에 대한 통제권을 갖고, 궁극적으로는 자본가계급 그 자체를 붕괴시키는 것임을 인식하게 될 것이라고 여겼다. 그는 노동자들이 자신들의 계급의식으로 말미암아 자본주의 체제를 붕괴시키고 그것을 공산주의 사회로 대체시키려는 행동, 특히 혁명적 행동을 실천할 것이라고 믿었다.

마르크스에 따르면, 자본주의는 미래에 사회주의 혹은 공산주의에 의하여 대체될 것이고, 사회주의 사회에는 아무런 계급이 존재하지 않는다. 경제체계는 공동 소유 하에 있게 될 것이며, 더 평등주의적이고 참여적인 사회질서가 건설될 것이라고 주장한다.

요컨대, 마르크스가 말하는 사회구조는 경제구조의 성격에 의해 결정되며, 경제구조에 의해 노동의 위계적 관계가 형성된다. 지배집단인 유산계급은 경제적 부를 독점하고 지배적 질서를 창출하여 무산계급의 경제적 이익을 착취한다. 무산계급은 유산계급의 불평등한 지배질서에 대항하게 되며 이 두 계급은 적대적 위치에서 심각한 갈등관계를 표출한다. 이런 의미에서 마르크스의 갈등론은 계급갈등론이나 경제갈등론으로도 불린다. 이러한 마르크스의 전통은 교육사회학에 많은 영향을 주었다. 1970년대부터 대두되기 시작한 '재생산론'이나 '국가론'적 관점도 마르크스 이론에 기초를 두고 있다. 마르크스의 입장을 취하지 않는 교육사회학의 다른 이론들도 그의 방법론으로부터 많은 영향을 받고 있다.

2) 의식과 이데올로기의 문제

마르크스(K. Marx)는 이데올로기를 인간사회에 대한 허위적인 추상적 생각, 즉 허위 의식(false consciousness)으로 보았다. 일반적으로 참된 의식(true consciousness)은 역사성과 과학성을 지닌 것으로 간주되고, 허위의식과 같은 사회적 사상은 이데올로기로 받아들여진다.

마르크스에게 있어 이데올로기는 개인들의 의식과 존재 간 불일치에 관한 표현이기도 하다. 소수의 지배자들은 그럴듯한 논리(거짓일 수도 있고, 순진한 환상

일 수도 있는)로 민중들의 사고와 의식세계까지 지배한다. 결과적으로 민중들은 자신들의 실제 존재 모습을 정확하게 인식하지 못하고 소수 지배층이 제시한 환상적 · 허위적 논리, 즉 지배이데올로기에 따라 인식하게 된다.

마르크스이론에서 이데올로기 문제가 강조되는 것은 이데올로기가 계급적 지배나 정치적 지배와 밀접한 관련을 갖기 때문이다. 즉, 지배자나 자본가의 논리를 피지배자가 인정하고 따라 줄 때에는, 지배가 매우 용이해지고 나아가 계속적인 지배가 가능해진다. 일례로, 어떤 가난한 자가 가난의 이유를 자신의 무능과 게으름 때문이라고만 인식한다면, 지배자는 가난한 자를 훈계하면서 지배할 수 있게 된다. 이런 경우, 무력이나 강제력을 동원하지 않고도 지배가 가능하게 된다.

한편, 이데올로기의 허위성을 깨닫고 비판적으로 이해하고, 자신의 존재조건과 의식과의 관계를 일치시키려는 움직임을 의식화라고 한다. 의식화는 흔히 대항이데올로기(counter ideology)의 성격을 가지는 비판적인 세계관으로 사회의 모순과 갈등을 폭로하는 경향이 있다.

이데올로기의 존재양식은 매우 다양하다. 그것은 이론이나 지식, 문학이나 예술, 관습이나 법, 그리고 선언문이나 이념 등의 형태로 사회 내에 존재한다. 교육은 이러한 것들과 불가피하게 관계를 맺고 있기 때문에 이데올로기적 관련성을 갖게 된다. 학교도 어떤 의미에서는 '지식을 통하여 인간을 처리하는' 기관이며, 이데올로기적 기능을 갖고 있는 기관이다.

3) 네오마르크시즘의 비판적 기능

우리가 편의상 마르크스이론이라고 부르기는 하지만, 오늘날 마르크스이론의 주창자들은 매우 다양하게 마르크스적 시각을 반영하고 있다. 그들 중 정통파 마르크스주의자들의 명제 일부를 포기(또는 수정)하고, 마르크스이론의 비판적 기능을 확장하려는 노력을 하는 학자들이 있다. 그들의 이론을 네오마르크시즘이라고 부른다.

네오마르크시즘의 변증법적 비판이론은 프랑크푸르트학파의 영향을 크게 받았다. 프랑크푸르트학파는 이미 형성되어 있는 기존의 제도를 비판적으로 보는 관점을 제시하고 과학적 실증주의에 대하여 비판한다.

프랑크푸르트학파는 과학적 실증주의에 대하여 다음과 같이 비판한다.

① 정밀성과 계량화의 추구로 사회현상의 의미를 무시하고, 현상의 이면에 있는 현실의 본질을 캐는데 도움을 주지 못한다.
② 지식을 윤리로부터 격리시키고 가치중립성을 주장함으로써 권력층의 지배와 조작에 필요한 수단으로 전락시켰다.
③ 제한된 경험적 조사와 사회문제에 관심을 집중함으로써 역사성과 총체성을 상실했다.

프랑크푸르트학파는 종래의 연구 패러다임을 규범적 모형으로 간주하면서 새로운 연구패러다임에서는 가치 그 자체를 분석해야 한다는 관점을 제시하였다. 이런 관점은 사회학의 방법론적 전환(역사적 · 사회적 · 내적 의미의 이해)에 타당성을 제공하였다.

네오마르크시즘은 마르크스의 주요 명제 중 다음 두 가지에 중요한 변화를 수용하였다.

첫째, 계급지배를 여전히 중요하게 간주한다. 그러나 생산수단의 사적 소유 철폐가 곧 계급지배의 해소는 아니라고 생각한다.

둘째, 부정 · 불평등의 원인이 항상 같은 곳에서 일어난다는 전제, 즉 유물론적 결정론을 포기한다. 모든 지배 상황을 있는 그대로 비판적으로 분석할 필요가 있다고 본다.

마르크스적 교육이론과 신마르크스적 교육이론은 모두 본질적으로 구조적 분석이다. 마르크스적 교육이론은 교육과 경제구조와의 관계에 집중한다. 그리고 신마르크스적 교육이론은 교육과 경제구조와의 관계뿐만 아니라 교육과 지식과 권력과의 관계에 대한 깊이 있는 분석을 제공하는 한편 교육과 관련된 일체의 지배관계를 분석해 내려고 한다.

3. 학교교육에 대한 갈등론의 관점

학교교육에 대한 갈등론적 이론은 몇 가지 유형으로 나뉜다.

첫째, 교육이 사회계급(또는 계층)을 재생산시킨다는 주장을 재생산이론이라고 하는데, 재생산이론에는 경제적 재생산이론과 문화적 재생산이론이 있다.

둘째, 학교에서 저항문화가 어떻게 생산되는가에 초점을 맞춘 저항이론이 있다. 재성산이론과 저항이론은 대체로 마르크스적 전통을 따른 것이다.

셋째, 학교의 팽창을 부 · 지위 · 권력 등을 둘러싼 경쟁의 결과로 보는 지위경쟁이론이 있는데, 지위경쟁이론은 베버적 갈등이론의 전통을 이은 것이다.

1) 경제적 재생산론

마르크스의 교육론은 보울스(Samuel Bowles)와 진티스(Herbert Gintis) 그리고 카노이(Martin Carnoy) 등 미국의 마르크스주의 학자들이 더욱 발전시켰다. 특히 보울스와 진티스는 그들의 공저(共著) 「자본주의 미국의 학교교육(Schooling in Capitalist America, 1976)」에서 미국의 교육을 소재로 하여 자본주의 교육을 비판하고 있다. 이 저서의 핵심은 학교는 한 사회의 지배적 생산관계를 반복적으로 재생산하는 구실을 한다는 것이다. 보울스와 진티스는 미국의 학교교육은 앞에서 파슨즈가 주장한 바와 같이 보편적 가치를 가르치는 것도, 인재를 공정하게 선별하여 사회에 배치하는 것도 아니고, 오히려 자본가 층에게 이로운 태도와 가치관을 가르치고 기존의 계층 구조를 정당화하고 지속시킨다고 비판한다. 그들은 이러한 재생산이 이루어지는 과정을 대응원리로 설명하고 있다.

경제적 재생산론(economic reproduction theory)의 주장자들은 학교교육의 사회적 기능을 자본주의 사회체제, 즉 경제적 관계와 분리하여 이해할 수 없다고 본다. 즉, 자본가계급은 노동 생산력의 축적과 계급통제를 통해 자신들의 경제적 이점을 증대시키려고 노력한다는 것이다.

그들의 주장에 의하면, 자본주의 체제에서의 학교교육은 경제적 모순을 은폐하고, 불평등한 구조를 유지 · 존속 · 심화시키며, 아울러 지배계급의 위치를 정당화하는 도구적 기관의 역할을 한다. 요컨대, 학교교육은 경제적 불평등을 정당화 · 합법화함으로써 지배계급의 위치를 재생산하는 기능을 담당한다.

학교교육의 이러한 기능에 대해 호간(D. Hogan)은 다음과 같이 설명한다.

① 학교교육은 객관적이고 표면적으로 누구나 공정하게 참여할 수 있는 능력주의 메커니즘을 통해 개인을 계급적 지위에 배치시킴으로써 경제적 불평등을 정당화한다.

② 학교교육은 은밀히 계급 분절의식을 유도하고 있으며, 사회질서의 재생산을 이끄는 인종차별, 성차별, 생산수단의 사적 소유권, 노동의 사회관계 등과 같은 의식의 형태를 재생산한다(Hogan, 1981: 32).

자본가계급이 학교교육을 통해 경제적 불평등을 정당화 · 합법화함으로써 지배계급의 위치를 재생산한다는 경제적 재생산론은 학자마다 약간씩 상이한 관점을 취한다. 보울즈와 진티스(S. Bowles & H. Gintis)는 경제적 재생산이라는 개념을 사용하여 학교교육이 자본주의 경제체제의 재생산에 어떻게 기여하는지를 설명하고자 하였다.

보울즈와 진티스는 「자본주의 미국사회에서의 학교교육(Schooling in Capitalist America, 1976)」에서 학교에서는 일반적으로 알려진 바와 달리 인지적 요소가 아닌 비인지적 요소, 즉 자본주의 체제에 적합한 가치 · 태도 · 규범 · 퍼스낼리티 등을 중시하며 가르친다고 밝혔다. 즉, 학교는 자본가계급의 이데올로기를 정당화하기 위해 그들 계급이 선호하는 가치를 아동들에게 은밀히 내면화시킴으로써 현 사회의 불평등적 위계관계를 자연스럽게 받아들이게 한다는 것이다.

보울즈와 진티스는 자본주의 체제의 사회적 위계관계를 정당화하는 학교교육의 역할을 명확하게 설명하기 위해 대응원리(correspondence principle)를 제시하였다. 대응원리는 노동의 사회적 관계와 교육의 사회적 관계가 서로 대응하고 있다는 것이다. 즉 자본주의의 사회적 위계관계를 학교교육의 수준별 위계구조와 대응시킴으로써 자본주의 사회체제에 필요한 가치체계를 가르친다는 것이다. 그리하여 〈표 3-1〉에서 보는 바와 같이 초등학교에서는 하위직에 적합한 복종 · 순응 · 시간엄수 등을, 중등학교에서는 중간직에 적합한 지식 · 가치 · 규범 등을, 그리고 고등교육에서는 최고 경영자에 적합한 인성체계인 독립심 · 창조력 · 리더십 등을 은밀히 전수한다.

학교에서도 자본주의적 생산의 위계관계가 그대로 반영되어 나타나는데, 학교는 〈표 3-1〉에서 보는 바와 같이 학교급에 따라 차별적인 특성을 강조한다. 이와 같이 차별적으로 사회화된 아동들은 복종이 중요한 인성적 특성으로 강조되는 직업을 가지게 되는 기본적으로 비슷한 인성적 특성을 가진 배우자를 만나게 되며 그들의 자녀에게 자신의 인성적 특성을 사회화시키게 되는 과정을 반복함으로써 세대에서 세대로 계급문화가 재생산된다는 것이다.

표 3-1 학교급에 따른 차별적 교육내용의 대응

학교급	교육내용	기 업
고등교육	리더십, 창의력, 독립심	최고관리직
중등교육	일반 사무, 관리능력	중간관리직
초등교육	복종, 시간, 규칙 엄수	하위노동직

출처: 강창동(2009: 98).

또한 취업 준비반이나 노동계층은 노동에 알맞은 순종, 인내심, 의존성, 청결, 질서 등과 같은 규범 가치가 형성, 강화되고 있으며, 대학 진학반이나 지배계층은 창의성, 독립성, 자율성, 지도성 등 보상체계나 가정 및 학교에서의 사회화 과정을 통하여 전수되며 강화된다. 보울스와 진티스는 평등사회를 표방하는 서구 자본주의 사회의 이념도 한갓 허구에 지나지 않는다고 본다. 능력주의(meritocracy)와 기회의 균등을 표방하는 자본주의 사회는 보상, 특히 경제적 보상의 기준이 기회의 균등과 능력에 있기 때문에 사회적 성패의 책임은 개인에게 돌아간다고 주장하고 있으나, 이는 내재하고 있는 구조적 불평등을 은폐하려는 기만에 불과하다고 본다(강상철, 1995: 39~40).

결과적으로 학교는 불평등을 낳을 뿐 아니라 현존하는 불평등을 재생산한다는 것이다. 이와 같이 보울즈와 진티스는 사회관계를 생산관계에 구조적으로 대응(correspondence)시킴으로써 교육을 새로운 세대를 경제체제 속으로 통합시키는 역할을 한다고 보았다. 또한 그들은 교육의 이러한 기능이 자본주의 사회가 존속하는 한 자본주의적 생산양식을 벗어날 수 없기에 학교의 독자적인 기능은 불가능하다고 보았다. 따라서 학교교육의 개혁은 무의미하므로 사회의 개혁만이 나아가야 할 방향이라고 주장한다.

경제적 재생산론은, 자본주의 사회에서 학교교육의 역할이 공정한 사회적 기관이라기보다는 사회적 위계관계, 즉 불평등 구조를 정당화 · 합법화 · 강화하는 재생산적 도구라는 새로운 해석을 해 주었다는 점에서 의의가 있다. 경제적 재생산론은 학교교육과 경제구조의 관계를 비교적 구체적으로 지적했다는 점에서 1970년대부터 지속적인 관심을 끌고 있다.

그럼에도 불구하고 경제적 재생산론에 대한 다음과 같은 비판은 의미 있는 것이다.

① 경제적 재생산론은 학교교육의 역할을 경제구조에 국한시킴으로써 다른 사회적 변인, 예컨대 문화구조의 역할을 간과하였다.
② 경제구조의 성격이 학교에 중요한 영향을 미치기 때문에 결국 학생들은 자본가 계급이 요구하는 인간으로 형성된다고 봄으로써 학생들을 수동적인 존재로 이해했다.
③ 학교 외부구조인 경제구조가 학교 내부구조의 모습을 결정한다고 가정함으로써 교수 · 학습장면에서 일어나는 복잡한 관계를 단순화시키거나 간과하는 경향이 있다.

2) 문화적 재생산론

(1) 부르디외의 문화재생산이론

문화적 재생산론(cultural reproduction theory)의 주장자들은 학교교육의 문화적 역할을 강조한다. 이들은 자본주의 사회가 경제적 모순에도 불구하고 자연스럽게 유지되는 이유를 지배계급이 선호하는 문화를 학교교육에 투입시켜 불평등한 사회적 관계를 정당화하고 있다는 데서 찾는다. 즉, 학교교육은 지배계급이 선호하는 문화영역을 통해 계급적 불평등을 유지 · 심화시키는 재생산적 기구라는 것이다. 문화적 재생산론자들은 ① 문화영역과 계급구조와의 관계를 밝히고, ② 이를 통해 계급적 문화의 법칙을 제시함으로써 그것이 정당화 · 합법화되는 사회적 이유를 설명하며, ③ 주로 학교와 지배계급 문화와의 사회적 관계에 관심을 집중한다.

프랑스의 사회학자 부르디외(P. Bourdieu, 1930~2002)를 중심으로 문화재생산 이론에 대해 살펴보기로 한다. 부르디외에 의하면, 자본은 사회적 · 문화적 · 경제적 유형을 취하고 있는데, 문화는 특정계급과 관련되어 있으며 계급적 이해관계를 반영한다.

부르디외는 불평등의 재생산이 이루어지고 있는 주요 핵심적 사회기관을 제도교육 장면에서 찾았다. 계층화된 대중고등교육체제가 원래 의도한 대로 계급간의 격차를 줄이지 못하고 계급간의 불평등을 유지 또는 심화시키는 결과를 가져왔다는 점을 지적한 사회학자인 셈이다. 불평등이 존재하고 있는 사회적 장(場)은 비단 경제생활 영역에만 국한되어 있지 않고 다른 여러 국면에도 존재하고 있는데 부르디외는 특히, 문화생활 국면에 나타나고 있는 불평등 현상에 주목하고 있다. 문화생활 장면에서의 구조적 불평등 현상을 해명하기 위해 부르디외는 문화자본이란 개념을 구안하였다. 부르디외는 문화도 경제적 자본이 생산 · 분배 · 소비되는 것과 유사한 운동원리를 지니고 문화시장을 형성할 뿐만 아니라 소유한 문화는 화폐적 가치를 지닌다고 하였다. 이것이 문화자본(cultural capital)이다. 부르디외가 말하는 문화자본은 아동기 사회화를 통해 획득되며 한 세대에서 다음 세대로 전수될 수 있는 문화적 인식, 지식, 기술, 언어 능력 등을 포함하는 매우 다양한 자원을 망라한다.

문화자본은 크게 세 가지 형태로 구분할 수 있다. ① 어렸을 때부터 계급적 배경에서 자연스럽게 체득된 지속적 성향인 아비투스(habitus)적 문화자본, ② 객관화된 상태로서의 문화자본, 즉 책이나 예술작품, ③ 제도화된 상태로서의 문화자본인 졸업장 · 자격증 등이 그것이다.

부르디외는 이 중 아비투스적 문화자본을 가장 중요하게 취급한다. 그가 구안한 개념인 아비투스(habitus)는 객관적인 계급구조와 개인의 특정 행동 및 의식을 연결하기 위한 개념적 도구로서 초기 사회화의 결과이다. 아비투스는 같은 집단이나 계급 구성원 모두에게 공통적인 인지 · 개념 · 행위의 도식 또는 구조의 주관적이되 개인적이지 않은 체계이며, 내면화된 문화자본으로서 계급적 행동유형과 가치체계를 반영한다. 아비투스는 취향을 통해 드러나며, 객관적인 계급구조에 따라 구별될 수 있으므로 지배와 피지배의 관계를 포함한다. 그런데 지배계급은 자신들의 아비투스를 매개로 피지배계급에게 상징적 폭력을 행사함으로써 문화적 지배를 정당화하고 지배질서를 유지하고자 한다. 그러한 상징적 폭력이 가장 강력하고 은밀하게 일어나는 곳이 학교이므로 학교에서 사회적 불평등이 생산된다고 본 것이다. 즉 지배계급의 문화가 강조되는 학교에서 계급적 배경이 다른 문화자본을 가진 아동들은 학업성취에 있어서 열등할 수밖에 없고 더 나아가 미래의 직업적 지위 또한 낮을 수밖에 없다고 본다.

부르디외는 학력증서(學歷證書 : 졸업장 · 학위 · 자격증 등)를 제도화된 문화자본이라고 분류한다. 교육체제는 중립적인 것처럼 보이므로 학위 · 졸업장 · 자격증 등의 증가가 곧 기회의 증가라는 생각을 갖게 한다. 객관적인 시험들은 지배계층 내에서 이미 탈락했던 사람들에게는 다음 단계에 성공할 수 있도록 기회를 허용하고, 어떤 사람에게는 실패하도록 하는 문지기(gatekeeper)와 같은 역할을 한다. 학교는 특히 졸업증서와 학위를 수여하는 메커니즘을 통해 기존의 질서를 유지시키는 중요한 장(場)이다(Bourdieu, 1966).

부르디외는 나아가 교육과정(教育課程)을 사회질서와 개인 간의 의사전달 체계로 보았다. 교육체계는 지배계급의 세계관을 반영하는 지식, 즉 문화자본을 전수함으로써 사회질서를 재생산하고 합법화한다(안인희 역, 1987: 151). 학교교육은 지배계층의 문화자본을 채택하여 교육과정에 반영하므로 노동계층 아동에게는 불리하게 작용한다.

이러한 문화자본이 의미하는 내용은 여러 수준에서 파악될 수 있다. 예컨대, 일상생활 수준에서의 문화자본은 박물관 방문이나 음악회를 비롯한 예술 공연에 참석하는 심미적 취향 정도에서도 계급 간에 차이가 나타난다. 여러 수준에서 표출되는 문화자본의 소유, 분배, 유통과정은 경제활동에서의 자본의 소유,

분배 및 유통과정과 거의 같다는 것이 부르디외의 주장이다.

문화자본의 소유규모에 따라 많이 있는 자와 없는 자의 계급 구분이 생긴다. 뿐만 아니라, 있는 자들 사이에도 소유하고 있는 문화자본의 종류나 품격에 따라 같은 계급 안에서도 다시 집단이 갈라진다. 현대 산업사회에서는 자본이나 생산수단의 소유여부에 따라 계급구분이 이루어질 뿐만 아니라, 문화자본의 소유, 분배, 교환 정도 또한 계급간의 구조적 불평등을 야기시킨다.

부르디외는 생활습관이나 의식수준에서 문화가 계급관계를 재생산하는 과정을 밝히기 위해 문화적 습성(habitus)이란 개념을 구안하였다. 문화습성이란 개념은 문화자본이란 개념을 보다 정교하게 다듬은 것으로 볼 수 있다. 습성은 행동성향을 지시하며, 문화적 습성이란 그와 같은 행동성향의 문화적 특징을 강조하기 위한 것이다. 이것은 사회적 성공과 실패의 가능성을 거의 본능적으로 감지(感知)해 내는 성향이며, 특히 경쟁이 격심한 현실에서 개인의 포부수준을 감지된 성공과 실패의 가능성에 맞추어 늘 조정해 나갈 수 있는 성향이다. 부르디외는 문화적 습성이란 개념을 사용하여 고등교육 장면에서 나타나고 있는 계급별 학업성취 정도의 불평등 현상을 설명하고 있다.

특정 계급의 구성원들은 자신들이 공통적으로 겪는 경험을 통해 유사한 문화적 습성을 형성한다. 이렇게 형성된 습성은 각 계급별 또는 집단별로 독특한 문화 실천을 통해 다른 종류의 문화자본으로 전환하게 된다. 문화를 축으로 한 계급관계는 근본적으로 변화되지 않고 그대로 재생산된다. 이 재생산과정에서 제도교육을 중심으로 형성된 문화 시장은 결국 구조적으로 불평등한 계급관계를 학력의 격차로 전환시키는 장(場)으로서의 구실을 한다.

교육장면에서 학업성취 정도가 계급별로 불평등한 사실은, 근본적으로는 문화자본의 소유, 분배 및 유통상의 구조적 불평등에 기인하고 있음에도 불구하고, 학생들의 적성이나 능력 수준에 나타나는 개인적 차이로 돌려진다. 따라서 학업성취 정도의 차이는 학생 개개인이 짊어져야 할 책임으로만 '잘못' 인식된다. 이것은 단순히 사태를 잘못 인식하고 있는 정도로 끝나지 않는다. 그것은 잘못 인식되고 있는 만큼, 계급간의 불평등과 같은 근본적인 문제 사태를 올바르게 인식하지 못하게 되며, 그 결과 계급간의 불평등이 불가피한 현상으로 받아들여지게 된다.

학교가 지배계급의 문화를 보편적 가치를 가진 문화로 인정하고 모든 학생들에게 가르치기 때문에, 지배계급의 자녀들은 학업성취와 학교활동에서 절대적으로 유리하다.[1)]이러한 현상은 피지배계급의 자녀들이 자신들에게 불리하게 적용되고 지배계급의 자녀들에게 유리하게 적용되는 경기규칙에 의해 시합을 하는 상황에 비유될 수 있다. 그러나 불공정한 경기에 의한 결과는 이러한 사실이 밝혀지지 않음으로써 정당화되어 지배계급의 자녀들은 높은 학력과 학업성취를 통해 자연스럽게 높은 사회적 지위를 차지한다(오욱환, 2003: 148~149).

부르디외는 학교가 지배집단의 문화에 의해서 경영된다고 간주한다. 학교에서 교사들이 사용하는 언어 · 가치 · 가정(假定) 그리고 성공과 실패에 대한 묵시적인 모델들은 지배집단의 것이다. 그러므로 피지배계층은 자신들의 질서가 아닌 지배집단의 질서를 배운다.

부르디외의 이러한 입장은 학교교육에서 문화의 역할을 강조함으로써 학교교육에 대한 학문적 이해의 폭을 넓혔다는 점에서 높이 평가받고 있지만, 그의 분석에서 몇 가지 문제점을 발견할 수 있다(손직수 역, 1992: 63~66).

첫째, 부르디외는 사회 내부에서 비판의식이 어떻게 출현하는가를 설명하지 못한다. 그는 문화구조가 학교교육의 모습에 영향을 주고, 이런 문화형태에 따라 학생들이 일방적으로 영향을 받는 수동적인 존재로 분석하고 있다.

둘째, 부르디외의 이론은 구조결정론을 회피하고자 하지만 사회구조-문화-사회구조로 이루어지는 도식으로 환원되어 문화는 사회구조에 대하여 독립적

1) 가난한 집안에서 태어난 철수는 대중음악을 즐겨 들으며 성장하였고, 부유한 집안에서 태어난 영훈이는 고전음악을 즐겨 들으며 성장하였다. 그런데 학교 음악시간에는 대중음악보다 고전음악을 주로 가르친다. 고전음악에 익숙한 영훈이는 음악시간이 즐겁고 성적도 좋지만, 그렇지 못한 철수는 음악시간이 지루하고 성적도 좋지 못한다(한민석, 2010: 103).

이고 창조적인 역할을 수행하지 못하고 기존의 사회구조를 정당화하고 재생산하는 데 기여하게 된다.

셋째, 학교교육에서 문화의 역할을 강조함으로써 다른 사회적 변인, 예컨대 경제적 영향력 정도를 간과하는 경향이 있고, 학교내부 현상을 문화구조의 논리에 따라 그 성격을 규정함으로써 실제적인 복잡한 역동적 관계에 대해서는 관심이 부족하다.

(2) 번스타인의 사회언어학적 연구

그의 저서인 「階級, 規則 그리고 統制」(1977)는 그 동안 교육과정을 사회이론적인 안목에서 분석한 8편의 논문을 수록하고 있다. 이 논문들은 영국의 중등학교 교육과정을 계급관계와 같은 사회구조적 특징과 각 계급을 구성하고 있는 개인의 의식구조의 특징에 관련시켜 분석한 글이다. 특히 제8장 「生産의 關聯性의 제 측면」은 학교와 경제생활을 어떻게 관련지울 것인가를 체계적으로 논의하며, 제도교육이 어떤 조건에서 상대적 자율성을 갖게 되는가를 보여준 글이다. 번스타인(B. Bernstein)이 마지막 장을 쓰게 된 근본적인 동기는 알뛰세(Althusser), 보울스와 진티스 그리고 부르디외 등이 제시한 재생산 논의가 적어도 이론적 수준에서, 적절치 못하다고 보고 이를 비판하기 위한 것이다.

번스타인에 의하면 어법의 차이는 인지양식 또는 학업성취의 차이에까지 영향을 미친다. 노동계층의 아동은 그들이 사용하는 제한된 언어(restricted linguistic codes)가 학교에서 요구하는 정교한 언어(elaborated linguistic codes)에 익숙하지 않으므로 지배계층의 아동이 노동계층의 아동보다 학업성취가 높은 경향이 있다고 주장한다. 예컨대, 학교에서의 일상적 경험, 활동, 실험 등을 실지로 규율하고 있는 근본원리가 바로 규칙이다. 제도현장의 학습장면에서 이 규칙들은 특정 교육과정 모형으로 나타나며, 따라서 교과지식의 선정, 조직, 전달 및 평가 등 전체 학습활동을 규율한다. 따라서 이 규칙은 의미를 규율하며,

특히 무엇이 정통적(正統的) 의미(意味)인지를 구분하고 또 유지하는 근본적 원리인 것이다. 학교교육에서 쓰이는 교수법이 지배계급의 필요에 의해서 선택되고 있는 이상, 노동계층의 학습부진은 자신들의 문화가 학교에서 거부당하였기 때문이지 그들의 능력이 중산층보다 열등한 까닭이 아니라는 것이다.

표 3-2 출신 사회계층 배경에 따라 언어 사용방식 구분

구 분	중류계층 이상(중산층)	하류계층(노동계급)
어법	표준어(정교한 언어, 정련된 언어, 정제된 언어, 표현이 풍부한 언어)	대중어(비정교한 언어, 비정련된 언어, 제한된 어법)
언어형식	보편적인 언어[2]	특정한 상황에 얽매여 있는 언어방식(제한된 어법)[3]
훈육하는 방식	인성적 통제	지위적 통제

출처: 한민석(2010: 104).

학교내부의 불평등 문제에 접근한 번스타인은 계층의 언어사용 형태가 학업성취의 차이를 가져온다고 보았다. 학교에서 사용하는 구어 형식은 중류계층이 쓰는 정련된 어법이므로 정련된 어법을 잘 쓰지 못하는 노동계층의 학생들은 중산계층의 학생들보다 학업성취가 낮을 수밖에 없게 된다.[4] 노동계급의 가정에서 부모가 아동을 훈육하는 방식은 자녀의 심리적 특성(인성적 통제)이 아니라, 지위에 내제한 규범(지위적 통제)을 준거로 아동의 행동을 통제한다.

2) 중류계층 아동은 정련된(정교한) 어법(elaborated code)을 배우게 되는데 이 어법은 어른들 앞에서도 분명하고 보편적인 의미를 드러나게 한다.

3) 하류계층 아동은 제한된 어법(restricted code)을 배우게 되는데 이 제한된 어법은 대다수의 상황에서 말의 의미가 숨겨져 있으며 말이 생기게 하는 상황이 똑똑하게 밝혀져 있지 않다.

4) 진석은 대화할 때, 논리적이며 추상적이고 문법과 문장이 규칙이 정확한 정교화된 언어를 구사하고 있다. 이와 달리 철수는 문법과 문장이 부정확하고 의미가 분명하지 않은 제한된 언어를 사용하고 있다. 이러한 언어능력 차이로 인해 학교에서 진석은 철수보다 학업성적이 우수한 것으로 나타난다(한민석, 2010: 105).

그러나 중산층 가정에서 아동을 훈육하는 방식은 아동의 지위보다는 동기, 의도, 성향 등의 개인적이고, 내재적인 특성을 고려하여 아동을 훈육한다. 최종적인 선택은 아동의 자발적인 이해와 결정에 달려 있다.

3) 저항이론

학교교육이 자본주의 체제의 질서를 확인해 주는 도구적 장치라고 간주하는 재생산이론은 학교교육의 특성을 구조적 측면에서 해석함으로써 학교교육의 역할을 축소시키는 경향을 보였다. 학교교육은 지배체제에 의해 그 역할과 성격이 규정되며, 학교내부 현장은 사회구조의 반영물에 지나지 않는다. 결국 학교에서 배우는 사람들도 사회구조의 영향력에 따라 그 모습이 형성되는 수동적인 존재에 불과하다.

윌리스는 재생산이론에 대한 대안으로 문화적 저항이론을 제시하였다. 그는 노동계층 학생들이 구조적 상황과 어쩔 수 없는 힘 때문에 노동직을 택하는 것이 아니고, 자신들의 문화와는 이질적인 학교문화에 적극 저항하는 과정에서 스스로 노동직을 택한다고 주장하였다. 즉 학교가 자본주의 사회구조를 충실하게 재생산한다는 점에는 동의하지만 상대적 자율성 또한 갖고 있는 것으로 보았다. 그는 학생들이 학교생활을 통해 자본주의의 모순을 간파하지만 이데올로기가 그들의 계급을 재생산하게 하는 제약 조건으로 작용한다고 보았다.

저항이론(resistance theory)은, 학교교육이 사회계급 구조의 불평등을 그대로 보존하거나 이행하는 단순한 반영물이 아니라 오히려 학교교육을 통해 사회모순과 불평등에 도전할 수 있다는 점을 부각시킨다. 저항이론에서 인간은 사회구조가 요구하는 대로 그 성격이 규정되는 수동적 존재가 아니라, 주체적 의지를 지니고 사회의 불평등한 구조에 저항·도전·비판하는 능동적 존재이다. 즉, 인간은 불평등한 사회구조를 인식할 수 있으며, 이 구조를 개혁할 수 있는 의지를 지니고 있다는 것이다. 이러한 능동적 의지의 강조는 학교교육을 통해 사회모순을 극복할 수 있다는 낙관적 전망을 가능하게 해 준다.

윌리스(F. Willis)는 1970년대 영국의 산업도시에 소재한 한 종합고등학교의 노동계층 가정 출신 남학생들을 대상으로 고교 졸업 전 2년간의 학교생활과 졸업 후 직장생활 초기까지를 문화기술적으로 연구하여 그들이 어떻게 노동직을 선택하게 되는가를 분석하였다.

노동계층의 남학생들은 학교라는 공식집단 내에서 비공식집단을 형성하여 학교의 권위에 저항하고 학업활동을 거부하는 태도 및 행동을 취한다. 그들은 자신들의 집단을 '사나이들'(lads)로 칭하며 교사에게 저항하는 한편 교사의 권위에 순응적인 학생들의 집단을 '범생이들'(earoles)로 부르며 자신들로부터 분리시켜 거부하며 상대적 우월감마저 갖는다. 학교에 대한 그들의 저항은 제도와 규율로부터 자유로운 상징적 · 물리적 공간을 확보하기 위한 싸움과 학교가 가장 중시하는 목적인 공부시키는 일을 타파하려는 데서 극명하게 나타난다. 그들은 학교가 공식적으로 정해 놓은 시간표를 무시하고 자기들 나름의 일과를 구성하여 행한다. 수업에 대해서도 시간 빼먹기, 딴전피우기, 엉뚱한 반에 들어가 앉아 있기, 장난거리를 찾아 복도 배회하기, 몰래 잠자기 등의 행동으로 저항한다.

학교에 정착된 사나이 문화는 계급문화의 일부로서 비공식적인 기준을 제공하는데, 사나이들은 그것을 근거로 하여 각자 어떤 종류의 노동환경이 자신들에게 가장 적합한 지를 판단한다.

사나이들은 자신들이 학교에서 순응하고 복종함으로써 얻을 수 있는 대가가 공평하지 못하고, 학교에서 강조하는 것과 달리 지식노동과 육체노동의 가치가 같으며, 학교에서 강조하는 순응의 논리가 계급이 서로 다른 개인들 모두의 성공을 보장할 수 있다는 것은 허구임을 간파(penetration)한다. 그러나 사나이들은 몇 가지 분리의식을 갖고 있다. 즉 육체노동과 정신노동의 분리, 남성과 여성의 분리, 백인종과 유색인종의 분리 등이 그것이다. 그러한 분리의식은 그들의 간파가 순수하게 발전하지 못하도록 가로막는 이데올로기적 장애요소, 즉 제약(limitation)으로 작용하여 분절적 간파에 그치도록 한다. 즉 윌리스는 이데올로기와 재생산의 문제를 간파, 제약, 분절적 간파라는 변증법적 틀로 설명한다.

또 다른 저항이론가인 지루(H. Giroux)에 의하면, 저항은 폭로의 기능을 가져야 하며, 이것은 지배에 대한 비판을 내포하고 자기성찰을 위해 그리고 자기해방과 사회해방의 투쟁을 이론적으로 설명하여야 한다(최명선 역, 1990: 133).

그러나 저항이론에 대한 비판들은 다음과 같은 단점을 지적하고 있다.

① 피지배집단의 저항과 투쟁의 요인에 대한 역사적 발달과정에 대한 분석이 결핍되어 있다.
② 학생들의 표면적인 저항행위에만 초점을 두고, 드러나지 않는 이면적인 행위에 대해서는 간과하는 경향이 있다.
③ 저항행위의 실체를 설득력 있게 제시할 수 있는 객관적이고 실증적인 연구가 부족하다.

4) 지위경쟁이론

막스 베버(Max Weber)의 전통에 따라 학교교육의 팽창과정을 지위, 권력 및 명예를 위한 집단 간 경쟁의 결과로 설명하는 데 중요한 역할을 한 사람은 콜린스(R. Collins)와 헌(C. Hurn)이다. 오늘날에는 말할 것도 없고 과거에도 학력과 사회적 지위는 불평등하게 배분되었다. 교육은 더 높은 지위와 연결되어 있고 모든 집단들이 교육을 통해 그들의 자녀들이 높은 지위를 얻도록 노력했다. 콜린스에 의하면, 학교의 주된 활동은 교실 안팎에서 특정 지위문화를 가르치는 것이다. 학교는 기술적 지식의 전달보다 어휘 · 억양 · 의상 · 심미적 취향 · 가치와 예술 등의 지위문화를 중요시한다는 것이다.

콜린스는, 교육체제의 형성이 '체제의 요구'보다는 갈등하는 이해관계에 의해 이루어진다고 본다. 즉, 우월한 지위집단이 그들의 특권적 지위를 강화하기 위해 교육적 요구를 한층 더 상승시키면 낮은 사회적 지위집단은 더 많은 교육기회를 요구하게 된다는 것이다. 학력은 높은 지위를 획득하는 수단이며, 학력이 부족하여 낮은 계층에 남아 있던 집단은 보다 높은 학력을 획득하여 높은 지위를 얻으려 할 것이다. 그렇게 되면 기존의 높은 지위를 점유하고 있던 집단은 그에 위협을 느끼고 자신들의 학력을 더 높일 것이다. 이것은 다시 낮은 지위집단에게는 보다 높은 학력을 요구하는 환경으로 작용하여 학력상승과 교육팽창을 부채질하게 된다는 것이다.

콜린스는 '지위문화'라는 개념을 고안해 냈다. 그는 교육의 역사를 통해 볼 때 학교는 특정한 지위문화가 전달되는 곳이라는 점을 사립학교의 예를 들어 밝히고 있다. 사립학교들은 대부분 종교적 신념 또는 설립자의 정신을 보급시킬 목적으로 세워졌다. 이런 측면에서 보면 학교는 권력 있는 지위집단이 그들의 자녀들에게 특정한 문화적 가치를 전수시키기 위해 설립한 것이라 할 수 있다.

이와 같은 맥락에서 기업들이 대학졸업자들을 선호하는 이유는, 그들이 월등한 기술을 지니고 있다고 생각하기 때문이 아니고 대학교육이 기업주들이 갖고 있는 것과 흡사한 동기와 사회적 경험을 제공한다고 판단하기 때문이다(Collins, 1971: 128). 이렇게 보면 학교가 가르치는 문화가 고용집단의 문화와 일치할 때 비로소 학교교육이 직업획득에 중요한 역할을 하게 된다고 볼 수 있다. 그리하여 학교는 지배문화를 전수하게 되고, 하류계층의 학생들도 지배문화를 갖기 위해 학교교육을 중시할 수밖에 없으며 그 결과 학교교육은 날로 팽창될 수밖에 없다는 설명이다.

학교가 지배문화를 전수한다는 콜린스의 관점에 따르면 학교교육의 팽창은 지배문화 또는 엘리트문화의 요청에 대한 일반 대중의 반응으로 해석될 수 있다.

학교교육을 받은 사람들이 늘어나면 직업획득을 위한 수단으로서의 학교교육에 대한 요구가 더 커지므로 학교교육의 팽창이 가속화된다. 대기업 및 인기 회사들은 기업의 상대적 존경과 위신을 위해 직원을 채용할 때 제시할 학력조건을 높인다. 이제 학교교육은 직업획득을 위한 합법적 기준이 되는 것이다. 또 이미 직업을 갖고 있는 많은 사람들도 승진이나 상대적으로 위신이 높은 지위를 얻기 위해 더 높은 수준의 학교교육을 필요로 하게 된다. 이처럼 조직 내에서의 지위를 위한 경쟁은 결과적으로 학교교육에 대한 수요의 증가를 부채질한다. 그 결과 학교교육은 날로 팽창하고 학력 또한 계속 상승일로에 있게 된다. 이것이 바로 지위경쟁이론이 학교교육을 보는 시각이다. 이 같은 시각에서 보면 앞으로도 학력은 더 높아질 것으로 전망할 수 있다(Hurn, 1978: 74).

4. 갈등론의 한계와 비판

갈등론적 교육이론이 등장하면서 학교교육의 모순적 현실에 대한 비판이 날카롭게 지적되었다. 이 관점은 학교교육이 인간을 풍요롭게 해 주고 사회문제를 효과적으로 개혁하도록 도모하는가에 대하여 회의적인 반응으로부터 출발한다. 즉 오늘날 학교교육은 인간을 억압하고, 사회문제를 해결해 주기보다는 사회불평등을 더욱 심화시키고 있다고 주장한다. 갈등론은 현실적으로 나타나고 있는 학교교육의 역기능에 대해 다양한 사회학적 해석을 시도함으로써 학교교육의 사회적 성격을 새롭게 인식하도록 하는 계기를 마련해 주었다. 갈등론적 교육이론이 기여한 점을 살펴보면 다음과 같다.

① 학교와 사회와의 관계에 대한 기본적 문제, 특히 학교제도의 근본적인 문제를 극명하게 드러내 준다. 학교교육을 통한 사회적 불평등의 재생산

이나 특정문화와 이념의 표준화 등에 대하여 비판함으로써 새로운 시각을 제공해 주었다.

② 현행 학교제도의 문제점을 학교제도 내에서만 찾기보다 사회구조적 문제와 연결시켜 파악하였다.

③ 기존에 당연시되어 오던 문제들(예컨대, 능력주의 이념 등)에 대해 근본적인 의문을 제기하고 그 허구성을 지적하였다.

④ 학교교육의 사회적 성격을 해석하는 데 있어서 비판적 해석틀을 제공해 주었다.

반면 이와 같은 공헌에도 불구하고 갈등론적 교육이론이 제공한 새로운 해석은 이론적 한계를 갖고 있으며, 학교교육의 본질적 모습을 왜곡하거나 해석에 오류가 있다는 비판을 받고 있다. 갈등론적 교육이론의 한계점 또는 비판점들을 정리하면 다음과 같다.

① 구조결정론에 빠져 교육이 경제구조나 문화구조에 의해 일방적으로 그 성격이 결정된다고 봄으로써 교육행위의 설명에 있어서 인간의 의지를 무시하고 사회조건만을 지나치게 강조하였다.

② 사회구조를 단순히 이분법에 따라 나누고 사회성원도 지배자와 피지배자, 가진 자와 못 가진 자 등으로 양분하였다. 여기에 교육을 지배자와 가진 자에게만 봉사하는 장치로 규정함으로써 교육의 본질적 모습을 왜곡하거나 과장하였다.

③ 전통사회의 구속적인 신분세습제도를 약화시키고 업적주의적 사회이동을 가능하게 한 학교교육의 공헌을 전적으로 부정하였다. 히콕스(M. S. H. Hicox, 1982)는 특히 노동계층에 대한 교육이 그들의 계층위치를 고착화시킨다는 주장을 입증할 자료가 거의 없다고 비판한다.

④ 갈등과 세력 경쟁을 지나치게 강조한 나머지 교육이 사회적 결속력을 높이고 국가 공동체적 의식을 높이는 데 기여한 점을 과소평가하였다.

⑤ 교육선발의 불평등 요소를 지나치게 강조하여 교육을 통한 능력과 재능의 선별을 인정하지 않았다.

5. 기능론과 갈등론의 비교

기능론과 갈등론이 관점의 차이를 일으키는 두 가지 중요한 대상은 ① 무엇이 사회를 하나의 전체로 묶어 놓는가(합의 대 억압)와 ② 사회에서 교육의 기능이 무엇인가(가치의 사회화 대 계층재생산)이다. 기능이론은 사회적 통합성을 위한 교육의 기능을 강조한다. 반면 갈등이론은 기존 학교교육에 대한 비판에 주력하여 불평등의 정당화와 지배층 문화의 주입을 부각시킨다.

기능론과 갈등론은 서로 대조적 관점을 취하고 있음에도 불구하고 공통점도 갖고 있다. 헌(Hurn, 1978: 258~265)이 지적한 바처럼, 교육을 정치 · 경제적 구조의 종속변수로 인식하고 있다는 점이 그것이다. 따라서 두 이론 모두 교육을 설명하는 데 있어서 교육의 본질이 아닌 외적 기능에 초점을 두고 있다. 두 이론이 교육이 봉사하는 대상에 관해서는 설명을 달리 하지만, 교육이 기존 사회구조와 문화를 반영한다는 주장에 있어서는 같다. 또 갈등이론이 지향하는 사회의 최종단계는 기능이론이 상정한 사회세계와 같이 체제통합적이고 평등화된 사회, 즉 사회구성원 누구나 만족하는 이상적인 세계이다. 갈등이론은 비록 학교교육의 모순적 구조에 대해서는 비판하지만, 학교교육이 본래의 모습을 찾길 원하고 있다. 교육을 통한 인간성 회복, 비인간화 극복, 사회구조적 모순에 대한 개혁 등이 그것이다. 결과적으로 이 점에서 보면 기능론적 교육관과 비슷한 입장을 견지하고 있다(이종각, 2013).

지금까지 살펴본 기능론과 갈등론의 사회관, 교육관, 그리고 선발 및 배치에 대한 관점을 요약·비교하면 다음의 표와 같다(김경식 외, 2011).

표 3-3 기능론과 갈등론의 사회관

기 능 론	갈 등 론
(1) 사회의 모든 요소는 안정지향적이다. (2) 사회의 각 요소들은 상호의존적이며, 통합적인 기능을 한다. (3) 사회변화는 점진적이고, 누적적으로 진행된다(점진적 · 개량주의적) (4) 사회체제 유지를 위해 사회구성원들의 공동체 의식을 강조한다(공민성 개발 중시). (5) 사회의 지위배분은 개인의 성취능력에 의해 달성된다(업적주의와 기회평등 및 적재적소 배치 강조). (6) 사회의 가치 · 규범 · 관습 등은 구성원들의 합의에 의한 것이며, 보편적이고 객관적인 성격을 지니고 있다.	(1) 모든 사회는 변화지향적이다. (2) 모든 사회는 불일치와 갈등이 일어나고 있다. (3) 사회변화는 급진적이고 비약적으로 진행된다(급진적 · 개혁주의적). (4) 사회의 각 집단은 경쟁적이며, 대립적인 관계를 가지고 있다(의식화 중시). (5) 일반적으로 사회가 선호하는 가치는 지배집단과 관련을 맺고 있다(이데올로기 주입 비판). (6) 사회의 각 기관들은 지배집단의 이익에 봉사하고 있다. (7) 사회갈등의 원인은 재화의 희소성과 불평등한 분배에 기인한다(평등분배를 위한 재구조화 강조).

표 3-4 기능론과 갈등론의 학교교육에 대한 관점

기 능 론	갈 등 론
(1) 학교는 사회의 안정과 질서에 기여하는 제도이다. (2) 학교는 사회가 요구하는 기술, 지식 등과 공동체 의식을 전수한다. 학교교육이 기술훈련을 통하여 국가의 경제성장과 발전 그리고 인간의 자기실현에 결정적인 역할을 한다고 본다.	(1) 학교는 기존의 위계질서를 공고히 하며, 지배계급의 이익에 종사하는 도구이다. (2) 학교는 기존의 질서를 재생산함으로써 사회 불평등을 영속화한다. 학교교육을 자본주의적 위계구조에 대응해서 노동자를 차별적으로 양상하는 계급생산의 메커니즘이라고 본다.

기 능 론	갈 등 론
(3) 학교는 사회 구조적 모순을 해결하여 주며, 사회 평등화를 도모한다. 교육기회의 균등화를 통하여 삶의 기회를 공평하게 해줄 수 있다는 의미에서 교육이 사회적 불평등을 해소할 수 있다고 본다.	(3) 교육이 이데올로기적 상부구조로서 경제적 토대의 대응체라는 유물론적 해석에 근거하고 있다. 학교에서 가르쳐지는 내용은 지배계급의 문화와 이익에 밀접히 관련되어 있다고 본다.
(4) 교육은 독립적이며 자율적이라는 자유주의적 이데올로기에 근거하고 있다. 학교에서 전수하는 교과내용은 사회구성원들의 합의에 의한 것이다.	(4) 학교는 피지배계층에게 기존의 불평등 위계구조에 순응하도록 강요하는 이데올로기적 기관이다.
(5) 학교는 개인의 재능과 노력에 따라 공정한 평가를 하며, 아울러 정당한 사회적 보상이 주어진다.	(5) 학교는 인간을 강요하고, 억압함으로써 타율적이고, 수동적인 존재로 전락시키고 있다.
(6) 학교는 지위의 사다리며, 공정한 사회이동을 촉진한다.	(6) 학교는 지적 기술보다 지배계층이 선호하는 가치관, 규범, 태도 등을 은밀히 강조하고 있다.
(7) 학교교육을 통해 각종 사회문제를 해결할 수 있다.	(7) 학교에서 행하는 능력주의 이데올로기는 외형상 공정하게 보이나, 피지배계층의 아동을 효과적으로 탈락시키고, 지배질서의 정당성을 강조하기 위한 위장된 이념에 불과하다.

표 3-5 기능론과 갈등론의 선발 배치 기능에 대한 관점

기 능 론	갈 등 론
(1) 능력에 따라 사회진출이라는 능력주의 규범을 현실화하기 위해서는 인력배치를 효과적으로 해야 한다. 따라서 학교는 능력에 맞는 인력개발 및 훈련을 시켜야 한다. 좋은 인력관리는 교육기회의 균등화를 통해 아동능력의 낭비를 제거하는 데 있다.	(1) 계급에 따른 사회진출이라는 능력주의 규범은 허구적이며, 능력주의 교육관은 자본주의적 질서를 정당화하는 것일 뿐이다(계급재생산론).
(2) 아동은 가정환경을 고려, 능력에 따라 분류해야 한다고 믿는다. 왜냐하면 아동들의 적성에 맞는 학습기회를 제공하는 것이 능력개발에 효과적이기 때문이다.	(2) 학교가 일류교, 이류교 또는 우열반같은 편성을 통해 계급적 선발과 분배과정을 정당화시킨다고 파악하고 있다.
(3) 학습능력에 맞는 학습방법, 반편성이 고려되어야 한다고 주장한다.	(3) 학교교육의 선발과정과 선발기능을 학생과 교사간의 상호작용에서도 찾고 있다. 교사가 교실에서 행하는 교육활동, 교수활동은 선발과 분배기능을 합리화시키는 과정에 불과하다고 판단한다.

기 능 론	갈 등 론
(4) 적성, 학습능력에 맞는 교과과정을 제공한다고 주장한다. 적성검사, 지능검사, 상담 등의 활동으로 이런 목적을 달성할 수 있다고 생각한다. 또한 아동들의 학업성취에 대한 평가도 다양한 평가방법으로 판단하야 한다(능력평가의 가능성 및 공정성에 대한 신뢰). (5) 아동의 능력, 교과과정, 반편성, 교과배치 간의 연계성이 고려되어야 한다.	(4) 사무적 편의를 위한 아동선별, 관료주의적 상담실 운영 등을 비판하고 있다. (5) 잠재적 교육과정에도 많은 관심을 기울이며, 그 속에 내재된 계급성을 찾아 내려 한다. 때로는 학교를 교도소에 비유하기도 한다.

이러한 차이에도 불구하고 기능이론과 갈등이론은 중요한 몇 가지 면에서 공통점이 있다.

첫째, 기능이론과 갈등이론은 모두 학교교육을 사회구조와 지나치게 관련시켜 논하고 있다는 점이다. 뒤르껭과 파슨즈를 중심으로 하는 기능이론가들은 사회구성원들이 그 사회의 관습과 역할에 동조하는 것이 필요하다고 역설한다. 반면 갈등론자들은 사회가 개인을 지배한다는 결정론적 논리를 전개하고 있다(Sarup, 1979: 177). 이렇게 볼 때 사회가 인간을 지배하고 있다는 갈등론자들의 생각 역시 사회화의 중요성을 역설한 기능론자들의 주장과 마찬가지로 교육과 사회구조와의 관련성을 강조하고 있는 것이다.

둘째, 두 이론은 모두 인간을 외부의 자극 특히 사회의 요구나 필요에 따라 단순히 반응하는 수동적인 존재로 보고 있다는 점이다.

뒤르껭은 사회의 안정을 위한 구성원들의 합의를 주장한 반면, 보울즈는 학교에서의 의식의 재생산 과정을 설명함으로써 인간의 수동성을 전제로 한다. 이 두 이론은 결국 사회화에 대한 설명에서 사회나 문화가 기대하는 대로 인간의 행동을 형성해 가는 수동적인 과정으로 해석하는 극단적인 견해를 표방하고 있다고 볼 수 있다.

셋째, 두 이론이 모두 거시적 접근 방법을 택하여 교육이 현상유지 또는 현재의 체제 유지에 얼마나 공헌하며 기능하는가를 설명하고 있다. 사회질서가 어떻게 유지되는가 하는 문제와 교육이 경제제도의 모순을 반영하고 있다는 견해가 시사하고 있는 것과 같이 교육이 기존 사회구조와 문화를 그대로 반영한다는 데에도 주장을 같이하고 있다(이규환 · 최정숙, 2001: 240~241). 결국 이들은 교육을 단순한 종속변수로 다룸으로써 이들 두 이론은 교육의 본질을 밝히는데 다 같이 실패하고 있다.

제4장

교육현상과 해석학적 접근

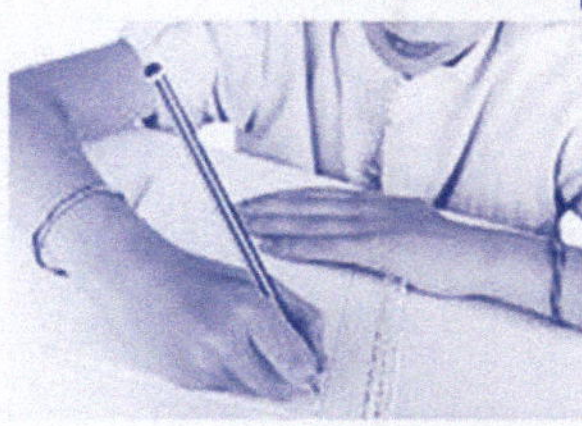

1. 해석학의 개념
2. 해석학 관련 이론
3. 질적 연구의 이해

본 장에서는 기능론과 갈등론 이외의 사회에 대한 주요 설명방식으로 해석적 접근에 대하여 살펴보고자 한다. 본 장에서 다루고자 하는 내용은 다소 '복합적'인 성격을 갖는다. 그것은 해석적 접근이 해석학, 상징적 상호작용론, 현상학, 지식사회학 등의 하위 이론적 접근들을 포괄하고 있고 나아가서는 기능론이나 갈등론의 사회관 및 교육관도 결합될 수 있기 때문이다. 이론적 뿌리 면에서는 다르지만 사회과학 연구와 교육연구의 실제에 있어서는 매우 유사성이 크므로 특정 연구를 어느 한 접근이라고 명명하기 어려운 경우도 많다. 따라서 그런 연구 경향을 '해석적 설명'으로 구성하여 살펴보고자 한다.

1. 해석학의 개념

1) 해석학의 개념

해석학(hermeneutics)은 사회와 인간의 상호작용을 이해하려는 관점으로 그리스어로 '해석하다'라는 말에서 나왔으며, 제우스의 의지를 인간들에게 해석해 주기 위해 올림포스 산에서 내려온 사자(hermes)에서 유래되었다(나항진 외, 2011: 73).

해석학의 기원은 고대 그리스까지 거슬러 올라가지만 학(學)으로서의 체계화는 19세기에 와서 뵈크(A. Beck)에 의해 이루어졌다. 해석학은 철학적인 방법론의 문제로서 인문과학의 방법 문제와 관련하여 등장한 것으로 '해석하는 방법'이라는 새로운 철학적인 의미를 소유하게 된 것은 슐라이어마흐(F. Schleiermacher: 1768~1834)와 딜타이(W. Dilthey: 1833~1911)에 의해서이다. 딜타이는 처음 해석학이라는 말을 자연과학에 대립하는 정신과학의 방법론에서 사용하였으나 후에 삶 자체가 해석학적이라고 하였다.

해석학은 기본적으로 텍스트(text)의 의미를 이해하고, 해석하기 위한 학문으로서 언어, 대화 및 해석이 중요하다. 대화와 언어가 중요한 이유는 텍스트와 해석하는 사람 그리고 대화하는 사람을 연결시켜 주는 매개체이기 때문이다(김종두, 2013: 121~122).

따라서 위의 내용을 정리해 보면 해석학은 해석하는 사람의 지식과 이해에 근거하여 해석하는 학문이라고 볼 수 있다. 또한 사회적인 삶의 과정에서 나타나는 구체적이고 복잡한 현상의 서술에 관심이 있으며 모든 자료는 이론에 의해서 해석된다고 보고, 참여자의 해석이나 '주관적인 의미'에 중점을 두고 있다. 여기에서 주관적인 의미라는 것은 연구자가 아니라 관찰 또는 연구대상의 마음 속에 있는 생각을 보고 그들이 상황으로 규정하는 방식을 보는 의미라고 볼 스 있다.

교육사회학 학자들은 교육사회학을 규범적 패러다임과 해석적 패러다임으로 접근하고 있는데, 규범적 패러다임은 거시적 관점에서 해석적 패러다임은 미시적 관점에서 보는 시각이다.

규범적 패러다임은 19세기 후반 콩트(A. Comte, 1798~1857)를 중심으로 나타난 실증주의 철학의 한 경향으로 학교에서 가르치고 있는 지식을 보편적인 것으로 여기고 학생 하위문화, 학생의 가정환경, 교육자원의 불평등한 분배, 학업성공의 실패와 관련된 요인들을 밝혀 교육의 불평등이 왜 초래되었는지에 대해 집중하였으나 교육의 불평등을 줄이기 위한 노력들은 성공을 거두지 못했다. 그러나 해석학적 패러다임은 사회를 개인의 상호관계 속에서 형성되는 것으로 여겼으며 개인은 사회의 영향을 받는 존재가 아니라 구성하는 존재라고 생각하였다. 즉 개인 간의 행동을 해석할 수 있는 '이해하는 과정'이 요구되며 타인의 말이나 행동을 이해하는 것은 해석을 필요로 한다. 예를 들면 학교 정보공시제를 통해 단순히 학업성취도의 점수, 학교폭력 발생 횟수, 교수 1인당 학생 수 등과 같이 양에 의한 측정만을 다루어 지역별, 계층별 사회구조적 문제에 초점을 둔다면 이는 거시적 관점에서 접근하였다고 할 수 있고,

학생들이 개인의 학업성취도에 만족하는지, 학교폭력은 왜 발생하였고 처리결과 교육적 효과가 이루어졌는지, 학교교육과정은 구성원들의 의견이 수렴되어 정해졌는지를 알아본다면 이는 미시적 관점으로 접근하였다고 할 수 있다(허은주 외, 2011: 97~99). 교육사회학의 여러 이론모형을 제시하면 [그림 4-1]과 같다.

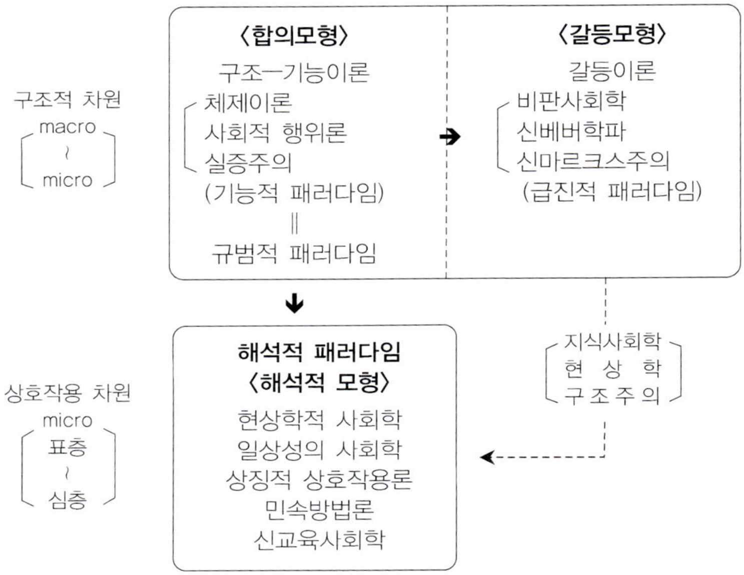

[그림 4-1] 교육사회학의 여러 이론 모형

출처: 안병환(2012: 56).

2) 해석학의 특징

해석적 접근의 공통된 특징으로는 내부자 관점의 강조, 총체주의, 맥락화를 들 수 있다.

(1) 내부자 관점(insider's point of view)의 강조

해석적 접근에서 연구자는 행위자(참여자)들과 같은 방식으로 관찰하고 해석하며, 그로부터 특정한 유형이나 규칙성을 찾으려 한다. 슈츠(A. Schutz)에 의하면 그것은 일상생활에 있어서 '현실'(reality)로 받아들여지는 '상식으로 구성된 개념'과 일치하는 것으로, 이후 '이차적으로 구성된 개념'들을 만들어 낸다. 후자는 과학적 개념으로써 ① 논리적 일관성을 갖고, ② 주관적 의미의 해석과 관련된 것이며, ③ 일상생활을 상식적으로 해석함으로써 이해될 수 있다. 즉 '현실'은 이 세 가지 기준에 의해 '구성'되어야 한다. 이러한 관점을 파이크(K. Pike)는 '에믹' 접근(emic approach)이라고 명명하였는데, 그 반대의 접근, 즉 외부자적 접근 또는 연구자적 접근은 '에틱' 접근(etic approach)이라고 불린다.

(2) 총체주의(holistic approach)

연구자가 관심을 갖고 있는 대상 사태가 처한 복잡한 상황 중에서 몇몇 요소들을 발췌하여 분석적으로 탐구하기보다는 문제 상황을 전체적으로 인식하고 탐구하는 방법적 특성을 가리킨다.

(3) 맥락화(contextualization)

모든 자료는 그것이 수집된 환경의 맥락 속에서 고려되어야 한다는 측면을 나타내는데, 그 이유는 맥락에 근거한 이해야말로 '해석'의 본질이라고 간주하기 때문이다(이종각, 2013).

2. 해석학 관련 이론

기능이론이나 갈등이론과 마찬가지로 해석적 패러다임도 하나의 계보로 이루어진 것은 아니다. 분류하는 방식에 다소간 차이가 있지만 해석학, 현상학, 상징적 상호작용론, 민속방법론 등이 해석적 사회과학 영역에 해당된다.

해석학, 현상학, 민속방법론은 모두 유럽의 지적 전통을 갖고 있는데 반하여 상징적 상호작용론은 미국에서 발달하였다. 이들 이론들의 주요 특성은 <표 4-1>에 제시된 바와 같다.

표 4-1 해석적 접근의 네 가지 연구방법론 비교

연구방법 / 특징	해석학	현상학	상징적 상호작용론	민속방법론
관련학문	철학	사회학	사회학	인류학, 사회학
시작	중세(16세기)	1920년대	1930년대	1960년대
선구자 및 대표	Dilthey, Habermas Gadamer	Husserl, Schutz, Spiegelberg	Blumer, Mead	Garfinkel, Geertz
주 관심	전(前)이해	주관적 의식작용 (상호주관성)	상호작용	맥락의 이해
주 목적	이해	이해	해석	기술, (description)
연구대상	언어	생활세계 (개방적 공동성)	상징체계	행동
이해의 핵심	의미	의미	의미	의미
방법	이해, 해석	성찰, 관조	탐색, 검열, 자연적 연구 방법	참여관찰, 통찰
방법체계	없음	있음	있음	있음

출처: 장재천(2010: 39).

이들 이론들은 구체적인 측면에서는 차이가 있지만 몇 가지 기본적인 공통점을 갖고 있다. 그것은 해석적 과정으로서 상호작용을 중시하고, 해석적 기술의 방법을 채택하며, 질적 연구방법을 강조하고, 미시적 분석을 강조한다는 점이 그것이다.

해석학적 패러다임의 이론인 현상학적 사회학, 상징적 상호작용론, 민속방법론, 신교육사회학에 대해 살펴보자.

1) 현상학적 사회학

현상학은 후설(E. Husserl)과 슈츠(A. Schutz)가 기초를 닦은 분야로서, 현실에 대해 나름의 의미를 부여한 다음 개개인의 인식에 관심을 갖는다. 현실에 존재하고 있는 모든 대상은 그 의미가 개인의 인식 속에 형성됨으로써 비로소 경험되므로 현상학에서는 대상의 실제 특성이 아니라 인간의 '인식현상'으로서의 그 대상을 탐구하고자 한다(나항진 외, 2011: 74).

현상학은 방법적인 면에서 기존의 양적 연구를 질적 연구로 전환시켰고, 질적 연구는 인간을 통제가 아닌 체험의 의미를 이끌어 내어 기술하고, 해석하고자 하는 방법이다. 여기에 속하는 대부분의 연구는 교육과정, 학습이론, 교사와 학생 간의 상호작용 등이 해당된다(허은주 외, 2011: 99).

따라서 현상학의 주요 관심은 외부에 객관적으로 존재하는 것에 대한 과학적 실증주의적 접근이 아니라 의식의 과정, 즉 행위자들의 주관적인 상태가 어떻게 그리고 어떤 방법으로 생성되고 유지되며 또한 변화되는가에 관한 것에 있는데, 교육에 대한 현상학적 접근은 교육 참여자들, 예컨대 학교관리자, 교사, 학생, 학부모들이 교육경험을 어떤 과정을 거쳐 어떠한 의미로 받아들이는지에 대한 깊이 있는 이해를 제공해 주고 있다(김경식 외, 2011: 88).

현상학은 교육 내용과 교육적 상황 그리고 교육구성원 간 상호 인식에 이미 자리잡은 어떤 전제와 가정의 실체를 파악하는데 도움을 준다. 특히 선입견을 배제하라는 현상학의 권고를 따르면 학생과 교사의 경험과 체험 세계를 특정 한 가설을 통해서가 아니라, 있는 그대로 파악하고 이해할 수 있다. 교육현장을 들여다 보면 의식적이건 무의식적이건 당연한 것으로 받아들이는 전제나 가정들이 많은데 이들은 가치중립적인 것이라기보다는 특정 가치를 반영하는 것이 대부분이다. 예컨대 '착한 학생', '좋은 선생님', '우등생' 등과 같은 말에는 이미 특정의 가치가 내재되어 있기 때문이다. 교사가 '우둔'이라는 범주로 어떤 학생을 인식하는 경우 이는 학생의 성적이나 가정환경에 따른 선입견에 의한 범주일 수도 있다. 현상학은 어떤 인식과정에 사용된 범주의 묵시적 의미를 연구한다(김병욱, 2013: 315~316).

케디(N. Keddie, 1971)는 영국의 한 종합학교를 대상으로 문화기술적 연구를 실시하여, 교사가 개개 학생들에 대해 가지고 있는 생각이 실제 수업에서의 교사와 학생의 상호작용에 영향을 미친다는 점을 밝히고 있다.

그에 의하면 교사는 능력이 높게 범주화된 학생이 말했을 때 지식으로 여겨지던 것이, 능력이 낮게 범주화된 학생에 의해 말해졌을 때 묵살되어지기도 한다는 사실을 지적한다. 또한 이 범주화의 기준은 학생의 능력 이외에 가정의 문화적 배경이 영향이 작용하며, 좋은 학교에 선발된 학생에게는 엘리트 의식과 긍정적인 자아개념을 심어 주는 반면 좋지 않은 학교에 선발된 학생에게는 부정적인 자기기대를 갖게 된다고 보고되고 있다(김종두, 2013: 134).

따라서 현상학자들은 모든 지식이 인간의 의식에 의해 구성된다고 보고 있고, 그 지식은 주체와 관련이 되어 있을 때에만 이해될 수 있다고 한다.

후설(E. Husserl)은 '선입견이 아닌 연구하고자 하는 사물의 본성에 따라야 한다'고 말하고 있다. 즉 우리의 의식은 언제나 무엇에 대한 의식이며, 이 세계는 의식이 부여하는 의미를 통해서만 이해될 수 있다고 본다.

2) 상징적 상호작용론(symbolic interactionism)

상징적 상호작용이란 용어는 1937년 블루머(H. Blumer)가 저술한 「인간과 사회(man and society)」에서 처음으로 사용되었고, 1960년대 이르러서 관심을 받게 되었다. 상호작용이론의 창시자라 불리는 미국의 사회학자 미드(J. H. Mead)와 쿨리(C. H. Cooley)는 사회란 다양한 상징을 해석하는 것을 익히는 사람들에 의해 구성된다고 보았다. 즉 인간은 대상과 상황을 주관적으로 규정하고 의미를 부여함으로써 자기의 세계에 능동적으로 대처하고 행동하는 존재이다. 인간이 주어진 여건 또는 환경을 있는 그대로 받아들이는 것이 아니라, 자기 기준에 맞추어 재구성하여 받아들이는 것이다. 따라서 상징적 상호작용이론은 인간은 능동적으로 행동하고, 미리 결정된 대상에 상식적으로 해석하고 의미를 부여하면서 행동을 하게 되므로 의사소통을 하면서 의미를 지니는 말, 몸짓, 기호, 개념들을 중요하게 다룬다(나항진 외, 2011: 75~76).

상징적 상호작용론의 기본원리를 살펴보면 다음과 같다(김종두, 2013: 112~113).

첫째, **사고능력**, 이는 인간 사회에서 개인들이 사회현실을 구성하는 단위 또는 상호작용하는 단위로써 사회적 상호작용을 통해서 형성된다고 보고 있다.

둘째, **사고와 상호작용**, 블루머는 이를 둘로 구분하여 비상징적 상호작용, 즉 몸짓으로 하는 대화와 상징적 상호작용, 즉 정신적 사고과정을 포함하는 것으로 분리하고 있다.

셋째, **의미와 상징의 학습**, 인간은 사회적 상호작용을 통해 의미와 상징을 학습하며, 상호작용을 하는 동안 또는 사회화를 겪는 동안 그들이 어떻게 의미와 상징을 하는가에 관심을 둔다.

넷째, **행위와 상호작용**, 미드는 인간의 행동을 외면적 행동과 내면적 행동으로 구분하였는데 상호작용론자들은 내면적 행동에 관심을 둔다.

다섯째, **선택**, 각 개인은 자신과 상호작용할 수 있는 능력을 가지고 있으므로 이를 바탕으로 자신에게 주어진 상황에서 자신의 해석을 기초로 선택한다는 것이다.

여섯째, **자아**, 쿨리는 우리가 우리 스스로 볼 수 있는 능력을 '영상자아(looking-glass self)'라는 개념을 표현하면서 다른 사람이 나를 보는 방식대로 나를 보게 된다고 하였다.

일곱째, 집단과 사회 행위자간의 상호작용으로 인해 집단이 형성된다고 보며 사회생활이란 타인에게 무엇을 해야 한다고 행위주체자가 규정하면서 동시에 타인의 규정과 판단을 해석하는 결정과정이라는 것이다.

이러한 상징적 상호작용론의 교육적 측면을 보면 자아의 발달이 어린이가 성장하면서 또래집단, 부모 등과 상호작용하면서 형성되는 것으로 보며 의사소통이 되지 않는 유아시설에도 몸짓으로 그 의미를 나타낼 수 있다는 것이다.

미드에 의하면 인간은 반성력을 가진 마음을 지니고 있고, 이 마음은 다른 사람과의 상징부여라는 상호작용을 통해 자아로 형성되는데 이 자아는 타인을 배려하는 가운데 선택할 수 있는 능력을 가진 존재를 의미한다. 상징적 상호작용론에서의 자아에 대한 개념화는 자성예언(self-fulfilling prophecy) 연구를 촉진하였으며, 낙인이론(labelling theory)의 이론적 배경을 제공하였다(김경식 외, 2011: 86~87).

여기에서 말하는 자성예언은 예언이 원인이 되어 실제로 예언대로 이루어지게 된다는 뜻으로 기대가 현실로 실현되는 것을 말하며 피그말리온 효과(Pygmalion effect), 또는 자기충족예언이라고도 하는데, 자기에 대한 긍정적 또는 부정적 이미지냐에 따라 자신의 행동이 달라질 수 있기 때문에 긍정적 이미지를 형성할 수 있도록 해야 한다.

낙인이론은 학교교육에서 학생들이 이미 불량학생이라고 인정받는 학생들 스스로는 자기발전에 대한 의욕을 상실하며 점점 타락되어 간다는 것이며,

사회에 나아가서도 인정받지 못하고 급기야는 사회를 부정적으로 보게 되어 사회의 규범과 제도를 무시하는 일탈자로 나아간다는 것이다. 그리하여 교사는 학생에게 공평하게 대하여 학생들의 사기를 저해시키지 않도록 주의해야 한다는 관점에 커다란 경각심을 일으킨 이론이다(김종두, 2013: 119).

하그리버스(D. Hargreaves)는 「인간상호관계와 교육」에서 상호작용론적 관점에서 학생과 교사의 복잡한 상호작용을 분석하였는데, 학생의 일탈행동이 학교 규칙의 위반으로 인한 것이라기보다는 교사가 학생의 행동을 일탈로 규정하는 태도에 의하여 판단됨을 발견하였다. 교사의 학생행동 유형화 과정 세 가지 단계를 보면 제1단계로 교사가 학생을 처음 만나 그들에 대해 가정하기 시작하는 탐색단계, 제2단계로 교사가 학생에 대한 인상을 명료화하는 단계, 제3단계로 교사가 학생을 범주화하여 공고화하는 단계로 이루어진다고 한다(김종두, 2013: 134).

그 과정에서 교사는 자신의 역할을 세 가지 유형으로 분류하는데 첫째, 맹수조련사형(liontamers)은 학생들을 잘 다루어서 학생들에게 필요한 지식을 가르치고, 윤리적 행동을 훈련시켜 모범생으로 만드는 것이 교사의 역할이라고 생각하는 유형이다. 둘째, 연예인형(entertainers)은 학생들이 즐겁게 학습할 수 있도록 각종 자료를 적극 활용하는 것이 교사의 역할이라고 생각한다. 셋째, 낭만주의형(romantics)은 학생은 기본적으로 학습을 즐거워하므로 여건을 조성해 주고 조력자로서 다양한 기회를 제공해 주는 것이 교사의 역할이라고 생각하는 유형이다(허은주 외, 2011: 218~219). 따라서 교사의 기대에 맞는 행동을 한다면 그 학생은 모범생으로 판단하고, 그렇지 못한 경우 문제 학생으로 판단할 것이다.

이와 같이 상징적 상호작용이론의 강조와 전제를 정리하면 다음과 같다(나항진 외, 2011: 76~77).

첫째, 개인의 자아형성은 사회에서의 상호작용의 결과이다. 즉 각 개인은 일상생활에서 타인의 눈을 통해 자신을 알게 된다.

둘째, 개인은 타인과의 상호작용을 통해 의미를 파악하고 그 의미를 토대로 자신의 생활을 조직해 나간다.

셋째, 상호작용적 관계에 있는 개인들은 자신의 행동에 대하여 상대방이 어떻게 반응할 것인가를 예견하고 상호 용납할 수 있는 방법으로 상황을 정의하며 상호 수용할 수 있는 한계를 설정한다.

넷째, 사회란 개인들의 상호작용 관계이므로 사회는 과정적이고 역동적이다.

상징적 상호작용이론은 학교의 실제와 관련하여 교사가 학생들을 어떻게 생각하고 의미를 부여하며, 학생은 이에 따라 교사에게 어떻게 반응하는지를 설명해 줌으로써 학교 사회구성원들 간의 관계, 학업성취, 행동양식에 대한 이해의 폭을 넓혀 주었다고 할 수 있다. 학교사회에서 관계는 교사와 학생, 학생과 학생, 교사와 학부모, 부모와 자녀들 간에 건강한 자아를 중시해야 할 이유가 여기에 있는 것이다.

3) 민속방법론(ethnomethodology)

민속방법론은 미국의 사회학자 가핑클(Garfinkel)에 의해 처음 사용되었고, 이 방법은 후설(E. Husserl)의 현상학을 인식론적 관점에서 사회학적 관점으로 옮겨 놓은 사회학자 슈츠(A. Schutz)에 의해 이론적으로 성숙되었으며 기어츠(Geertz)에 의해 더욱 정교화되었다(허은주 외, 2011: 109).

민속방법론은 인류학의 민속지에 그 토대를 둔다. 민속지(ethnography)는 현지조사에 바탕을 둔 여러 민족의 사회조직이나 생활양식의 기술을 목적으로 하는 인류학의 한 분야로서, 스프래들리와 맥카디(Spradley & McCardy, 1972) 등은 민속지는 문화인류학의 목표인 인간 행위의 유사점과 차이점을 설명, 비교, 분류하는 것이라고 하였다. 또 민족지라고도 하는데 민족지란 현장 연구 혹은 참여관찰과 유사개념이며, 복잡한 문화 그물로 파악되는 인류학의 연구방법이라 할 수 있다. 민속지는 그 밖에 사례연구, 현지연구, 자연적인 방법, 참여관찰, 반응평가, 질적 방법 등과 유사개념으로 사용되고 있다(김종두, 2013: 120).

해석학적 방법을 활용하여 특정 집단의 생활양식, 즉 문화를 기술하기 위해 구성원들의 의식, 느낌, 판단을 연구대상으로 사회적 상황에서 그 구성원들이 부여하는 의미, 이해, 해석, 구조 등을 탐구하는데 중점을 둔 민속방법론은 인류학에서 활용되고 있는 연구방법의 하나로 대표적인 질적 연구방법이라 할 수 있다. 민속방법론은 이해의 방식으로 인식론의 기저인 통찰을 중시하는데 통찰은 관찰대상인 현상의 내부에 있을 때 얻어진다. 따라서 민속방법론은 연구자들이 자연스러운 사회적 상황 속에서 현지인의 관점에서 장기적 또는 집중적으로 참여관찰 방법과 심층면접 방법 등을 통해 특정집단의 생활양식을 총체적 · 종합적 접근방법으로 탐색하여 기술한다(나항진 외, 2011: 78~79).

따라서 민속방법론은 보통 사람들이 일상적 생활체계의 의미를 구성하는데 사용하는 상식적 실천과 상식적 방법론을 연구하는 학문임을 알 수 있다.

민속방법론의 특징으로는 장기적, 집중적, 참여관찰법으로 탐색적, 개방적, 총체적 접근방법을 사용하며 복합적인 연구방법이나 기술을 사용한다. 또한 민속방법론은 교실상황에서 학생 개인의 행동성향을 분석하고 원인을 찾아내는데 적용하고, 가정배경이나 실제 생활과정에 총체적 관심을 가지고 종합적으로 접근한다.

4) 신교육사회학(New Sociology of Education)

신교육사회학의 출발점은 지식에 대한 관점, 특히 학교지식에 관한 것이다. 학교지식은 역사적 · 사회적으로 결정된다. 그것은 권력관계를 나타낸 것이며 특정 사회에 있어서의 한 요소이다. 학교에서의 지식에 대한 신교육사회학적 태도는 주로 효과적인 지식전달에 대한 것이 아니라 관련지식이 어떻게 구성되는가 하는 것이며, 어떤 상황에서 그것이 재생산되는가 하는 것이다. 따라서 여기서 강조하는 것은 교육과 사회이동 등과 같은 전통적 교육사회학의 주요 관심사가 아니라, 교육체제에 의해서 사회와 지식에 관한 어떤 관점이 전달되며 이것은 광범한 맥락에서 어떻게 전달되는가 하는 것이다. 어떤 권력관계와 이데올로기가 학교지식의 내용에 포함되어 있는가 하는 것이 중요한 관심사이다(Englund, 1986; 안병환, 2012: 75).

신교육사회학은 교육현상을 두 가지로 요약하였는데 첫 번째는 학교지식을 누구의 관점에서 볼 것인가? 하는 점이다. 이 점은 기존 학교 교육과정의 지식이 지배계급을 중심으로 구성되었음을 지적한 것으로 노동자 계급과 일반 대중의 문화와 역사는 지금까지 교과서 내용의 선택 과정에서 배재되어 왔음을 의미한다. 두 번째는 문화전달 과정으로서의 학교교육에 관한 논의를 가정과 같은 귀속적 요인 · 개인적 요인에서 벗어나 정치적 문제로 확장시켰다는 점에서 관점의 전환을 가져왔다. 노동자 계급 자녀의 낮은 학업성취에 대한 원인 분석에서 구조기능주의 학자들은 '가정문화'를 지적했고, 학교지식에 대한 탐구에서 부르디외와 번스타인 역시 '가정문화'의 가치를 중심으로 논의를 전개하였다. 따라서 신교육사회학은 학교 내부의 과정, 즉 학교의 교육과정, 교사와 학생의 상호관계, 교사가 학생에게 갖게 되는 고정관념과 평가기준 등에 새로운 관심을 갖는다(김종두, 2013: 101~102).

일반적으로 학교에서 가르치는 지식은 객관적이고 공정하고 보편적이라는 것에 의심을 품지 않는다. 그리고 학교에서 객관식이라는 이름으로 선택하는 유형의 시험, 암기식 시험공부, 이를 통한 시험성적으로 선발하는 입시체제 등의 교육체제에서 신교육사회학적 접근은 시사점이 크다고 할 수 있다. 신교육사회학에서 지식은 절대적인 것이 아니라 특정 시대적, 사회적, 제도적 배경을 기반으로 구조화된 실제이다.

일본의 역사교과서, 독도문제, 대안교과서, 친일 작품 등의 문제도 신교육사회학의 분야라 할 수 있고, 헬렌켈러나 아인슈타인(A. Einstein)의 위인전이 부분적으로만 알려지고 그들이 살았던 냉전체제와 자본주의 사회에 어떤 가치관을 가지고 있었으며 어떤 행위를 했는지에 대해서 선별적으로 기술되거나 알려진 것에 대한 것도 신교육사회학적 관점에서 접근할 수 있을 것이다(김병희 외, 2011: 61~62).

신교육사회학에 공헌은 한 사람은 영국의 영(M. F. D. Young)과 번스타인(B. Bernstein)이다.

영(M. F. D. Young)은 「지식과 통제: 교육사회학의 새로운 방향」에서 기존의 교육사회학은 학교 내부 현상에 등한시하였으나 지식의 사회성에 눈을 돌려야 하며, 지식사회학적 시각에 입각하여 학교 내에서 진행되는 교육과정을 연구하고 이어 대해 해석할 것을 주장하였다. 번스타인(B. Bernstein)은 학교교육을 아동의 언어와 관련시켜 연구하였는데 사회계급과 어법에 대한 연구는 계급을 재생산하는 사회의 구조와 과정을 통합해서 연구할 수 있는 가능성을 시사하였고, 학교의 교육내용과 내부현상에 대한 연구를 강조하였으며, 교육내용의 연구는 교육사회학에서 차지하는 중요성을 인식시키는데 결정적인 공헌을 하였다(김종두, 2013: 103~104).

영과 번스타인 외에도 교육사회학에 이바지한 학자들은 고버트(D. Gorbutt), 이글스톤(J. Eggleston), 휘티(G. Whitty) 등이 있는데, 그 중에서 이글스톤의 재구조화 과정론에 대하여 알아보자.

이글스톤(Eggleston, 1977)은 그 동안의 교육과정의 관점을 수용적 관점과 반성적 관점으로 보고, 학교에서 가르쳐지고 있는 교육과정을 통하여 가치와 권력체제를 분석할 수 있는 모형으로 재구조화의 관점을 제시하고 있다. 수용적 관점은 사회질서 내 지식체계를 구성하고 있는 다른 요소들과 마찬가지로 교육과정 지식도 주어진, 심지어는 귀속적이고 도저히 타협할 수 없는 하나의 수동적인 이해체계로 보고 있으며 합의적인 관점이라 할 수 있다. 반성적 관점은 교육과정 지식을 타협 가능한 것으로 보아 그 내용을 적법하게 비판·주장할 수 있고, 새로운 교육과정의 구성도 허용되므로 변증법적인 것으로 간주한다.

이글스톤은 학교의 교육과정에 담긴 지식의 실재와 그 속에서 일어날 수 있는 변화의 가능성을 밝혀 주는 이해 양식으로 수용적 관점과 반성적 관점이 상호 결합될 수 있는 것으로 재구조화의 관점을 제안하고 있다. 따라서 재구조화 과정론이 설명하고자 하는 문제는 "우리가 교육과정을 통하여 학생들이 권력에 대해 지니고 있는 사회적 상황을 어떻게 조성할 수 있는가?"이다(김경식 외, 2011: 90~91).

교육과정 학업성취 영역을 중심으로 하여 수용적 관점, 반성적 관점, 그리고 재구조화 관점 간의 차이점을 도식화해 보면 [그림 4-2]와 같다.

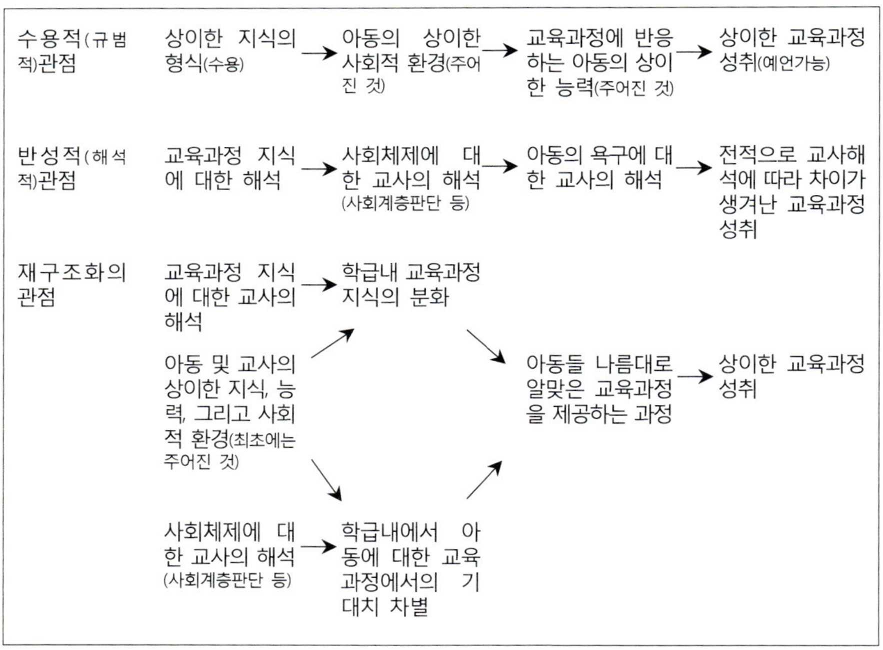

[그림 4-2] 교육과정 성취도에 관한 해석

출처: 김병성(2005: 262).

따라서 위의 내용을 정리하여 신교육사회학의 특징을 살펴보면 먼저 신교육사회학은 교육에 있어서 이념을 중요시하였다. 즉 무엇이 인간사회에서 지식으로 만들었는가에 대한 출발점으로서의 지식의 전제, 가정, 사회의 가치관, 인생과 교육의 목적 그 자체에 대한 분석과 검토 등을 강조하고 있다. 신교육사회학자들은 지식, 진리, 진리의 타당성은 모두 사회적 구성물이라고 하고 있으며, 교사가 판단하는 학생들의 능력, 지능, 이와 관련하여 평가되는 학생들의 학교에서의 성공과 실패도 모두 사회적 산물이라고 주장하고 있다. 교육의 기회균등, 교육의 효율성, 일탈자에 대한 통제, 사회계층이나 가정환경을 학업성적 결정의 요인으로 보는 것은 구교육사회학이라고 하고, 신교육사회학은 학생의 선발, 지식의 조직, 교육이념, 가치의 분석, 교육과정 등에 보다 더 많은 관심을 가져야 한다고 주장하고 있다(차경수 외, 2010: 54~55).

3. 질적 연구의 이해

1) 질적 연구의 개념

교육사회학은 교육현상을 사회적 방법으로 도입하여 분석하고 설명하는 학문으로 연구방법으로는 양적 연구와 질적 연구로 구분할 수 있다. 양적 연구는 규범적 패러다임에서 주로 사용된 연구방법이고 질적 연구는 해석학적 패러다임에서 사용된 연구방법이라 할 수 있다. 따라서 해석학적 패러다임에 사용된 질적 연구에 대해 살펴보자.

질적 연구는 세계에 관찰자를 놓는 상황적인 활동이다. 그것은 세계를 보이도록 만드는 해석적이고 유물론적인 실천체계로 구성되어 있다. 이러한 실천은 세계를 변환한다. 그것들은 세계를 현장노트와 면접, 대화, 사진, 기록물, 자기에 대한 메모 등을 포함하는 일련의 표현들로 바꾸어 놓는다. 이 단계에서 질적 연구는 세계에 대한 해석주의적, 자연주의적 접근을 포함한다. 이는 질적 연구자들이, 사람들이 현상에 부여하는 의미에 따라 현상을 이해하거나 해석하려고 시도하면서 자연 상황에 있는 사물을 연구한다는 것을 의미한다(Denzin & Lincoln, 2005; 조홍식 외, 2010).

따라서 이와 같은 내용으로 보았을 때 질적 연구란 연구자가 인간의 자연스런 일상을 비롯하여 사회의 제반 현상을 규명하는 연구라고 볼 수 있다.

2) 질적 연구의 목적

해석학적 연구의 특징을 잘 반영하고 있는 질적 연구의 목적을 여섯 가지로 설명하면 다음과 같다(김영천, 2008: 80~109).

(1) 의미와 이해

연구대상으로 선정된 사람들이 자신의 사회세계와 행위에 대하여 어떤 의미를 부여하고 상황을 정의하며, 그에 따라서 행동하는지를 그들의 관점에서 이해하려는 것으로서 의미에는 그들이 갖게 되는 형태의 경험들과 감정, 인지, 지각 그리고 태도, 상징 등을 포괄하는 넓은 맥락에서의 의미를 말한다.

(2) 일상적 세계의 기술

일상적 세계란 연구현장의 참여자들이 일상적으로 살아가는 삶을 뜻하는 것으로서 일상적 세계의 기술은 그들의 삶을 밀도 있게 그리고 심층적으로 묘사하는 것을 의미한다. 또한 '의미와 이해'의 목적을 달성하기 위한 전단계적인 작업 과정이면서 기술 자체가 해석과 분석을 의미하므로 가치 있는 연구활동이다.

(3) 특정한 사례에 대한 특별한 관심

양적 연구가 대단위 사례를 대상으로 일반화를 목적으로 하는 연구인데 비해 질적 연구는 대규모의 사례 대신에 연구자가 관심을 갖는 소수의 특정 사례들에 관심을 둔다.

(4) 프로그램의 평가

질적 연구의 목적은 교육 프로그램에 대한 참된 평가이다. 일반적으로 프로그램 평가하면 양적 연구를 생각하지만 최근 프로그램 평가는 질적 연구방법들이 프로그램 평가에 많이 쓰이고 있고, 논의 방향도 질적 평가 패러다임 쪽으로 전환되고 있다.

(5) 발견과 이론화

질적 연구의 목적을 잘 나타내는 개념 중 하나인 발견은 인간과 사회현상에 대하여 연구되지 않은 어떤 새로운 사실들 또는 의미들을 찾아 내는 것을 의미하며 나아가 기존의 방식이나 이론으로 설명하지 못하였던 현상을 새로이 이해 시켜주거나 설명해 줄 수 있는 이론이나 해석체계를 생성하는 것이다. 이 발견과 이론화의 과정은 연구현장에서 수집된 자료의 분석을 통하여 현장을 보다 잘 이해할 수 있는 새로운 개념이나 근저이론(grounded theory)을 발전시켜 나간다.

(6) 새로운 통찰력의 제공

교육학 탐구의 이론화와 실제의 이해에 새로운 통찰력을 준다. 질적 연구가 절대적이고 선험적인 진실의 수용을 거부하고 상대적이며 문화적이고 타협적인 실재를 전제로 한다는 점에서 질적 연구는 연구자들에게 기존에 연구되지 않는 것을 연구하게 만들고 문제화시키며 익숙한 교육문제나 현상까지 익숙하지 않는 낯선 것으로 간주하고 새롭게 탐구하기를 요구한다.

이와 같이 6가지 목적을 추구하는 질적 연구는 독특한 연구 현장과 맥락을 기반으로 순환적 연구과정을 통하여 진행한다. 즉 연구 과제의 선정, 조사대상에 대한 관찰과 질문, 자료수집과 기록, 자료 분석을 순환적이고 반복적인 과정으로 끊임없이 현장지향적인 의미들을 탐색하며 구성한다.

3) 질적 연구의 연구방법 및 자료분석

질적 연구를 진행함에 고려해야 하는 방법적 지식은 구체적인 연구방법과 자료수집 과정을 구성하는 것이다. 자료수집 과정은 현상의 본질을 파악하기 위해 연구현장에 존재하는 핵심적 정보를 추적해 가는 과정으로 대표적으로 설문지(questionnaires), 면담(interviews), 포커스 그룹 면담(focus groups interviews), 관찰(observation), 현장자료(secondary data) 등의 실제적인 전략들이 질적 연구의 핵심적인 성격과 맥락을 고수하면서 혼합적으로 이루어질 수 있다(김경식 외, 2011: 96).

김영천(1998)은 질적 연구 분석과정을 전사, 코딩, 주제의 발견으로 정의를 내렸고, 질적 자료 분석은 다양한 분석의 방법이 존재하고, 각 연구방법들이 특징을 가지고 있기 때문에 자신의 연구에 어떤 분석 방법을 선택하는 것이 유리한지를 찾아 내어야 한다(김영천, 2008: 463~499).

(1) 전사

수집된 자료들을 컴퓨터 파일에 깨끗이 정리하고 기록하고 저장하는 작업으

로 기초적인 분석단계이다. 이 때 단순히 글을 옮기는 의미가 아니라 이 과정을 통하여 여러 가지 분석의 아이디어를 도출하고 발달한다는 측면에서 분석적 의미를 갖는다.

(2) 코딩

코딩은 질적 분석의 일반적인 방법으로 우리나라에서는 '주제별 약호화'라고 번역되어 사용하고 있다. 코딩은 수집되고 전사된 자료들을 계속 읽으면서 자료 속에 내재된 주제를 찾아 내는 과정으로서 텍스트가 담고 있는 메시지와 의도, 의미가 무엇인가를 최초로 개념화시키는 작업이다.

(3) 주제 발견

주제는 범주 또는 개념이라고 칭하는데 크레스웰(Creswell, 2007: 239)은 데이터베이스에 수집된 모든 자료들 중에서 그 자료들이 나타내려고 하는 주요한 아이디어를 만들어 내기 위하여 연결되거나, 응축되는 유사한 코드들의 모임이라고 정의내린다.

4) 질적 연구의 최근 동향

질적 연구의 가치와 필요성이 확산되면서 교육학계 전 영역에 걸쳐 질적 연구가 활발하게 이루어지고 있다. 이러한 질적 연구의 최근 동향에 대해 살펴보면 다음과 같다(김경식 외, 2011: 103~104).

① 질적 연구의 자서전적인 경향으로서 연구자와 연구대상이 분리되거나 그 경계가 명확하였던 접근에서 연구자와 연구대상의 관계와 그 관계가 모호해지고, 공유, 공감, 체험의 독특한 과정을 거치면서 연구와 연

구자의 삶이 동떨어지지 않고 통합되어 나아간다는 것이다.

② 질적 연구의 실천적인 측면의 강조로서 현장의 변화를 목적으로 개선 방법을 실천해 보고 그 방법의 효과를 검증하고 다시 대안적 방법을 탐색하는 과정을 반복함으로 현장을 변화시키고자 하는 노력이다.

③ 창조적이고 다양한 글쓰기 방법의 시도이다.

④ 질적 연구에서의 컴퓨터 소프트웨어의 활용이다. 대표적인 프로그램으로는 Atlasti, NVivo, Maxqda, Hyper Research 등이 있다.

따라서 질적 연구는 나와 거리가 먼 타자의 이야기를 했던 것에 대한 반성으로 자신의 이야기에 주목하고자 하는 자전적 경향, 현실이 개선과 실천을 중요시하는 참여적 경향, 창조적 글쓰기, 컴퓨터 소프트웨어의 활용 등이 최근의 동향이라고 볼 수 있다.

제5장

교육과정의 사회학

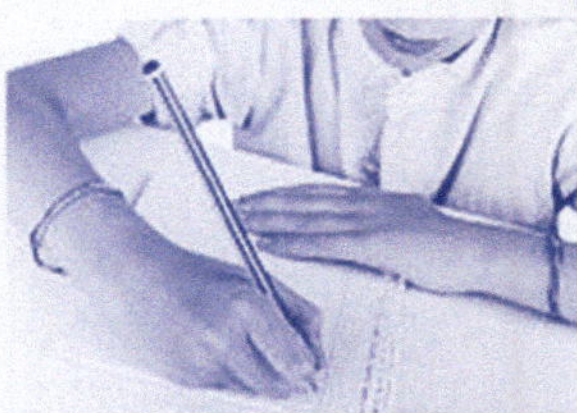

1. 교육내용의 교육사회학적 관심사
2. 전통적 교육과정
3. 교육내용을 논하는 학문적 배경
4. 교육과정사회학의 주요 내용
5. 교육과정사회학의 사례
6. 교육과정사회학의 교육적 의의 및 한계

본 장에서는 학교에서 지식이 전달되는 과정의 사회적 측면에 대하여 살펴본다. 학교는 지식전달기관이다. 학교에서의 지식전달을 보는 사회학적 관점은 크게 두 가지로 파악된다. 한 가지는, 지식은 사회적 · 역사적 조건을 초월하여 객관적이고 가치중립적이며 보편타당하다는 관점이다. 다른 한 가지는, 지식은 사회적 · 역사적 생성물이자 도구와 같은 것이라는 관점이다.

신교육사회학적 관점이 1970년대 초반 영국의 고버트(D. Gorbutt, 1972)에 의해서 대두되기 시작하면서 등장한 교육과정론적 패러다임은 내적 과정, 즉 학교생활 문화와 학교 교육내용의 핵심인 교과서적 지식에 대해 기존의 수용적인 관점에 의문을 제기하고 지식의 사회적 성격과 기능에 주목하였다.

교육과정사회학은 종래의 전통적 지식관과 교육내용관에 대하여 비판을 제기하면서 등장한 학문동향이다. 본 장에서는 교육과정사회학의 배경과 성격, 권력과 지식의 계층화, 그리고 교육내용의 사회적 측면에 대하여 살펴보기로 한다.

1. 교육내용의 교육사회학적 관심사

학교에서 다루어지는 교육내용으로서 지식을 사회학적으로 접근하고, 교육과정에 대한 새로운 검토를 시도하면서, 특정문화를 누가, 왜 선택하여 학교에서 가르치는가에 연구의 초점을 두고, 학교의 교육과정을 이미 주어진 것으로 정당시해 온 기능주의의 수용적 교육과정관을 비판하는 학문적 경향을 교육과정사회학이라 한다. 즉, 기존의 기능론적 패러다임에서는 사회의 유지, 존속을 위해 오로지 교육내용에 대한 관심이 지식의 효율적인 전달에만 있고, 학교에서 무엇을 가르칠 것인가에 관심이 집중되어 있었다.

하지만 교육과정사회학은 무엇을 가르칠 것인가가 아니라, 가르치는 내용이 과연 모두에게 객관적이고 보편타당한 것인가에 대해 관심을 갖는다. 특히 영(M. F. D. Young)은 교육과정의 구성과 관련하여 지식의 관리 문제가 교육사회학의 주된 관심사가 되어야 한다고 주장한다. 이러한 관점과 맥을 같이하는 대표적인 학자로는 영(M. F. D. Young), 이글스톤(Egglestone), 번스타인(B. Bernstein), 부르디외(P. Bourdieu), 애플(M. Apple), 웩슬러(P. Wexler) 등이 있다. 이들을 흔히 신교육사회학자라고 지칭하는데 이들은 지식은 객관적이고 보편타당한 것이 아니라 그 사회의 지배구조, 세력관계, 이해관계가 반영된 것이라 주장한다. 즉, 지식에는 언제나 힘의 논리가 작용하고 있다는 것이다.

이미 많은 역사적, 개념적, 경험적 연구에서 학교에서 적법한 것으로 간주되는 지식은 사회적으로 구성되며, 많은 이해관계 집단이 그 지식의 생성에 중요한 역할을 하고 있다는 것을 밝혀 왔다. 이들 연구들은 어떤 지식이 가장 가치 있는가?라는 물음에서 누구의 지식이 가장 가치 있는가?라는 물음으로 관심이 옮겨지고 있다.

교육과정은 우리가 선택적 전통(selective tradition)이라고 부르는 것의 일부분이다. 그래서 지배 권력이 유지되고 도전받게 되는 이데올로기 과정의 한 부분으로 해석될 필요가 있다. 수많은 가능성 있는 지식 가운데 오직 일부 집단의 지식, 역사, 가치가 모두에게 가르치게 되는 공식적 지식으로 선택된다. 현재와 미래에 무엇을 알고 행하는 것이 주요한지에 대한 특별한 믿음과 가정은 교육과정, 교수법, 평가 등의 결정에 스며나게 된다. 이러한 이데올로기적 믿음과 가정은 이데올로기가 구체화되어 있고 생명력이 있기 때문에 늘 육안으로 볼 수 있는 것은 아니다. 그러므로 그들은 사회적 관계와 교실 내 교육적 사건을 조직하는 일상의 사건들이나 상식적인 활동 속에 숨어 있다. 학교와 학교를 둘러싸고 있는 지역사회와의 관계에서도 마찬가지다(Nozaki & Apple, 2002).

이에 신교육사회학자들은 학교교육활동 과정에서 나타나는 다음과 같은 의문점을 제기하고 있다.

① 교육과정에 포함된 지식의 본질은 무엇이며, 어떻게 만들어지는가?
② 교육과정, 곧 학교지식은 어떻게 조직되고 위계화되는가?
③ 여러 부류의 사람이 교과서에 어떻게 묘사되어 있는가?
④ 학생을 어떻게 편성하며 그들에게 어떤 지식을 가르치는가, 즉 서로 다른 형태의 학교 지식이 학생이나 계열에 따라 어떻게 다르게 제공되는가?
⑤ 전달되는 지식의 종류와 유형 및 양에서 차이는 없는가?
⑥ 학교에서 이러한 지식을 어떻게 가르치고 있으며, 기존의 가치나 규범을 재생산하기 위해 학생과 교사는 어떻게 상호작용하고 어떤 사회적 관계를 형성하는가?, 이러한 지식은 어떻게 정당화되며 누구에게 이익이 되는가?, 이러한 지식의 선정, 조직, 전수 등의 과정에서 생기는 지배집단과 종속집단간의 모순과 갈등은 어떻게 조정되는가?
⑦ 선정된 학교 지식을 정당화하기 위해 어떤 평가방법을 채택하는가?
⑧ 학교에서 가르치는 지식으로 이익을 보는 사람들은 누구인가?

결론은 교육내용이 보편타당한 절대적인 것이 아니며 누군가의 이익이나 의도를 담고 있다는 것이다(김병욱, 2007: 170~171).

이상에서 학교에서 가르치는 교육내용의 사회적 성격에 대한 비판적 이해에 초점을 맞춘 이들 교육사회학자들은 공통적으로 지식은 누구에게나 보편타당한 진리가 아니라 사회적 구성물(socially constructed)임을 주장하는 지식사회학적 관점을 가지고 있다. 따라서 학교에서 가르치는 지식의 선택과정에는 언제나 당대 사회 세력들이 각자의 세력을 확대하려는 힘의 논리가 작용하고 있다는 것이다.

결국 교육과정사회학의 학문적 성격은 교육내용을 사회학적 시각과 방법론으로 그 사회적 성격을 밝히려는 학문으로서 학교에서 가르치는 교육내용의 사회성과 역사성을 탐구하여, 교육내용을 둘러싼 사회적 제 세력들의 상호 영향력 관계와 그것이 가지는 사회적 영향을 밝히는 것이 주된 목적이라 할 수 있다.

신교육사회학자들은 교육과정 속에 나타나 있는 지식과 사회구조와의 역학 관계, 지식과 집단 간의 사상적 갈등을 집중적으로 분석하면서 교육과 사회평등에 관한 문제 논의의 새 지평을 전개하였다고 볼 수 있다. 또한 학교에서 가르치는 지식과 가르치는 과정을 사회학적으로 탐구하는 학문인 교육과정사회학은 기존의 교육사회학 연구가 교육내용을 주어진 것으로 보고 탐구 대상에서 제외시켰으나 교육제도 속에서 선별, 처리되는 것은 사람뿐 아니라 지식도 당연하다는 논리 속에 전개된다는 것이다(김경식 외, 2011).

2. 전통적 교육내용관

학교에서 무엇을 가르칠 것인가에 대하여 전통주의적 관점에서는 어떠한 태도를 취하고 있는가? 전통주의적 관점을 지지해 주는 기능주의적 교육론의 시각과, 이 시각에서 본 학교에서의 교육내용과 지식의 성격, 그리고 지식에 대한 교사의 수용태도에 대하여 고찰해 보자.

1) 학교 교육내용으로서의 지식에 대한 전통적 관점

전통적 시각에서 볼 때 학교에서 가르치는 교육내용은 실제로 어떠한 것들로 구성되어 있는가? 실제 학교 교육내용을 구성하고 있는 지식의 성격에 대하여 전통적 관점에서는 다음과 같이 네 가지로 보고 있다.

첫째, 학교에서 가르치는 지식은 학생들에게 그 시대의 문화를 전달해 주는 내용이다.

전통적 시각에서 볼 때 한 사회 속에서 개인들이 원만한 사회화를 하기 위하여 통용되고 있는 문화내용을 잘 익히고 배우는 일이 중요하다. 따라서 학교의 교육내용은 현존문화를 학생들에게 충실히 전달해 주는 내용이 되어야 할 것이다.

둘째, 학교에서 가르치는 지식은 학생들에게 다가올 미래사회를 준비하는 내용이다.

사회의 구성원 개인들로 하여금 현존 사회의 유형을 계속 지속시키고, 변화하는 사회에 원만히 적응하기 위해서는 앞으로 다가올 미래사회의 실상을 예견하고 미래사회에 부응하기 위한 준비를 하여야 한다. 따라서 학교에서는 미래사회를 충실히 준비할 수 있는 내용으로 교육을 하여야 할 것이다.

셋째, 학교에서 가르치는 지식은 구성원들의 직업을 준비하는 내용이다.

사회 구성원들은 복잡한 사회 속에서 살아남기 위하여 각자 자신의 과업을 성취하고 각자의 일을 하여야 한다. 그러기 위하여 각자가 자기의 직업 능력을 가져야 하는데, 학교는 개인들이 사회 속에서 자기의 역할을 바람직하게 수행하면서 적응하기 위하여 구성원들에게 직업 능력을 길러 주고 직업 교육을 실시하여야 할 것이다.

넷째, 학교에서 가르치는 지식은 체제 유지에 필요한 내용이다.

전통적 시각에서 볼 때 현존 사회체제가 그대로 유지되기 위하여 체제를 수호하고 질서를 유지시키는 내용을 구성원들에게 전달, 주입할 필요가 있다. 따라서 학교에서는 체제유지에 필요한 정치적 이념과 사고를 학생들에게 내면화하여 정치사회화에 기능하게 될 것이다.

이상에서 살펴본 바와 같이 학교 교육내용에 관한 전통적인 시각은 그 시대의 문화를 전달해 주는 내용, 미래사회를 준비하는 내용, 장래 직업을 준비하는 내용, 체제 유지에 필요한 내용들을 매우 중시하고 있다.

2) 교육내용에 대한 전통적인 태도

전통적 시각에서는 학교에서 아동들에게 가르칠 지식 혹은 교육내용에 대하여 어떠한 태도를 취할 수 있는가? 그 동안 전통주의적 교육자들은 학교에서 가르치는 지식에 대하여 매우 합리적인 것으로 받아들여 왔으며, 교과서에 제시된 교육내용에 대하여 별다른 문제를 제시하지 않은 채 거의 무비판적으로 수용해 왔다. 따라서 교사들도 교과내용에 대하여 교사 나름대로의 방식으로 재해석을 시도하거나 사회학적인 검토를 하기보다는 대체로 다음과 같은 태도를 취해 왔다.

첫째, 학교 교육내용에 대하여 이미 주어진 것으로 간주해 버린다.

학교에서 가르칠 교육내용은 교과서에 실리게 된다. 교과서에 실리는 교육내용은 교육부의 엄밀한 편찬과정을 통하여 선정된 것이다. 교육부에서 결정한 교육내용은 국가, 사회, 아동들에게 꼭 필요한 것들로 매우 적절하게 구성되었다고 믿는다. 따라서 이미 결정되어 교과서에 실린 내용에 대하여는 문제를 제기하지 않고 거의 무비판적으로 받아들인다.

둘째, 학교 교육내용에 대하여 가장 합리적인 것으로 믿는다.

교육내용이 적어도 교과서에 실려서 학생들에게 가르쳐 지려면 수많은 현존 지식과 이론 중에서 가장 합리적인 방법으로 선정되거나 조직되었을 것이라고 가정할 수 있다. 전통적 교육론에서는 이러한 가정을 받아들이기 때문에 학교 교육내용에 대하여 가장 합리적인 것으로 믿고 있다.

셋째, 학교 교육내용에 대하여 진리에 가까운 것으로 본다.

교사들은 미성년자인 아동들에게 가르치는 학교의 교육내용에 대하여 거기에는 적어도 오류가 없으며, 사실에 입각하여 진실성이 확보된 지식들이라고 본다. 따라서 전통적 교육관에서는 학교 교육내용을 진리에 가까운 것으로 보게 된다.

넷째, 학교 교육내용에 대하여 거의 절대적인 것으로 취급한다.

학교에서 가르쳐야 할 교육내용은 학생용 교과서와 교사용 지침서에 안내되어 있으며, 교사가 그 내용에 대하여 가감하거나 임의로 재해석하는 일은 매우 위험한 것으로 생각한다. 따라서 상부에서 일단 결정해 준 교육내용에 대하여 거의 절대적인 것으로 취급한다.

다섯째, 학교 교육내용에 대하여 보편타당한 것으로 해석한다.

국가에서 국민을 대상으로 교육시키는 교육내용은 특히, 국정교과서의 경우 어떤 특정인이 아니라 대한민국 국민이라면 누구에게나 똑같이 적용되는 내용으로 취급한다. 따라서 이러한 시각을 가진 교사들은 학교 교육내용에 대하여 대체로 보편타당한 것으로 해석을 한다.

이상의 내용을 요약하면 학교 교육내용에 대하여 전통적으로는 이미 주어진 것으로 간주하고, 가장 합리적이며, 진리에 가까운 것으로 보며, 절대적인 것으로 취급하고, 보편타당한 것으로 해석하려는 경향이 있다. 이렇게 볼 때 전통적 교육내용의 관점은 교육내용에 대하여 너무 단순하게 생각했으며 문제를 비판적으로 제기하지 않았던 경향이 있다.

이제 모든 상황에 적용될 수 있는 절대적이고 보편적인 진리나 지식은 있을 수 없고, 상황에 따라 진리는 달라질 수 있다는 문화적 상대주의(cultural relativism)가 팽배해지고 있다. 이러한 주장에 따라 학교는 획일적인 도덕적 규범과 가치를 강요할 수 있겠는가의 문제에 직면하게 되었다. 학교가 가르치는 교육과정은 중류계층의 가치를 반영하는 것이며 중류계층이 하류계층을 지배하기 위한 도구가 아닌가 하는 문제도 제기된다.

지금까지의 교육과정은 그것이 결정되는 데 영향을 주는 집단이나 그 같은 결정과정 및 내용에 대한 사회적 의미를 분석하지 않은 채 학교는 지식을 보편적이고 정당화된 신념으로 받아들이고 모든 학생들에게 강요할 가치로 여겼다. 이렇게 지식은 이미 주어진 것으로 간주하며, 그것에 대한 가치는 이미 확립된 것으로 보고, 그 같은 지식을 어떻게 전달할 것인가의 처방에만 몰두하게 했다. 그리하여 그러한 지식을 어떻게 합리적으로 조직하고 평가하는가에 역점을 두었다. 즉, 그 동안의 교육과정은 학문의 기본적 내용 · 구조 · 탐구방법어 집착하였다(김억환, 1988, 271~274).

3. 교육내용을 논하는 학문적 배경

학교에서 무엇을 가르칠 것인가의 문제를 교육사회학적으로 생각해 볼 때 그 사고의 기초는 주로 지식사회학에 뿌리를 두고 있다.

학교의 교육내용에 대하여 교육사회학적으로 연구하는 작업 영역을 교육과정사회학이라고 부르는데, 어떤 학자는 교육과정사회학은 지식사회학에서 그 관점을 주토 빌려 왔고 여기에 현상학, 상징적 상호작용론, 민속방법론 등에 의하여 그 관점을 더욱 발전시켜 왔다(김신일, 2000: 234)고 한다. 왜냐하면 지식사회학의 다두로 말미암아 전통적인 교육관에 변화를 가져왔고, 기존 교육과정 연구 경향과 교육과정론자들에게 대한 커다란 회의와 비판을 일게 했기 때문이다.

여기서는 교육과정사회학의 주요 학문적 배경이 될 수 있는 지식사회학적 관점과 지식사회학적 관점에서 본 학교 교육내용에 대하여 살펴볼 것이다(강상철 외, 1992: 156~164).

1) 지식사회학의 시각과 학문적 특징

지식사회학은 어떤 성격의 학문인가? 지식사회학이란 지식이라고 부를 수 있는 모든 종류의 사고체계와 의식 활동에 대하여 탐구하는 학문(김신일, 2000: 234)이다.

지식사회학의 초기 발전과정에서는 선험적 지식이론을 반박하고 지식을 왜곡하는 편견으로부터 해방할 것을 주장하였으며, 신학적 세계관의 기만성을 폭로하고 이데올로기에 대한 관심을 갖기 시작하였다.

지식사회학의 학문적 특징을 체계화시킨 학자들을 위주로 보다 상세히 알아보면 다음과 같다(강상철 외, 1992: 158~162; 김병성, 1990: 112~117; 성용구, 2005: 91~96).

(1) 칼 마르크스(K. Marx)

마르크스는 계몽주의 철학을 발전시켜 인간의 사회적 존재와 경제적 요인이 정신활동을 결정한다는 식의 지식의 존재결정론을 주장하였다. 그는 계급적 · 사회적 위치와 물질적 기초에 의해 계급의식이 결정되고, 지배층의 이데올로기가 그 사회의 지식을 포함한 정신활동을 지배함으로써 피지배층은 자신의 현실과 다른 허위의식을 가진다고 하여 존재와 사고의 일방적 영향관계를 규정하였다.

마르크스의 사회분석에 의하면 지식의 정의, 분배, 평가를 통하여 지배계급에 의해 사회는 결정되어진다는 것이다. 즉, 사회는 지배계급의 경제체제를 통하여 형성된다는 것이다. 마르크스의 중심주제는 상황은 주어진 것이 아니라, 근로자 계급 문화의 정체성과 통치계급 문화의 혁신적 도전을 통하여 새로운 평등주의 문화가 번창할 수 있다는 것을 강조한다. 마르크스에 의하여 지배계층이 점유하고 있는 현실은 궁극적으로 노동자 계급의 문화나 세계관에 의하여 전복될 것이라고 주장한다.

마르크스에 의하면 지식도 경제적인 생산관계에 의하여 제약된다고 한다. 그러나 마르크스는 토대에 의해 제약되는 지식이나 관념에 있어서 자연과학은 제외시킨다. 그는 인간의 지식이나 관념 중에서 자연과학적인 것은 예외로 하고 사회과학적 지식, 철학적 · 종교적 관념, 문화, 예술 등을 상부구조에 포함시키고 있다. 이렇게 되면 마르크스 자신의 주장도 자신의 계급적 이해의 관념에 지나지 않는 것으로 논리의 보편성과 타당성이 결여되어 있음을 알 수 있다.

이상에서 살펴본 바와 같이 마르크스는 지배계층이 지식의 정의, 분배, 평가를 통하여 그리고 경제체제를 통하여, 사회구조를 결정하고 세계를 지배한다는 것이다. 이러한 마르크스의 세계관과 경제관은 지식의 성격에 대하여 연구한 지식사회학의 발전에 중요한 시사를 하고 있다.

(2) 칼 만하임(K. Mannheim)

만하임의 견해는 마르크스의 견해보다 덜 혁신적이고 비혁명적이며 좀 더 객관적이다. 그는 지식사회학의 관심은 국민들을 현혹시키기 위해 계획적으로 왜곡하는 것을 파헤치고 각기 다른 사회적 사태에 따라 제시하는 다양한 방법에 관심을 두고 있다. 따라서 정신적 구조는 사회적 상황과 역사적 상황에서 각각 다르게 설명될 수밖에 없다는 것이다.

만하임은 인간들은 각기 독특한 시각과 지각을 가지고 있는 사회적 배경으로 인하여 각 집단은 각 집단끼리 서로 다른 특색이 있다고 주장한다. 만하임은 그러한 상대적 시각으로 인간 지식의 많은 부분에 대해 설명하고 있으나 그의 연구에서 수학교과와 몇몇 과학교과는 제외시켰다. 만하임은 또한 개인들이 실제에 대한 자신의 견해를 바꿀 수 있다고 믿었다. 개인들은 의식적인 노력이나 적절한 지도를 통하여 수많은 다른 시각으로부터 실제를 지각하고 설명하고 있으며, 그들 본래의 시각에 집착할 필요가 없게 된다. 만하임은 이러한 고정적 시각을 갖게 하는 것은 모든 계층의 사회참여를 방해하는 것으로 보았고 모든 억압으로 설명하고 있다. 그러나 만하임도 극단적 상대주의 관점은 피하였다(성용구, 1988, 92~93).

만하임은 지배, 피지배 두 집단은 근본적으로 서로 다른 방식으로 사회화되어 있고 서로 다른 기술체계와 서로 다른 종류의 지식을 획득하고 있기 때문에 이 세상을 서로 다르게 지각한다고 본다. 그래서 사유의 속성은 사회적 상황으로부터 영향을 받을 뿐 아니라 앎의 과정도 존재적 요인에 의해 영향을 받는다고 한다.

그러나 만하임은 어떠한 지식형태가 사회통제의 기본 준거가 되어야 하는지 그 내용까지는 밝히지 못하고 있다. 다만 엘리트 집단의 역할을 강조하고 기대를 걸고 있다. 지식을 생산할 주체를 마르크스는 프롤레타리아 계급에게, 만하임은 지식인 집단에게 특별한 의무를 부과하고 있다. 만하임에 따르면 지식인 집단은 그렇기 때문에 상대적으로 계급적 이해로부터 자유롭다. 그래서 그들은 편견으로부터 자유로운 집단이라 한다.

만하임의 사상을 마르크스와 비교해서 간단히 요약해 보면, 마르크스가 인간의 지식에 대하여 존재결정론을 주장하고 있어 그 의미의 강도가 강한 반면에, 만하임은 존재구속성의 개념을 제시하고 있어 마르크스보다는 약하며 상당히 융통성이 있다. 또 만하임은 이데올로기 개념을 수정·확대하여 모든 이데올로기를 허위의식으로 봄으로써 마르크스가 절대성을 상정한 프롤레타리아 계급의식도 하나의 이데올로기라고 하였다(김신일, 2003: 235).

(3) 버거와 럭맨(P. L. Berger & T. Luckman)

버거와 럭맨은 만하임보다 한 단계 더 진전한 사상을 전개하였다. 그들은 '모든 사회적 상황에서 지각된 것은 실체가 아닌 인공물'이라는 주장을 한다. 왜냐하면 어떤 사회적 상황에 참여한 모든 구성원들에게 사회적 실재가 상황에 따라 재정의되어 변하게 되기 때문이다. 특정한 사회적 상황에 참여한 참여자들은 그가 속해 있는 상황을 변화시키기도 하며 재정의하고 행동을 바꾸기도 할 것이라는 것이다.

버거와 럭맨은 지식은 그 지식을 획득하고 있는 사람들의 문화를 통하여 해석되고 여과된다고 주장한다. 즉, 지식은 사회적으로 구성된다는 것이다.

사실 적어도 지식이 되려면 사회적이어야 하는데, 그 뜻은 다른 사람들, 즉 사회 구성원들에게 공유되어야 한다는 뜻이다. 그들은 지식은 서로 다른 집단에 의하여 상이하게 해석되고 상이하게 통용되어진다고 믿는다.

버거와 럭맨은 지식은 전체적으로 보아 사회적으로 구성된 것으로 보고 학문적인 것뿐만 아니라 상식적인 것도 포함하고 있어야 한다고 주장한다. 그들은 또한 지식사회학은 지식의 학문적인 형태보다 상식적인 견해에서 출발해야 한다고 주장하면서 만하임과 같은 초기의 지식사회학자들이 일상적인 상식적 지식과 같은 중요한 문제를 소홀히 취급했다고 비판하기도 한다. 버거와 럭맨은 그들의 지식사회학적 관점을 교육적인 문제와 직접 관련시키지는 않았지만 학생들에게 가르칠 교육내용의 문제와 관련시켜 볼 때 매우 중요한 시사점을 제시해 주고 있다(김병성, 1990: 116).

(4) 마이클 영(M. F. D. Young)

영(M. F. D. Young)은 그 동안의 교육학은 통념적인 접근시각에 의해 지배되었기 때문에 교육문제에 대하여 도전하는 자세를 취하지 아니하고 그냥 주어진 것으로 받아들이는 경향이 강했음을 지적한다. 영(M. F. D. Young)은 「지식과 통제(Knowledge and Control)」라는 그의 저서에서 지식사회학으로부터 도출된 근본적인 사회학적 문제들을 교육문제에 적용시켜 보았고 지식사회학 이전의 연구들에 대하여 급진적인 비판도 하였다. 영(M. F. D. Young)은 해석적 패러다임에서 많은 재귀적 시각의 내용을 제시했으며 이것을 통념적 · 규범적 접근에 대한 도전으로 활용하였다.

영(M. F. D. Young)은 사회적 통제가 계속되는 상황 하에서 비실체적이고 왜곡된 교육내용을 강요하는 종전의 교육과정에 대한 사회학적 접근에 대해 도전하였다. 영(M F. D. Young)은 통념적 · 규범적인 교육과정의 본질과 실천에 대해 전반적으로 강한 의문을 제기했으며 해석적 패러다임의 정당성을 옹호 · 제공하였다.

영(M. F. D. Young)과 그의 동료 에슬랜드(G. M. Esland)는 학교 교육과정 속에 아직도 통념적 시각이 강세를 보이고 있고 지식의 정의, 분배, 평가에 있어서도 엘리트 중심적 경향이 지속되고 있는 것에 대하여 의문을 제기하고 강하게 비판하였다. 그들은 학교에서 지식으로 가르치려면 그것을 당연한 것으로 받아들이지 말고 신중한 사회학적 검토와 분석이 선행되어야 한다고 주장한다. 영(M. F. D. Young)은 지식의 통제가 이루어지고 있는 범위에 대하여 분명히 하였다. 영(M. F. D. Young)은 모든 지식은 사회적으로 구성되며 변화하게 된다고 분명히 밝히고 있다.

지금까지 살펴본 마르크스(K. Marx), 만하임(K. Mannheim), 버거와 럭맨(P. L. Berger & T. Luckman), 영(M. F. D. Young)의 지식사회학적 견해들을 비교하여 정리하면 다음과 같다.

마르크스는 지배계층이 지식의 정의, 분배, 평가를 통하여 그리고 경제체제를 통하여 사회구조를 결정하고 세계를 지배한다고 보았으며, 만하임은 지식의 존재구속성을 제시하면서 이데올로기 개념을 수정 · 확대하여 모든 이데올로기를 허위의식으로 보았다. 또한 버거와 럭맨은 지식을 전체적으로 보아 사회적으로 구성된 것으로 보았고 지식은 서로 다른 집단에 의하여 상이하게 해석되고 상이하게 융통되어진다고 믿고 있다. 지식사회학적 시각을 교육내용에 직접 적용하여 영(M. F. D. Young)은 학교 교육내용이 엘리트 중심적이라는 비판을 하면서 학교에서 가르쳐 질 지식에 대하여 사회학적 검토와 분석이 진행되어야 한다고 주장하였다.

2) 지식의 일반적 특성에 대한 지식사회학적 견해

지식사회학에서는 학교에서 가르치는 지식은 영원불변하고 보편타당한 진리라고 믿는 전통적 지식관을 비판하며, 지식은 사회적 상황에 의해 제약을 받는 하나의 이데올로기일 수 있기에 학교에서는 왜곡된 지식체계인 지배 이데올로기를 전수하기도 한다고 주장한다. 지식사회학에서는 학교에서 가르쳐야 할 지식관에 대하여 이와 같이 비판하면서 지식이 가지고 있는 일반적 특성에 대하여 다음과 같은 새로운 입장을 취한다. 지식사회학에서 견지하고 있는 지식의 일반적 특성을 지식의 상대성과 가변성으로 설명할 수 있다.

(1) 지식의 상대성

일반적으로 지식은 과연 언제 어디서나 누구에게나 절대적으로 적용되는가? 아니면 상대적으로 적용되는가? 어떠한 지식이 모든 사회에서 모든 사람들에게 동등한 가치를 지니고 공통적으로 통용되는 것일까? 아니면 그렇지 않을까? 이러한 문제를 풀기 위하여 지식에 대하여 몇 가지 예를 들어 생각을 해 보자.

도시에서의 지식이 농촌에서의 지식으로 가치 있게 통용될 수 있을까? 가진 자의 지식이 갖지 못한 자에게도 그대로 필요할 것인가? 남성에게 알맞은 지식이 여성에게도 동등하게 가치가 있는가? 자본주의 사회에서의 미덕이 사회주의 사회에서도 미덕이 될 수 있는가? 선진 문명국에서의 문화가 후진국에도 통용되겠는가? 또한 그 역이 가능한가?

자연과학, 수학적인 지식 중에는 시공을 초월한 절대적인 지식이 존재할 수 있지만 우리가 접하는 많은 지식에 있어서는 절대적이기보다는 상대적인 지식들의 경우가 더 많다. 최근에 국가 간에 교과서의 내용에 대한 시비가 일어나고 있다. 과거 국가 간에 일어났던 역사적 사건들은 각국의 입장에서 볼 때 각기 다른 지식으로 해석되기 때문이다. 예컨대, 8.15해방이 우리에게는 주권을 되찾는 커다란 민족적 쾌거인데 반하여 일본에게는 쓰라린 국가적 패배였다고 해석된다.

농촌의 가난한 사람들이 가지고 있는 문화가 도시 부자 사람들에게는 별

소용이 없으며, 지배계층의 통제 이념을 그대로 피지배 계층에게 강요한다는 데는 문제가 있다. 인간에게 필요한 많은 사회과학적 지식이 그 사회의 여건, 사회적 배경, 상황에 따라 해석이 달리되기 때문에 지식의 절대성을 주장하고 강요하기란 매우 어려운 일이다.

지식은 그 사회의 사회적 산물로서 상대적 특징을 가지고 있다고 보는 것이 지식사회학자들의 견해이다. 따라서 상대적 가치가 있는 지식을 어떤 집단에 일방적으로 강요한다거나, 다른 집단의 지식을 가치 없다고 무시하는 일은 정당하지 못한 것이다.

(2) 지식의 가변성

우리가 우리 사회에서 통용하고 있는 지식은 일단 한번 인정되면 계속해서 불변하는 진리로 간주되는가? 아니면 일단 "진(眞)"으로 판명되어 보편적으로 통용되고 있는 지식도 그것이 다른 지식으로 대체되거나 다시 "위(僞)"로 판명되어 폐기되고 변화할 수 있는가? 우리 사회는 계속해서 새로운 지식들을 개발, 모색해 나가고 있지만 일단 "진"으로 받아들여진 지식은 결코 번복하지 않으려는 속성을 가지고 있다. 그리하여 한번 통용된 지식은 계속해서 그대로 통용되며 학교에서도 교과서에 일단 제시되고 실린 지식에 대해서는 가변적이기보다는 불변하는 지식으로 간주하는 경향이 있다.

우리는 지난날 아리스토텔레스의 지식이 통용되던 시절에 갈릴레이가 새로운 지식을 대안으로 주장할 때 많은 물리학자들에 의하여 거부되었던 역사적 사실을 생각해 본다.

그러나 지금은 갈릴레이의 학설이 "진"으로 받아들여진 지 오래이다. 지식은 가변적인 것인데 불변하는 것으로 잘못 받아들여져서 영원한 진리인 양 잘못 통용되는 경우는 자연과학이나 사회과학에서 얼마든지 찾아볼 수 있다. 지식사회학에서는 지식은 사회적 산물이고 역사적 산물이기 때문에 얼마든지 변할

수 있는 것이고, 영원히 불변하는 진리나 지식은 존재하지 않는다고 본다.

구성주의적 관점에서 볼 때 객관적 지식은 성립하지 않으며, 절대적인 지식도 존재하지 않는다. 모든 지식은 개인의 경험에 의하여 개인적으로 구성되는 것이다.

3) 교육내용의 사회성

오늘날 교육과정 결정은 중요한 정치적 결정의 하나로 인식되고 있다. 교육을 수단시하는 정책결정자는 상징적 이념체계를 교화하고자 제도교육을 합리적으로 이용하여 왔다. 특히 우리나라와 같이 교육과정을 교육부장관이 정하도록 되어 있는 중앙집중식 교육과정을 채택한 나라에서는 교육과정 운영의 경직성, 학교 현상의 자발성과 창의성이 쉽게 침해당하는 위험성에 빠지기 쉽다. 교육과정과 교과서에 나타나는 학교 지식은 사회적 상징체계이다. 따라서 학교에서 취급하는 지식의 내용은 정치적 현실과 이념을 반영하게 된다. 특히 권력구조가 비민주적이거나 정통성이 결여되어 억압적인 때는 교과서의 지식구성은 특정한 통치체제의 이데올로기가 지배하는 형태를 가지게 된다. 그러므로 교육내용은 주어진 것이라는 종래의 전통적 생각에서 교육에 관한 국가의 개입과 간섭이라는 현상을 분석할 수 있는 안목이 필요하다. 최근의 연구에 의하면 점차 국가의 기능과 역할에 대하여 관심이 고조되며 실증적 분석이 행하지고 있다(Apple, 1982; 김병성, 2002: 241~242).

그 동안의 교육사회학에서는 통념적으로 교육자들이 교육내용을 주어진 것으로 보았으며, 지식의 본질에 가변성을 고려하지 않았으며, 아동의 능력이나 사회적 배경에 관한 도전적인 사고를 하지 않았다. 따라서 종래의 교육자들은 각기 다른 사회적 배경을 가진 아동들에게 동등한 교육과정을 부여한다는데 대한 도전적인 사고도 못했으며, 현재의 상황에 그저 수용해 왔다. 그러나 새로운 교육사회학의 해석적 패러다임에서는 종래의 통념적 교육과정에 도전을 하여 교육내용에 대한 사회학적 접근과 해석을 시도하였다.

김병성(1990: 176)은 학교에서 가르치는 지식은 누구의 지식이며, 누가 지식을 선택하는가, 왜 지식이 그런 식으로 조직되어지며, 또 그런식으로 가르쳐지는가에 대한 질문을 제기하였다. 교육내용은 하나의 중요한 의사결정과정으로 우연히 선정, 조직되는 것이 아니라, 숨겨진 의도에 따라서 계획되기 때문에 학교의 교육내용은 무엇이며, 각 교과목들의 위계적 위치를 분석하는 것이 교육사회학에서 중요한 문제라고 하였다(강상철, 1997: 164~165). 지식이나 행위는 선택되어 강조되고, 어떤 지식이나 행위는 의도적으로 배제되거나 무시된다고 하는데, 어떤 의미들은 재해석되기도 하고 훼손되기도 하며, 지배문화 체제 내에서 변모되기도 한다. 이렇게 볼 때 많은 지식이나 행위들 중에서 어떤 특정 지식을 선정하여 가르치는 행위는 매우 중요한 일인데, 그러한 지식의 결정 작업, 즉 교육내용의 결정 작업에 대하여 면밀하게 고찰할 필요가 있다.

학교에서 가르칠 교육내용을 선택, 결정, 조직하는 일을 담당하고 있는 교육부의 기능에 대하여 관심을 가지면서 문제를 제기하고 보다 심층적인 분석을 하여야 한다. 김기석(1987: 55~56)은 제도교육이란 곧 국가에 의해서 제공되는 공교육 제도이며, 이 공교육을 담당하는 사람은 실상은 국가에 고용된 공무원이라고 한다. 뿐만 아니라 교육정책 자체가 정권을 담당한 권력층이 국민의 지지를 획득할 수 있는 주요 소재이며, 동시에 정치권력의 정통성을 부여해주는 소재라고 본다. 이렇게 볼 때 국가에 고용된 국가공무원들이 국가의 정통성을 부여하면서 국민의 권력층을 지지하도록 하기 위하여 어떤 교육내용을 선정할 것인가는 불 보듯 뻔한 일이며, 이에 대한 사회학적 검토가 필요하다는 것은 지극히 당연한 일이다.

학교에서 가르치는 지식에 대한 사회학적 논의는 문화상대론의 입장에서도 생각해 볼 수 있다. 문화상대론자들은 특정지역의 문화적 산물인 지식은 절대가치를 상실하고 있으며 상대적이고 모순 투성이 일 수밖에 없다고 본다. 이렇게 지식의 절대가치에 대한 상실을 주장하는 견해는 모든 지식이 사회적 산물이라고 보는 만하임(K. Mannheim)의 주장과도 일치한다. 또한 지식의 절대가치를 부정하고 상대가치를 주장하는 견해는 지식이 특정 시기의 역사적 산물에 불과하다고 보는 역사철학자들의 이론에 의해서도 지지되고 있다(성용구, 2012).

4. 교육과정사회학의 주요 내용

교육과정의 사회성을 주장하는 대표적인 이론으로는 사회특성론, 지배계급문화론, 문화제국주의론, 고급문화론 등이 있다.

1) 사회특성론

왈라스(A. F. C. Wallace)에 의하면, 사회 이념적, 정치적 변화에 따라 교육과정의 강조점이 달라진다는 것을 주장하고 있다. 그의 주장에 의하면 사회는 혁명기(革命期)-보수기(保守期)-복고기(復古期)가 반복적으로 순환된다. 이러한 순환의 과정에서 혁명기에는 새로운 질서를 수립하기 위하여 교육과정에서 도덕성이 가장 강조되지만, 어느 정도의 질서가 잡히고 보수기에 이르면 도덕성보다는 실용성이 더욱 강조되고, 또한 복고기에 이르면 다시 도덕성이 강조되는 일련의 사회적 이념의 변화에 따라 교육과정의 강조점도 변화를 가져온다는 것을 주장하고 있다.

〈교육과정 우선 순위의 변화〉

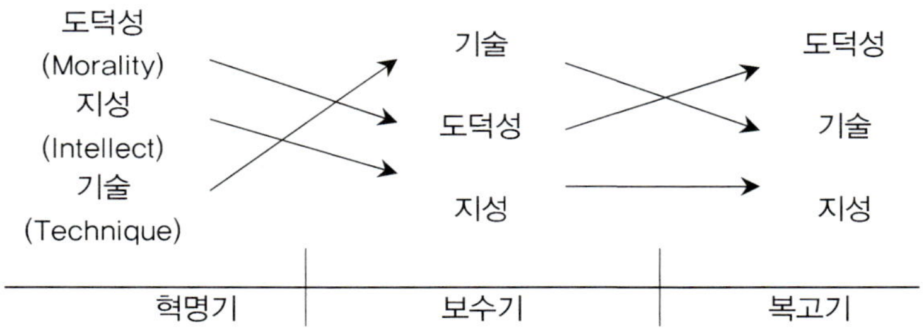

출처: 김신일(2000: 358).

예를 들어 혁명기에는 중국과 쿠바, 그리고 프랑스 혁명 이후의 여러 나라가 그러했듯이, 교육과정에서 도덕성이 강조된다. 그러나 혁명이 일단 완수되고 보수기에 접어들면 실용주의가 득세하여 규범문화와는 대조적인 실제적인 기술과 지식이 가장 우선적으로 교육과정에 반영된다. 모택동 혁명 성공 후의 중국이 좋은 예이다. 이 단계에서는 순전히 지적인 논의와 비판정신은 교육과정에서 약화된다. 보수기의 말기에는 다시 도덕성 교육이 강조되어 종래의 정치이념과 가치관이 부활하여 학교 교육과정에 반영되고 자유로운 지적 탐구활동에 관련된 내용은 억제된다(김신일, 2000: 357~358).

2) 지배계급 이데올로기론

지배계급 이데올로기론은 교육과정과 내용이 사회적, 역사적, 정치적 산물이므로 지배집단의 이익이 반영되어 있으며, 지배집단에게 유리하도록 권력과 사회통제의 기능을 수행하여 사회구조를 불평등하게 재생산한다고 보고 있다. 즉 애플(Apple)은 학교에서 가르치고 있는 지식이 지배집단의 이데올로기를 어떻게 반영하고 있는가에 대한 문제의식을 가지고 있었고, 그람시(Gramsci)는 헤게모니 개념을 사용하여 지배계층이 피지배계층에 그들의 문화를 수용하도록 함으로써 피지배계층을 지배하며, 그렇게 되므로 지배계층의 문화는 보편적인 것처럼 되어 보이고, 계층의 질서는 합의를 통해서 실행된 것처럼 보여진다고 했다. 이러한 현상을 그람시는 헤게모니[5]라고 하였다(전인철, 1997).

다시 말해서 지배계층은 자신의 지배구조를 정당화하기 위해 지배 문화를 만들어 학교 뿐만 아니라 각종의 사회적 기제를 통하여 자신들에게 유리한 쪽으로 사회 전체를 이끌어 간다는 것이다.

한편 학교 교육과정은 지배계급의 문화로 구성되어 있다고 주장하는 지배계급 문화 이데올로기론은 자본주의 학교 교육과정의 문제를 다음과 같이 주장한다. 즉, 자본주의 사회의 학교 교육과정을 관찰하는 사람들은 자본가계급의 문화와 자본의 노동에 대한 지배구조를 정당화하는 지배자 중심의 규범으로 교육과정이 구성되어 있음을 비판한다.

번스타인(B. Bernstein)은 사회계층과 어법에 관한 연구를 통하여 계층 재생산의 구조와 과정을 분석하였다. 그는 사회언어 분석에서 출발하여 교과 지식의 조직 및 전달 방식을 경유하여 지배적 사회관계의 문화적 재생산 이론을 제시하였다. 예컨대, 교육내용이 노동자 계급 출신의 학생들에게 익숙한 제한된 어법보다는 중산층 이상 출신의 학생들에게 익숙한 정교화된 어법을 중심으로 구성되어 있어 상대적으로 하류층 학생들은 학교에서 성공 가능성이 떨어짐을 지적하고 있다.

부르디외(P. Bourdieu)는 문화자본의 개념을 도입하여 현대사회는 단순히 경제적 자본만이 아니라 다양한 형태의 문화자본이 있고, 이를 소유한 형태에 따라 학교와 사회에서 그만큼의 교환가치를 가진다는 것이다.

따라서 지배계급 문화는 지식이 문화자본이라 불리는 것의 일부분이라고 여기며, 그래서 한 인간이 모든 형태의 자본처럼 자신이 '소유한(owns)' 지식은 적어도 계급구조 내에서 자신의 지위를 결정한다고 본다(Gordon, 1997). 즉,

---

5) 헤게모니는 지배집단의 이익을 정당화하는 의미 또는 상징으로서 그 자체가 불평등한 것이면서 현실적으로는 당연시되고 있는 상징적 의미와 실제의 구성이다. 또한 사회통제의 한 형태이다(양경숙, 1997).

교육체제에서 이루어지는 교수전달의 제도화 과정이 외형상 공정하게 보이지만, 실제로는 지배계급에게 유리하게 구성되어 있고, 또한 객관적이고 평등한 장치로 인식되고 있는 시험의 선발과정은 문화자본이 풍부한 아동에게 유리하게 구성되어 있으며, 그렇지 못한 아동은 실패할 가능성이 높다는 것이다(양경숙, 2002).

한편으론 학교는 다양한 문화 가운데서 지배계급의 문화를 선택하여 그것을 끊임없이 주입함으로써 그것의 존재가치를 강화시키고 있고, 학교지식의 선택과정에는 언제나 지배계급이나 권력의 힘이 작용하고 있으며, 선택된 지식은 전통으로 간주되어 보편적인 가치나 규범으로 작용하여 다른 계급의 의식과 행동을 통제하는 지배력을 갖게 된다. 또한 문화의 지배력이 갖는 중요한 의미는 강제나 억압이 겉으로 드러나지 않는다는 점이다. 정치적 지배는 강제나 억압이 수반되어 피지배계급의 저항이 따르지만, 문화적 지배는 공모와 합의에 기반을 둔 지배의 형태를 띠고 있기 때문에 보다 영속적이고 자발적인 통제를 유도하는 힘을 지닌다(이건만, 2006).

3) 문화제국주의론

카노이(M. Carnoy)는 교육의 국제적 관계를 제국주의적 관점에서 파악하고 국가 간의 갈등현상이 교육에 어떻게 반영되고 있는가를 분석하였다. 그는 「문화적 제국주의로서의 교육(Education as a Cultural Imperialism, 1974)」에서 식민지의 교육이 식민지 국민의 의식을 어떻게 왜곡시켜 지배자들에게 복종하도록 만들었는지를 적고 있다. 즉 식민 통치자들은 학교교육을 통하여 지배의 바탕을 마련하고 이를 강화해 나가고 있다는 것이다(김신일, 2000: 78~79). 즉 카노이(Carnoy, 1975: 30)에 의하면, 제3세계 학교교육은 주변국의 노동자들에게 중심국 자본가의 필요를 충족시키기 위한 장치로 도입된 것이기 때문에 토착 민중을 제국주의적 식민지 구조에 편입시키기 위한 노력의 일부라는 것이다. 따라서 제3세계의 학교는 현재 서구의 식민종주국에 대한 수동적인 자세를 요구받게 된다. 주변부의 극소수 지도자들이 반외세주의적 독립운동을 추진하나, 주변부의 중심부에 있는 사람들이 서구 지향적 자세 때문에 좌절하고 만다. 뿐만 아니라 전통적 제국주의와 식민주의가 겉으로는 사라졌으나 식민지 이후의 교육은 교육제도와 내용에 있어서 식민지시대의 유산을 지속하게 된다고 분석한다(김신일, 2000: 366).

예를 들어 식민지와 미군정기에서 해방된 지 50년 이상이 지난 지금도 우리나라의 일본과 미국에 대한 경제종속과 학문적 종속, 나아가 우리일상의 삶과 학교 교육내용에 남아 있는 일제와 미국의 잔재는 여전히 심각한 문제인 것이다.

문화제국주의론의 주장은 식민지 국가들이 정치적으로는 독립하였지만 문화적으로는 여전히 제국주의 국가에 종속되어 있다고 한다. 이 문화적 종속은 정치, 경제적 종속처럼 분명히 드러나지도 않고, 종속되어 있다는 느낌조차 들게 하지 않으면서도, 내면의식까지 지배하게 된다. 특히 교육은 사물을 보는 시각, 생활방식, 사고방식, 문화적 취향, 지적 성향 등을 중심국의 문화에 친숙토록 함으로써 문화적 종속을 더욱 부채질한다고 보는 입장이다.

4) 고급문화론

고급문화론은 학교가 가르치는 지식, 가치관, 예술 등은 그것이 어느 계급의 문화이거나 어느 나라의 문화인가에 관계없이 그 사회, 그 시대의 고급문화로 구성되어 있다는 주장이다. 다시 말하면 학교에서 다루는 각종 교육내용은 상류계급의 문화이거나 강대국의 문화이기 때문에 교육과정 내용으로 선택된 것이 아니고, 그것들이 하류계급의 문화나 자국의 전통문화보다 우수한 것이기 때문에 교육내용으로 선택된 것이라는 설명이다. 이들에게 있어 학교의 존재의의는 고급문화의 보편화에 있다.

5. 교육과정사회학의 사례

교육과정사회학의 가장 대표적인 관심 분야는 교과서 내용의 성격을 분석한 것이다. 이러한 점에서 1980년대 후반을 기점으로 갈등론적 패러다임의 영향과 더불어 교육과정사회학에서도 교육내용의 체제유지적 성격과 남녀 불평등적 요소들이 우리가 피부로 느끼지 못할 정도로 교묘하게 편향된 이데올로기를 담고 있다는 것을 밝혀 내고 있다. 여기서는 이러한 교과서 내용에 있어서 대표적인 편향된 이데올로기 사례들 중 지배이데올로기의 문제, 경제적 측면의 문제, 성차별의 문제 등을 중심으로 살펴보기로 한다.

1) 지배이데올로기의 문제

교육내용의 지배이데올로기 문제를 고등학교 사회과 교과서 분석을 통해서 문제 제기한 안병환(1990), 김상봉(2005) 등의 연구들을 중심으로 살펴보면 다음과 같다.

먼저 안병환(1990)의 연구에 의하면 고등학교 사회교과서는 첫째, 개인의 자아실현, 자유, 평등의 이데올로기보다는 국가적 차원에서 안정과 유지를 앞세우는 국가주의가 강조되고 있다. 예컨대, 개인의 안정된 생활이란 국가적 안정 위에서 가능하다는 논리를 가진 것으로 볼 수 있다.

둘째, 철저한 반공이데올로기를 토대로 한 국가안보교육, 국민정신교육이 강조되고 있는데, 이는 교과 내용에 대한 이데올로기적 통제의 형태로 볼 수 있다.

셋째, 한국 사회의 문제에 대해 현실 긍정적, 현상 유지적 관점에서 기술되어 있을 뿐만 아니라 사회문제의 근원이나 역사적 과오는 제외되거나 미흡하게 다루어지고 있다. 특히, 한국 사회가 당면한 사회문제를 한국 사회의 특성으로 설명하여 비판적 사고력을 길러 주기보다는 현 사회의 적응을 유도하는 지극히 안정논리를 취하고 있다.

넷째, 사회주의 경제체제의 비능률성을 인식하고, 자유주의 경제체제의 우월성에 대한 확고한 신념을 기른다는 국민정신교육 강조 사항처럼 자본주의 경제 이데올로기를 반영하고 있다. 그러나 여기에서 극복해야 될 점은 우리 경제는 자본주의 경제체제에 사회주의 경제체제를 가미한 수정 자본주의 경제체제, 즉 혼합경제라 볼 수 있는데 사회주의 경제체제의 장점에 대해서는 언급이 미흡하다는 점이다.

다음으로 한국 도덕교육의 전반적인 문제를 지적한 김상봉(2005)의 연구에서는 지금까지의 도덕교육이 참된 자유인을 기르기 위한 것이 아니라 노예를 기르기 위한 것이었음을 비판하고 있다. 특히 중학교 도덕교과서의 내용을 전체적으로 분석하면서 한국의 도덕교육은 타인과 공동체를 위해 개인의 희생을 강요하는 교육, 타인의 불의에 대한 침묵, 타율적 도덕, 도덕을 이기심과 대립되는 것이라 생각하여 무조건 자기를 부정하는 도덕적 태도, 국가주의 및 국수주의, 법과 규칙 및 획일적 질서의 절대화 등을 강조하는 내용으로 구성되었음을 비판하고 있다.

애니언(Anyon)의 연구에서도 마찬가지로 그는 역사교과서 분석을 통해 지배 이데올로기를 꼬집고 있다. 그는 미국의 역사교과서가 학생들이 역사와 현실 문제를 이해하고 해석하는데 객관적인 지식과 정보를 공평하게 제공하는 것이라고 믿고 있지만, 실제로는 지배집단에게 유리하도록 선정되고 진술되고 있다는 것을 지적하고 있다. 예컨대, 미국의 경제발전과정에서 자본가들이 수행하는 역할은 매우 중요한 것으로 강조한 반면, 노동자들의 노동력의 가치에 대해서는 설명이 부족하거나 회피하는 경향이 있으며, 심지어 노동운동에 관한 내용 역시 왜곡되게 기술되어 있다는 것을 지적하고 있다(김신일, 2009: 재인용).

2) 도시적 삶의 표준화 및 자본의 논리

교과서 내용의 도시지향성과 자본의 논리를 다룬 것으로는 김신일(1994: 391)과 김부태와 손종현(1991)의 연구를 들 수 있다.

김신일(1994)에 의하면 교과서 내용은 도시 지향적이고 도시 문화를 표준으로 삼고 있다고 주장한다. 즉, “큰 뜻을 품고 농촌에서 도시로 나가고, 성공한 사람은 시골의 고향을 되돌아 본다”는 것이 하나의 정형이다. 또한 우리사회는 철저히 학교교육을 오래 받은 사람일수록 도시, 그 중에서도 대도시, 특히 수도권에서 활동해야 정상적인 삶의 과정으로 인정한다. 나아가 지방의 사투리는 배척당하고 오로지 수도권 중심의 언어만이 표준어로 인정되면서 결국 수도권 도시에 있는 학생들이 선발에도 유리한 출발선에 서 있다는 것을 보여주고 있다.

지리교과서를 분석한 김부태와 손종현(1991)에 의하면, 한국지리교과서는 지역 간, 산업 간 불균등 발전을 은폐하고 정당화함으로써 독점자본을 강화하는 이데올로기를 담고 있으며, 대외 경제종속성을 은폐하고 있다. 그 밖에 우리 사회의 주요쟁점인 자원, 토지, 환경, 인구, 도시문제 등에 관한 내용에서도 자본의 논리를 대변하고 있다. 또한 한국지리교과서는 현 체제의 우월성을 강조하는 국가안보이데올로기를 반영하며, 국가정책을 홍보하고 정당화하면서 국가권력의 입장을 대변하고 있다. 한편 인간의 개인적 삶과 경험보다는 국가발전을 우선시하는 이념을 담고 있다.

3) 성 차별적 교육내용

성 차별에 대한 선행연구들의 노력으로 많은 성 차별 언어가 줄어들었으나 아직 동화 속에 성차별 언어가 표현되어 있으며, 주로 남자는 직업중심으로 묘사하는 반면 여자는 외모를 강조해서 묘사하는 경우가 있다는 것이다. 또한 남자와 여자를 성격과 행동을 나타낼 때도 여자는 부정적 혹은 비하해서 묘사하는 것을 알 수 있고, 주인공은 대부분이 남자였으며, 이들을 통해 나타나는 주제는 용기와 지혜였다(박은하, 2009).

교과서 내용의 성 차별적 측면에 대한 연구로 구분옥(1996)의 연구를 소개하면 다음과 같다.

첫째, 성 차별의 외형적 실태를 등장인물 등 주제별로 살펴보면, 등장인물의 비중이 남성이 여성보다 높게 나타나고 있으며, 또한 등장인물 중 주인공인 남자는 72.8%, 여자는 27.2%를 보이고 있다.

둘째, 성 차별의 외형적 실태를 사진 및 삽화를 통해 분석해 보면, 출현 장소별 비중으로 보건대 남성은 가정에서의 출현비율보다 주로 옥외와 공공장소의 출현비중에 있어서 높은 출현 빈도를 보이고 있어 남녀별 차이를 드러내 준다.

셋째, 성 차별의 내재적 구조로서 문장내용을 분석해 보면, 남성은 지적으로 그리고 신체적으로 여성보다 더 우수하며, 여성은 남성보다 더 열등하고 감성적인 존재로 표현되는 내용들이 발견된다. 위기 상황 또는 하나의 사태에 대한 대처방식이 여성의 경우 감정적으로, 남성의 경우 합리적으로 묘사되고 있으며, 여아의 경우 온정주의적이고 쉽게 포기하는데 반해 남성은 의지력이 강하고 책임의식이 있는 것처럼 차별적으로 묘사하고 있다. 또한 놀이 및 행동유형에서도 남녀의 구별을 보이고 있다. 남성의 놀이는 공놀이와 같은 적극적인 놀이를, 여성의 놀이로는 소극적이고 비주체적인 놀이를 제시한다. 남성의 행동은 의리가 있고 용감한 것으로 묘사되고 있는 반면 여성의 행동은 감성적이고 착하고 알뜰함을 우위에 두고 묘사하고 있다.

넷째, 성 차별의 내재적 구조를 사진 및 삽화의 내용을 중심을 살펴보면, 집안에서의 가사활동은 여성 고유의 역할영역으로 간주하고 있다. 가정을 배경으로 성인 인물의 활동을 그리고 있는 삽화에서 여자는 육아, 자녀교육, 음식 만들기, 설거지 등의 식생활 활동을 하는 것으로 나타나고, 남자는 신문을

보거나 건강관리 관련활동을 하는 것으로 나타나고 있다.

이처럼 학교 교육활동 과정에서의 교과서의 내용은 합법적 지식으로 포장되어 학생들의 사고 체계에 매우 큰 영향을 주고 있다.

교과서의 내용에서 찾아볼 수 있는 성 편견적 요소들을 다음과 같다.

첫째, 희소성(invisibility)으로서 이는 여성이 교육내용에 아주 없거나, 매우 미약하게 언급되거나 자주 등장하지 않는다는 것이다. 따라서 교육내용에서 여성의 희소성은 여성의 가치 절하로 직결됨으로써, 학생들로 하여금 잠재적으로 성불평등을 학습시키는 요인이 된다는 것이다.

둘째, 성역할 고정화(stereotyping)로서 여성들은 대체로 전통적인 역할을 담당하는 것으로 묘사되어 있다는 것이다. 예컨대, 여성은 주부의 역할, 남성은 직업인의 역할로 주로 다루어지는데, 이는 여성의 능력과 가능성을 제한하고 고정화한 결과라는 것이다.

셋째, 불균형 · 선택성(imbalance · selectivity)으로 내용 선택에서 주로 남성이 주가 되는 영역만을 다루게 됨으로써, 현실을 편협한 관점으로 제공하고 있다는 것이다. 이는 교과서를 구성하는 편집위원 등이 아직도 여성보다는 남성이 수적으로 우세하여, 그들의 시각으로 교과서를 구성하고 해석하기 때문이다.

넷째, 비현실성(unreality)으로서 성역할과 관련하여 사회제도 등이 현실적으로 많이 바뀌었음에도 불구하고, 전통적으로 바람직한 것에 기준해 내용을 기재하고 있음으로 인해, 학생들이 새로운 성역할이나 사회제도를 접할 기회가 줄어들고 있다는 것이다.

다섯째, 분절화, 고립화(fragmentation · isolation)로서 여성의 문제를 교재의 주된 맥락과 분리하여 따로 다룸으로써, 여성 문제는 중요하지 않고 문화적 주류가 아니며, 전체 사회와 관계없는 것처럼 보이고 있다는 것이다.

여섯째, 언어적 편견(linguistic bias)으로서, 일상적 용어가 남성 위주의 용어이고, 여성이 여성임을 밝히고 남성의 세계에 들어가는 불합리한 현상은 언어적 편견이 정당화되고 있다는 것이다(송현주, 2008, 재인용).

인권의 가치에 부합하지 않는 현행 교과서의 기술 사례

① **성역할에 대한 편견 및 성차별 조장** : 2010년 개정교과서는 삽화와 사진에 있어서 등장인물의 성비 불균형은 해소된 반면 성별에 따라 본능이나 인성이 다르다는 편견을 갖게 할 소지가 있는 사례들을 다수 포함하고 있어 적절한 조치를 취할 필요가 있다.

- 남성은 주인공으로, 여성은 주변인으로 등장하여 남성중심적 사고를 반영하는 경우
- 남성중심으로만 위인을 소개함으로써 남성 우월적 사고를 갖게 할 우려가 있는 경우
- 여성은 집안일과 소비영역을, 남성은 바깥일과 공적 영역을 상징하여 성역할에 대한 고정관념을 갖게 할 우려가 있는 경우
- 남성은 짓궂고 충동적으로, 여성은 선량하고 정직하게 행동하는 것으로 묘사된 경우

② **장애인에 대한 비하적 용어** : 2010년 개정된 교과서에서는 장애상황을 표하면서 '앉은뱅이' 혹은 '정신박약'과 같은 비하적 용어나 적절치 않은 용어를 사용한 사례들이 있다. 장애인이 처한 극한 상황을 표현하고자 하더라도 장애인의 존엄성을 훼손하거나 품위를 격하시킬 수 있는 비하적 표현은 개선되어야 할 것이다.

③ **노동권 및 시민불복종운동을 제약할 소지** : 2010년 개정된 일부 교과서에는 노동권, 시민불복종운동을 명확한 근거 없이 제약할 소지가 있는 사례들이 포함되어 있다. 이와 같은 사례들은 권리교육에 대한 당사국의 노력과 조치를 요구하고 있는 '세계인권선언', '시민적 및 정치적 권리에 관한 국제규약', '경제적·사회적 및 문화적 권리에 관한 국제규약'을 비롯한 각종 국제협약에 배치된다.

④ **비교육적인 사례** : 2010년 개정된 교과서 등에 다문화 이해나 사회적 불평등 해소와 관련된 내용을 학습하는 과정에서 학생들이 직면하거나 감당하기 어려운 상황을 설정하고 해답을 요구하는 사례들이 포함되어 있다. 교육은 학령기 아동의 학습능력과 인지·감성·경험적 성장 정도를 고려해야 하며, 이러한 원칙이 고려되지 않은 학습내용과 방법은 그 목적과 취지가 좋다고 하더라도 학습에 대한 무력감을 갖게 할 수 있으며, 교육목적을 무의미하게 할 수 있다(이종각, 2009: 281~282).

6. 교육과정사회학의 교육적 의의 및 한계

교육과정사회학으로 그것이 배양된 학문적 전통과 사회조건에 관련시켜 비판적으로 검토한 이유는 교육과정사회학에서 주장된 내용이 무엇인가를 밝히

는 것이 중요한 것이 아니라 왜 그와 같은 생각을 하게 되었는가를 이해하는 것이 중요한 것이라고 보았기 때문이다.

교육과정사회학은 교육과정에 관한 사회학적 분석을 축으로 학교지식의 객관성, 중립성, 보편성에 의문을 제기하였고, 교육사회학의 학문의 정체성과 실천성을 새롭게 설정하는데 중요한 계기를 제공하였다. 또한 지식이란 무엇이며, 왜 존재하는가에 대한 새로운 문제의식을 갖게 되었으며, 학교교육에 대한 새로운 이해방식을 제공하였다는 측면에서 다음과 같은 의의를 정리할 수 있다.

첫째, 지식사회학적 관점을 강조하였다. 지식의 사회성, 의식의 존재구속성을 지적하면서 지식은 그 지식이 생산된 사회구조를 반영함으로 강조한다. 종래의 객관적, 보편적, 절대적 지식관을 배격하고, '역사적 · 사회적 생성물'로서의 지식임을 강조하였다. 이러한 시각에서 교육과정과 학교 내의 상호작용 과정에 대한 연구에 사회학적 시각을 새롭게 부여하였다고 볼 수 있다.

둘째, 지식, 문화, 이데올로기, 규범 등의 지적인 과정을 통한 지배와 억압의 구조를 파헤침으로써 교육과 사회 불평등에 대한 이해의 폭을 넓혔다고 볼 수 있다.

셋째, 기존의 교육 연구에서 교육내용과 과정, 학교 내부 현상에 관심을 두는 미시적 접근과 연구방법론적 측면에서 질적인 연구의 필요성과 중요성을 강조하고 있다.

넷째, 교육과 사회 불평등에 관한 연구에서 종래의 제도적 분석에서 역사적이고 구조적인 분석에 주안점을 두고 인간의식과 지식적, 문화적 관점의 분석을 시도하였다.

다섯째, 학업성취와 교육과정에 대해 객관주의적이고 심리적 분석을 포기하고, 그것을 '합법화된' 학교지식으로 대상화시켜 분석하는 사회정치적 분석을 중요시하였다.

여섯째, 학교와 교실에 대한 통제와 조직에 대해 경영적, 효율적, 기술적으로만 접근하는 방법을 비판하고, 그것에 대해 사회적으로 상호작용적이고 문화적인 면을 강조하는 비판적 견해를 중요시하였다(이종각, 2001: 229~230).

한편 이러한 교육과정사회학은 다음 두 가지 측면에서 한계점을 지적받고 있다. 먼저 교육과정사회학은 모든 지식을 상대화하여 어떤 경우에도 절대적인 진리란 없다는 관점을 가지고 있다. 따라서 극단적인 상대주의로 흐를 경우 허무주의에 빠질 위험이 있다. 또한 옳고 그름을 말해 주지 못하고 언제나 중립적인 위치에서 냉소적으로 세계를 바라볼 위험이 있다.

두 번째로는 지식이 절대적인 것이 아니며, 그 존재조건과 상호 연관되어 있음을 밝히는 것으로 만족할 가능성이 있다. 따라서 실천은 언제나 유보될 가능성이 있으며, 자칫 무책임하고 방관적이며 무기력한 행동이 지식인의 태도로 비춰질 수 있다. 지식사회학은 다른 세계관을 보여주긴 하지만, 대안제시에는 무관심한 경향을 가진다(김경식 외, 2011).

제6장

교사의 사회학적 이해

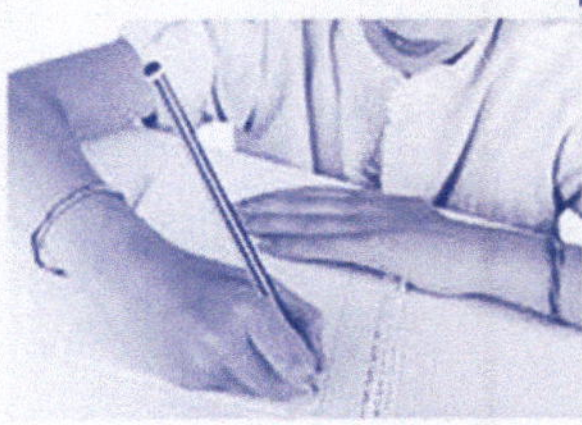

1. 교직의 의미
2. 교사의 자질
3. 교사를 보는 사회학 이론들

교직은 교육 활동에 대한 전문직으로서 학교교육에 관한 특수화된 지식, 교사집단의 자기규제와 윤리규범, 고객으로서의 학생에 대한 서비스와 책임감을 수행하는 직업이다. 교직은 장기간의 훈련을 받은 교사가 전문적 지식체계인 교수 실천에 대한 지식, 내용지식, 교육과정 실행지식을 실천하는 직업이다.

본 장에서는 교사를 사회학적 관점에서 분석하고자 한다. 교직의 의미와 특성을 진단하고 기능론적 관점과 갈등론적 입장에서 교사와 교직의 위치를 비교해 보고자 한다. 본 장의 학습은 참된 교사의 모습은 어떤 자질을 갖추어야 하는지를 가늠할 수 있도록 해 준다. 교사의 사회학적 이해를 통하여 이미 학습하였던 교육사회학적 지식을 구체적인 대상에 적용하고 이해할 수 있도록 안내해 준다.

1. 교직의 의미

모든 사람들은 태어나기 이전부터 교육이 시작되어서 죽을 때까지 지속된다. 사회적 측면이나 유형상의 차이가 있을지라도, 교육이란 의미는 가르치고 배우는 학습행위이다. 최근에는 교육과 학습이란 용어를 구별해서 쓰기도 한다. 즉, 교육이란 교사의 입장에서 일방적인 지식의 선정과 보급이라면, 학습이란 학습자의 입장에서 학생의 능력과 선호도를 고려한 상호작용적인 활동이라고 규정한다. 이러한 의미 규정은 어떤 측면을 강조하느냐에 따라 달라질 수가 있다.

그러나 두 용어의 공통적인 특성은 누군가는 가르치고 누군가는 배운다는 것이다. 가르치는 행위는 무(無)에서 유(有)를 창조하는 활동이 아니다. 과거의 축적된 지식을 바탕으로 새로운 지식을 만들어 나가는 것이므로 지식을 가르쳐줄 수 있는 사람이 필요하다. 과거에 이런 지식들을 가르쳐 주는 사람들은 주로 부모, 형제 자매, 친척, 이웃들이었으며, 그들은 현재의 교사들과 같은 역할을 하였다. 그러나 사회가 복잡해지고 지식이 폭발하면서 이들이 가르쳐 줄 수 있는 지식은 거의 없고 매우 한정적이다. 나아가 같은 현상에 대한 부모의 가르침과 학교에서 가르치는 지식의 차이는 학생들에게 혼란을 주고 불신감을 심어 주기도 한다. 이런 문제와 갈등이 충돌할 때 학생들은 학교와 교사의 지식을 더 중요하게 생각하고 모든 영역에서 자연스럽게 가정교육이 학교교육으로 대체하게 되었다.

이러한 고사들이 몸담고 있는 곳이 교직이다. 교직은 미성숙한 세대를 바람직한 인간으로 성장하도록 도와주는 사회적 활동이다. 궁극적으로는 전인교육을 통해서 한 사회의 구성원으로서 적응과 도전의 능력을 기르고, 개인의 자아실현을 목표로 하는 행위이다. 따라서 교직이 다른 직종과 구별되는 특성을 갖고 있는데, 다음과 같다.

첫째, 교직은 사회적으로 미성숙한 존재를 대상으로 한다. 교직의 가장 근본적인 특성은 사람을 대상으로 하는 것이다. 물론 의사, 서비스업, 법률가 등 사회의 많은 직업들이 인간을 대상으로 한다. 그러나 이런 일들은 어느 한 분야에 집중되어 일시적으로 이루어진다. 즉, 위급한 수술 상황, 이윤을 위한 매매 활동, 재판 활동 등 인간행위의 한 측면에 한정되어서 이루어진다. 반면, 교직은 어느 특정한 분야가 아니라 지적, 정신적, 신체적, 사회적 영역에서 인격자를 기르기 위한 전인교육이 행해지는 곳이다.

따라서 교육의 대상은 신체적, 정신적으로 기존의 사회문화에 적응하지 못한 사람뿐단 아니라 미래사회에 필요한 창조적, 비판적 시각을 지닌 새로운 세대도 포함한다. 자기 스스로 사회현상에 대한 합리적인 판단이 부족한 학생에게는 주관성과 판단력을 길러 주고, 무한한 가능성을 가진 학생에게는 자기의 능력을 마음껏 펼칠 수 있는 기회를 제공하는 것이 교직의 중요한 특성이다.

둘째, 교직은 사회발전에 중요한 역할을 한다. 교육은 사회의 안정과 유지에 우선적으로 중요한 역할을 한다. 사회에 필요한 지식과 문화를 선정하여 다음

세대에 전달하고 유능한 인재를 길러서 적재적소에 배치함으로써 사회발전에 도움을 준다.

그러나 교직의 특성은 이러한 사회유지적인 역할로 그치지는 않는다. 현대처럼 생존경쟁이 치열한 사회에서 새로운 블루 오션(blue ocean)을 개척하기 위해서는 다른 사람들이 생각하지 못한 것들을 찾아 내어야 한다. 이런 영역들을 발전시키기 위해서는 교사의 다양한 생각과 창의적인 수업 혁신이 요구된다. 그러므로 사회변혁적인 마인드를 가진 교사들이 창의적이고 진취적인 사고를 가진 학생들을 길러 낸다면 극심한 경쟁사회에서 교직의 특성이 충분히 드러날 것이다.

셋째, 교직은 지식의 도덕적 책임감을 지닌다. 우리 속담에 '세 살 버릇 여든까지 간다' 혹은 '될성부른 나무는 떡잎부터 안다'라는 말은 어릴 적에 배운 습관이나 지식은 어른이 되어서 고치기 어려운 것임을 강조하는 말이다. 물론 성인이 되어 잘못 된 지식을 수정하고 보완할 수는 있지만, 처음과 비교하여 교육에 투자한 효과는 그만큼 어렵고 떨어진다. 교사는 지식에 대한 책임감을 지니고 있어야 한다. 교사가 모든 지식의 내용을 가르칠 수는 없다. 현실적으로, 교사가 모든 지식을 완벽하게 알고 내용에 대한 진위판단을 하여 가르치기엔 현대의 지식의 양은 너무 방대하다. 그래서 일반적으로 국가의 교육과정 모범안이 제시되는데, 그 학습방법이나 주제에 접근하는 내용은 교사의 주체적인 판단이 필요하다. 따라서 교사들은 어느 일정 부분의 지식을 자의적으로 판단하고 선별하여 가르치게 되며, 그 결과는 학생의 미래 선택과 삶에 큰 영향력을 준다. 결국 학생 시기에 습득한 지식은 오랫동안 거의 영구적으로 한 사람의 삶에 영향을 미치므로 교직의 도덕적 책임감은 매우 중요하다.

넷째, 교직은 현재보다 미래를 대비하는 일이다. 옛말에 '일년 계획은 곡식을 심는 일만한 것이 없고, 십년 계획은 나무를 심는 일만한 것이 없고, 평생 계획은 사람을 키우는 일만한 것이 없다'며 교육을 백년지대계(百年之大計)로 꼽았다. 학생을 교육하는 것은 국가와 사회발전의 근본적인 초석이 되고 그 영향력이 계속 지속되기 때문에 백년 앞을 내다보는 큰 계획이다(김경식 외, 2011). 그러므로 교육의 결과는 단시간에 나타나는 것이 아니라 한 개인의 일생에 거쳐서 계속 따라다니고 영향을 미친다. 교육은 장기적이고 먼 훗날을 준비하는 사업이다. 지금 현재에 나타난 성과에 매달리다 보면 정작 중요한 것들을 망치는 경우가 많다.

2. 교사의 자질

교사를 어떠한 관점에서 바라보는가의 문제는 대단히 어렵다. 살펴본 것처럼, 모범과 희생을 바탕으로 인격을 완성하는 봉사직이라는 측면도 가능하고 자기의 행복을 추구하는 직업인으로서도 가능하다. 또한 과학적인 이론을 바탕으로 다른 직종과 구별되는 기능을 담당하는 전문가도 가능하다.

그러나 보다 중요한 것은 교사 스스로가 자신의 존재 가치를 인식하는 주체적인 이해가 필요하다는 것이다. 즉 지배 이념이나 사회의 가치관을 그대로 따라가는 교사가 아니라 교육활동의 주체로써 교육을 실질적으로 변화시키는 반성적 교사(reflective teacher)의 역할을 해야 한다. 듀이(Dewey)는 교사의 행위를 다음 두 가지로 구분하면서 설명한다.

첫째는 일상적인 행위(routine action)이다. 교과서에서 제시한 내용을 지식의 내용을 그대로 가르치는 행위이다. 일상생활에서 당연하게 여겨지는 지식과 문화내용은 언제나 존재한다. 즉 사회적으로 가장 안전하고 시행착오를 덜 겪는 해결방법을 계속 전수하는 행위이다. 많은 교사들이 현재 사용하고 있는 것으로써 교육의 의미를 제대로 전달하지 못하는 것으로 이해된다.

둘째는 반성적 행위(reflective action)이다. 교사가 현상이나 내용의 주관적 의미를 재해석해서 가르치는 행위이다. 수업에 있어서 모험의 가능성이 충분하고 방법이나 학습의 측면에서 특이한 발상과 창의적 사고가 가능하다. 이것은 사실 교사로서는 상당히 힘든 행위이다. 왜냐하면, 먼저 현실을 지배하고 있는 사상이나 지식의 의미와 영향력을 완벽하게 이해하고 주의 깊게 관찰해야 한다. 그런 통찰력 있는 결과를 바탕으로 부각되는 문제의 원인과 해결방법의 타당성 등에 대해서 다시 사고해야 한다. 문제의 해결은 한 가지의 요소가 아니라 사회, 정치, 교육적 환경을 모두 고려해야 한다.

현실적으로 수업의 진행이나 교과의 진도를 가르치기도 바쁜 현 상황에서 반성적 행위를 하는 것은 무리일지도 모른다. 그러나 교직이 필요하고 교사가 사회에 존재하는 의미는 지식의 단순한 전달이 아니라 미래에 학생의 행동과 가치관에 영향력을 주는 선험자로서의 역할을 하기 때문이다.

사회에서 흔히 요구되는 것은 일상적인 행위를 수행하는 교사이다. 교과서에 나오는 지식을 그대로 가르치고 시험이나 평가 위주의 사회에 적응하도록 도와주는 것이다. 지식을 보편적인 사회현상이며 시험이라는 통과의례는 사회현상을 받쳐 주는 버팀목이기 때문이다. 그러나 반성적 행위로써의 지식은 그 교사가 아니면 배울 수 없는 유일한 지식이다. 교사가 어떤 지식을 가르쳐야 할 것인가의 문제는 결국 학생들의 미래와 연관되고, 학생의 지적 발달을 촉진하는 기폭제와 연결된다. 따라서 교과서의 단순한 지식보다는 교사의 창의적인 사고로 만들어진 해석적 의미의 교육이 더 중요하다. 이런 지식을 바탕으로 학생들은 자신들의 독자적 문화와 스스로 삶을 조직하는 능력을 가지게 된다.

교사는 교실이 만남의 현장이 되고 학생들 간의 열린 대화의 광장이 되도록 노력해야 한다. 교실이 삶의 작은 공동체 생활이 이루어지고 인격적인 교류가 이루어는 장소가 되도록 해야 한다. 김춘수 시인의 '꽃'처럼, 아무런 의미가 없던 몸짓에 이름을 불러 줌에 따라 소중한 의미가 형성되었다. 어린왕자가 장미꽃에게 의미를 부여한 것도 서로간의 인격적 만남을 강조한 것이다. 교실이란 공간에서 만나기 전에 교사와 학생은 아무런 의미가 없다. 그러나 교실에서 서로 얼굴을 보고 이름을 부르는 순간에 교사와 학생은 새로운 의미를 부여하고 존재의 본질을 자각하게 된다. 교사의 주체적 이해는 학생과의 만남을 중시하면서 대화를 강조함으로써 가능하다(김경식 외, 2011).

교사는 학생, 학부모 및 교사와의 상호작용을 통해서 교육과정 구현을 위한 수업 및 생활지도를 담당하는 사람이다. 교사는 인격의 주체로서 교육적 신념과 가치를 바탕으로 학교교육을 담당한다. 교사는 전문적 지식과 경험에 터해 정해진 교육과정을 실현하기 위한 전문적인 수업과 학생지도를 담당한다. 교사는 학교교육에서 이루어지는 수업, 생활지도, 학급경영, 교직실무 등에 대한 주어진 분야에서 뛰어난 기술을 지닌 장인(匠人), 학문이나 기예에 통달하여 교육연구의 원리와 이치를 깨달은 달인(達人), 전공 분야의 지식과 기술에 능하고 새로운 원리와 방법을 개발할 수 있는 명인(名人)이 되어야 한다.

교사는 교육행위를 통하여 복잡하고 애매모호하고 불확실하며, 개별적이고 주체적인 인간의 경험을 풍부하고 충실하게 이해하고 바람직한 방향으로 변화시키는 행위를 수행한다. 이를 위해서는 교육적 상상력, 감정 이입력, 인간적 만남, 인간에 대한 교육적 열정, 진리에 대한 열정과 정직성, 특정 상황에 대한 감식력(鑑識力), 사려 깊음과 관심 등 도덕적 실천력을 발휘해야 한다. 또한 교사는 자신의 지식과 기술에 따라 스스로 결정하고 실천하는 재량권을 행사한다.

교사는 학생의 고유한 가능성과 교육적 필요를 포착하는 일에서부터 그에게 가장 의미 있는 경험의 소재들을 선정 · 해석 · 번역하여 전달하는 일에 이르기까지 윤리적 판단과 결정을 해야 한다. 그리고 교사는 교육 실천 속에서 끊임없이 도덕적 판단력과 심성을 지닐 필요가 있다. 왜냐하면 교육 실천과정은 학생과 교사 간의 상호작용에서의 인격적 관계, 근면성, 관대함, 공공성, 평등성 등의 윤리적 가치 실현, 윤리강령과 도덕적 공동체로서의 학교 구축 등의 요인들이 내재되어 있기 때문이다(김규태, 2012).

〈표 6-1〉에서 볼 수 있듯이 교사가 전문적 교육행위를 실천하기 위해서 필요한 자질과 역량은 일반교양, 교과교양, 교직교양 등에 대한 기본소양과

전문적 · 실천적 지식과 기술이다(정범모, 2009).

일반교양은 인간, 사회, 예술, 자연 등에 대한 기본적 이해를 갖는 소양과 자질로서 교육에 대한 신념 및 가치관 형성과 학생 개인의 이해와 돌봄에 필요한 지식과 기술이다. 교과교양은 전공 교과에 대한 지식과 방법, 교육과정 편성 및 운영, 교과 수업 구성 · 전달 · 평가 등에 필요한 지식과 기술이다. 교직교양은 학생 생활지도와 상담, 학사운영, 교무관리, 학급경영과 학생관리 등 교직실무에 필요한 원리와 방법에 필요한 지식과 기술이다.

표 6-1 교사가 갖추어야 할 세 가지 교양

교양 유형		특징	적용
인성	일반교양	인간, 사회, 자연 등에 대한 이해	교육에 대한 신념과 가치관 학생 개인에 대한 이해와 돌봄
전문성	교과교양	전공 교과 지식과 방법에의 통달	교육과정 편성 및 운영 교과내용의 구성과 전달 및 평가
	교직교양	교직 실무의 원리와 방법 이해	학사운영 및 교무관리 학급경영 및 학생관리 학생 생활지도와 상담

따라서 교사는 학생, 학부모 및 교사와의 상호작용 과정에서 학교 교육과정을 편성 · 운영하고 질 높은 수업과 생활지도를 담당하며, 효과적인 학급경영과 교직실무를 성실하게 수행할 수 있는 전문적 역량과 지식 및 기술을 수행하는 역할과 자질을 갖추어야 할 것이다.

이병환 등(2012: 40)은 〈표 6-2〉에서와 같이 교사의 고유 업무 영역과 실천 행동에 따른 역할과 자질을 선별하여 제시하였다.

표 6-2 교사의 업무 영역과 실천 행동에 따른 역할과 자질

교사의 업무 영역	교사의 실천 행동	교사의 역할과 자질
학생지도	1. 지도내용의 선정 2. 실제지도의 과정 3. 평가의 관리	1. 지도내용의 객관성 2. 최선의 방법 적용, 성실한 지도 3. 공정성, 객관성, 합리성
인간관계	1. 학생과의 관계 2. 동료와의 관계 3. 학부모, 지역사회와의 관계	1. 교육애, 인격존중, 정확한 이해 2. 상호존중, 상호신뢰 3. 교육 홍보 및 의견수렴
공직생활	1. 전문성 관리 2. 준법생활 3. 공공생활	1. 연구, 근면, 성실 2. 질서존중, 솔선수범 3. 청렴, 봉사, 중립성

3. 교사를 보는 사회학 이론들

1) 기능주의 이론과 교사

기능주의 이론에서 요구하는 교사의 역할은 어린 학생들이 그 사회에서 요구하는 규범적 행동과 가치관을 습득하여 사회를 안정적으로 유지시켜 나갈 수 있는 능력을 길러 주는 것이다. 이러한 의미가 기능주의의 주요한 개념 중의 하나인 '사회화(socialization)'의 기능이다. 사회화란 비사회적인 개인이 집단의식을 내면화함으로써 사회적 존재가 되어 가는 과정이다. 이 정의에서 중요한 개념은 집단의식이다. '집단의식'이란 사회적이고 다수가 포함되는 집단과 각각의 개인이 가진 의식이 합쳐진 것이다. 근본적으로 집단은 무생물로서 의식을 가질 수가 없는 반면 의식을 가진 개인은 이기적이고 타인을 배려하지 못한다. 따라서 이런 두 개의 개념을 합성하여 개인의 의식을 집단의식으로

바꾸고자 노력하는 것이 사회화의 과제이다. 그러므로 사회화는 집단의식을 고취함으로써 사회적 동질성을 내면화하는 것이다. 이런 사회화는 곧 기능주의에서 원하는 교육의 과정이다(김경식 외, 2011: 133).

학교교육에 관한 기능주의 기본관점을 바탕으로 교사에 대한 시각을 논의하면 다음과 같다(이종각, 2005; 김경식 외, 2011).

첫째, 학교는 사회의 안정과 질서에 기여하는 기관이다. 그러므로 학교교육의 목적은 기존사회의 유지와 사회적응의 사회화에 있다. 학교는 사회가 요구하는 기술이나 지식 등을 가르치고 국가의 경제발전과 인간의 자기실현에 결정적인 역할을 한다고 본다. 이런 목적을 달성하기 위해서는 교사는 기존사회의 유지와 문화전달에 노력하는 사회화의 대행자로서의 역할을 가지고 있다.

둘째, 학교는 사회 구조적 모순을 해결하여 주며, 사회평등과 자율성을 정착시키려고 노력한다. 누구에게나 공평한 교육의 기회를 제공함으로써 교육이 사회적 불평등을 해소하는데 중요한 기능을 한다. 교사는 학교에서 발생하는 여러 문제들을 합리적으로 해결하고 학업성취의 중요성을 가르침으로써 교육의 필요성을 강조한다.

셋째, 학교는 공정한 선발과 배치를 통해서 사회이동을 촉진한다. 재능 있는 학생을 분류하기 위한 공정한 평가 방법을 제공하고 이런 평가를 통해서 선발된 학생들을 자기의 능력에 맞게 적재적소에 배치하는 기능을 한다. 교사는 공정한 평가방법의 제시 및 시행을 통해서 학생들을 정확하게 분류하는 역할을 한다.

넷째, 학교는 사회의 필요와 요구에 부응할 수 있는 전문가를 양성한다. 학교는 지식과 전문적 소양을 중시하고 있는 현대 전문가 사회에서 제반 역할 수행에 필요한 각종 지식과 기술을 함양하여 전문가 사회에 적응해야 한다. 이런 상황을 대비하기 위해 교사는 전문가로서의 능력을 가지고 있어야 하며, 자신의 역할 역시 사회가 필요로 하는 전문가를 양성하는 것이다.

다섯째, 학교의 개혁이나 변화의 속도를 조절하고 점진적인 개혁을 추진한다. 급격한 교육개혁은 오히려 역기능을 초래한다고 판단하여서 사회의 요구와 학교의 여건을 고려하여 변혁을 수행한다. 교육과 사회에서 스스로 발생하는 자정(自淨)작용의 중요성을 인식하면서 기존 사회의 유지나 통합을 중시하기 때문에 보수적인 경향을 지닌다.

따라서 기능주의적 관점은 훌륭한 교사가 갖추어야 할 덕목을 강조하고 어떤 교사가 효과적인가에 관심을 가진다. 그러므로 교사의 개인적 능력, 가치관, 태도, 성품 등 여러 영역에서 바람직한 교사가 가진 요인들을 분석하고 그 능력을 객관화한다. 구체적으로 교육의 질, 학업성취의 정도, 교사의 자질, 교수의 효율성, 교사의 열성 등을 파악하여 교사의 효율성을 측정한다.

2) 갈등주의 이론과 교사

갈등주의적 관점에서 교사는 기존의 불평등한 경제구조와 계층구조를 재생산하고 정당화하는 역할을 수행한다. 그러므로 교사가 가르치는 가치관이나 지식은 자본주의의 입장을 반영하고 학교는 기존의 위계질서를 더욱 확고하게 해 준다고 비판한다. 결국 학교와 교사는 지배계급의 이익에 종사하고 사회적 불평등을 지속시키는 대리인으로 본다. 갈등주의 관점은 교사를 지식인의 입장에서 바라본다. 즉, 현실세계의 중간자적 입장에 선 지식인이 과연 어디로 가야 하는가의 문제이다. 갈등주의의 학교교육에 대한 관점을 교사와 관련지어 요약하면 다음과 같다(김경식 외, 2011).

첫째, 학교는 기존의 질서를 재생산함으로써 사회 불평등을 지속시킨다. 학교에서 가르치는 내용은 지배계급의 문화와 이익에 관련되어 있다. 교사의 업무는 자본주의적 분업체계처럼 조직화된 규칙을 바탕으로 자본주의의 이념을 재생산하는 것이다 그러므로 교사는 학교교육을 통해서 인간으로서의 자아 형성보다는 기존의 사회에 도움을 줄 수 있는 노동자를 양성하는 것이 주목적이라고 비판한다.

둘째, 학교는 기존 지배계층의 이데올로기를 수용하고 순응하게 만드는 기관이다. 또한 학교는 중요한 지식전달보다는 지배층이 선호하는 가치관, 규범, 태도 등을 강요한다. 그러므로 학교에서 강조하는 능력주의 이념은 피지배층의 학생들에게 불리하게 적용된다. 상류층의 학생들에게는 창의성이나 지도성 등의 상위 개념을 가르친다면 하류층의 학생들에게는 순종, 인내심, 청결, 질서 등의 규범을 가르침으로써 구조적 불평등을 영속화한다. 교사는 이러한 자본주의의 이데올로기를 학생들에게 전달하고 통제하며, 위계적 교육제도와 계층적 불평등을 합리화하는 역할을 한다.

셋째, 학교는 교사의 업무를 단순 사무직화하고 자신의 일로부터 소외시키고 있다. 무엇을 가르칠 것인가에 대한 교사들 스스로의 교육관을 상실하고 교육의 결과와 효율성만이 교사사회를 지배하고 있다는 것이다.

넷째, 학교에서 실시하는 검사나 시험제도에 의한 상생의 분류 및 선발과정은 불공평하다. 시험의 내용이나 검사지의 문항 등의 분석을 통해 학교는 상류계층의 문화를 중시하고 능력별 집단 편성이나 우열반 운영 등의 방법으로 계층의 선발과 분배과정을 정당화한다.

갈등주의 이론에서 보는 교사의 시각은 노동직관과 유사한 점이 많다. 그러나 중요한 시사점은 교사가 단순한 사회화의 대행자가 아니라 사회변화를 위한 선구자의 역할을 할 수 있다는 것이다.

3) 해석학적 이론과 교사

해석학적 이론은 기능이론과 갈등이론의 거시적인 방법에서 벗어나서 실제 교사가 생활하는 모습과 내부세계에 대한 초점을 맞춘다. 해석학적 이론은 학교현장에서 발생하는 학생이나 교사들의 작은 사건들을 포착하여 그 원인과 상황을 분석하고 현상을 이해하려고 노력한다. 따라서 학교를 정확하게 이해하기 위해서는 학교 현장에 직접 들어가 구체적으로 어떤 일이 일어나고 있고 그것이 학생과 교사들에게 어떤 의미와 가치가 있는지 살피는 것이 더 중요하다는 관점이다. 이는 교사의 실제 모습을 정확하게 이해하며 새로운 교사 문화 형성의 기초를 제공하는데 큰 기여를 한다. 결국 교사를 단순한 지식의 전달자나 기능인으로 판단하는 사회적 전제를 넘어서서 교육의 순수한 기능과 교직의 의미를 되새길 수 있는 가능성을 부여한다(김경식 외, 2011).

해석학적 이론은 기능주의 이론이 결여하고 있거나 무시한 면을 들추어내어 비판함을 토대로 하여 이론적 관점을 발전시켜 왔다는 것을 고려해 볼 때 기능주의 이론에 대한 하나의 대안적 관점으로 받아들일 수 있을 것이다. 이 두 관점은 어떤 적대적 위치에 놓여 있다기보다는 상호보완적인 성격을 가지고 있다고 볼 수 있다.

표 6-3 교직사회화 관련 이론들의 주요쟁점 비교

	기능주의 이론	해석학적 이론	갈등주의적 이론
지적 전통	프랑스의 실증주의	해석학, 현상학, 민속방법론	마르크시즘, 프랑크푸르트철학
사회화 관련 이론으로서의 역사	古	近	近
사회화 인간의 관계 구정	사회우위론 (수동적 입장)	인간은 참여자 (능동적 입장)	인간은 사회의 창조자이며 생산물 (절충 양방적 입장)
사회화의 개념화	사회적으로 규정된 역할을 수행하는데 요구되는 태도와 기능을 개인이 학습하는 과정	개인과 사회구조가 상호작용하는 역동적, 변증법적 과정	생산, 재생산
가치개입 여부	가치개입적	가치개입적	가치중립적

	기능주의 이론	해석학적 이론	갈등주의적 이론
가본적 가정이나 전제	현실주의적, 실증주의적, 결정론적, 일방적, 규범 지향적	우명론자적, 반실증주의적, 자유지원주의적, 개인적, 변증법적	참여적, 협동적, 자기반성적
탐구목적	객관적 설명	주관적 이해	사회적 변형, 의식화
탐구방법	양적접근	질적접근	
분석내용	사회 구조와의 합치도	경험, 의미, 해석	
학적 위상		대안적 관점	대안적 관점
주요 학자	A. Comte H. Spencer E. Durkheim	Becker Lacey Popkewitz	Giroux Willis Bourdieu

출처: 이윤식 외(2007: 137).

제7장

학교사회의 이해

1. 학교조직의 성격
2. 조직으로서 학교사회의 특성
3. 학교의 사회적 기능

본 장에서는 학교를 조직으로 보고 학교의 특성을 사회학적으로 조망하고자 한다.

오늘날 현대사회를 조직사회라고 흔히 말한다. 즉 우리의 모든 일상생활은 보다 면밀히 조직사회에서 이루어지고, 인간은 조직사회를 떠나서는 살 수 없다. 더군다나 현대의 산업사회는 조직이 없이 운영될 수 없고, 인간은 조직이라는 집합체를 떠나서 살아갈 수 없다. 여기서 집단과 조직의 특성을 간략하게 비교하자면, 집단의 전제조건은 반드시 두 사람 이상으로 구성되어야 하며, 또한 지속적인 상호작용이 전제된 모임체를 의미한다. 반면 조직은 사회집단들 중 목표가 뚜렷하고 지위와 역할이 명확하며 목표와 과업의 효율성을 위해 일정한 절차와 규범이 존재하는 집단을 의미한다고 볼 수 있다.

이러한 맥락에서 학교도 구성원들의 삶의 터전이라는 점에서 하나의 조직체이다. 그러나 학교는 다른 일반 집단들과 다른 독특함이 있다. 우선 학교의 생산품은 사람이라는 점이 일반 기업과 다르며, 학교는 가장 개방적이라는 점에서 군대조직이나 교도소 등과는 다르다. 그리고 학교는 지 · 덕 · 체가 조화된 전인교육을 지향함으로 그 성과를 가시적으로 드러내기 어렵다. 이처럼 학교라는 집단은 다른 외부의 집단과는 구별되는 매우 독특한 성격을 지니고 있다고 볼 수 있다.

1. 학교조직의 성격

인간은 다른 인간들과 서로 관계를 맺고 살아간다. 과거 원시시대나 고대의 인간들의 삶속에서도 특정한 지역에 집단을 만들어 생존해 왔으며, 인간이 사회를 형성할 수밖에 없는 것은 동물들과 다른 생물학적 특성을 가졌기 때문이다.

인간들의 세계를 사회라고 하는데 인간은 다른 인간과 집단을 형성하고, 공통된 의사소통 수단을 만들어 공유하며, 공통된 기호를 만들어 문화를 향유하고, 형성된 지식과 기술을 다음 세대에 전하며, 보다 나은 것과 보다 많은 것을 추구하여 경쟁하고 협동하는 등 삶의 양식을 공유하는 공간에서 살고 있다(김병희 외, 2011: 18). 따라서 사회란 인간 개개인이 구성원이 되어 특정한 지리적 영역 안에 공통의 문화를 형성하면서 상호 교류하고 접촉하는 커다란 집단이라고 볼 수 있다. 즉 사회란 사회단체, 사회집단, 사회관계 등을 내포하고 있으며, 사람들이 결합된 집합을 뜻함과 동시에 사회현상을 의미한다고 할 수 있다(허은주 외, 2011: 24).

이렇듯 사회가 복잡하게 발달함에 따라 교육을 전문적으로 실시하는 학교기관이 필요하게 되었고, 학교는 교육이라는 목적을 수행하는 의도적 기관으로서 넓은 사회 안에 있는 하나의 사회집단으로 그 자체의 조직화된 생활을 영위한다.

일찍이 월러(Waller, 1932)는 학교사회를 다른 사회체제와 구별하여 학교문화라는 말을 사용함으로써 학교의 사회적 · 문화적 조직의 특수성을 밝히는데 공헌하였다. 학교문화는 학교의 사회적 풍토 또는 학교의 사회적 분위기라는 말과 유사하다고 볼 수 있다. 학교도 하나의 사회이기 때문에 일정한 문화를 갖는다. 학교는 사회생활에 필요한 모든 문화를 흡수하여 이것을 그 집단사회의 구성원인 아동, 학생들에게 수용하기 용이하도록 단순화하고 정리하여 순화시키는 장소로서 존재하므로 학교문화는 그 사회 전체문화의 하위문화인 것이다. 따라서 학교문화는 그 학교의 교육과정을 통하여 그 사회의 문화를 반영시킴과 동시에 그 지역사회의 발전을 위한 하나의 사회적 기구이므로 독자적이고 일관성 있는 문화를 갖추어야 할 것이다(안병환, 2012: 165).

학교는 나이, 학년, 학교급, 성, 계층, 지역, 학교 계통, 임무 등에 따라 그 구성원이 다르며, 학교 구성원이 다르면 학교 문화도 달라진다. 또한 학교는 학생과 교사의 생활공간이기에 그들의 공통의 삶과 문화가 공존하면서도 그들 각자의 다양한 삶과 문화가 나타나는 곳이기도 하다(김병욱, 2013: 74).

뒤르껭이 「사회분업론(1893)」에서 전개한 기계적 연대와 유기적 연대라는 결합의 유형론에 기반을 둔 학교조직의 성격을 고찰해 보기로 한다.

기계적 연대라고 하는 것은 상호 유사한 그리고 동질적인 성원이 기계적으로 결합한 사회의 결합 형태를 의미하고 있다. 뒤르껭은 이와 같은 연대를 기초로 하는 사회를 환절적 사회(環節的 社會)라고 명명하고 있다. 이것은, 지렁이와 같은 환형동물의 각 절이 서로 유사하다는 사실에서 착안한 것이다.

유기적 연대라고 하는 것은 독립된 인격을 소유한 이질적인 성원이 스스로의 개성을 능동적으로 살리면서 분업에 기인하여 상호적으로 결합하여 형성하는 사회의 결합 형태다. 뒤르껭은 이와 같은 두 가지의 사회적 결합 형태를 진화론적 사회변동론의 입장에서 고찰하였던 것이다. 요컨대, 그는 사회적 분업 이전의 기계적 연대에서 분업에 기초한 유기적 연대로 진화해 갔다는 도식을 나타내려고 하였던 것이다.

그런데 여기서 중요한 사실은 뒤르껭이 생각하였던 분업이, 기술적 분업(자동적인 기계 기술이 공장에 파급됨에 따라서 생기는 노동자의 분할을 의미하는 용어로서 마르크스가 사용했던 것)과 경제적 분업에서가 아닌 사회적 분업이었던 것이다. 그가 주목하였던 사실은 분업이 경제적 효율 향상을 초래한다는 측면이 아닌, 분업이 서로 자신의 개성을 능동적으로 살리고 있는 복수의 개인 간에 도덕적 연대를 살려 내는 쪽이었다. 뒤르껭은 분업의 발달에 따라서 사회적 결합의 형태는 기계적 연대에서 유기적 연대로 전환하고 그것이 도덕적 연대를 낳게 된다고 생각하였던 것이다.

이와 같은 연대에 기인한 조직은 에치오니가 말한 규범적 조직이라고 규정한 것에 해당한다. 물론 분업이 반드시 도덕적 연대를 초래한다고는 할 수 없다. 뒤르껭은 그와 같은 분업을 무규제적 분업을 이상 형태로 간주하여 이를 비판하고 있다.

그러면 학교조직은 기계적 연대, 유기적 연대에 기인하여 있다는 것인가.

에치오니는 학교를 규범적 조직이라고 했는데, 만약 그렇다고 한다면 학교조직은 유기적 연대가 토대로 있다는 것이 된다.

현대 학교는 실제로 교육에 임하는 개개인의 교사가 현실적으로는 매우 이질적임에도 불구하고, 동질이라고 하는 전제하에 조직화되어 있다. 인사행정상 교사는 연령, 경험 등의 면에서는 각각 다르다고 하는 존재로 여겨지는지도 모르겠으나 동질적인 존재로 간주되고 있다. 나이 젊은 교사도 경력교사도 같은 자격으로 교실에서 수업을 하고 있다.

초등학교의 경우에는 학급담임제(전 교과담임), 중학 · 고등학교의 경우에는 교과담임제라고 하는 차이는 있으나, 어느 쪽에 있어서나, 원칙으로서 하나의 학급을 단위로 하여 지도한다는 의미에 있어서 마찬가지로 취급되고 있다.

이 사실은 학교라고 하는 조직체가, 분업 이전의 기계적 연대가 지배적인 환절적 사회에 머물고 만다는 것을 의미하고 있는 것은 아닐까. 확실히, 각 교사는 다른 학년과 학급을 분담하고는 있는데, 이것은 교사의 동질성을 전제로 한 것이므로, 어떤 교사를 다른 교사로 교체하는 일은 가능하다. 이것은 어디까지나 분담이었으며 분업은 아니다.

이는 하나하나가 전부 동질적인 환(원형질)에서 성립되어 있는 환형동물이, 각 환이 동질이기 때문에, 어떤 환을 다른 환으로 바꾸는 것이 쉬운 것과 마찬가지다.

요컨대, 학교는 일반적으로 환형동물과 마찬가지로 유사한 부분이 환절로서 연결된 것만의 사회인 것이다. 사회를 구성하는 부분의 대체 가능성이 높은 것, 다시 말해서 동질적인 부분이 다만 기계적으로 연결되어 있을 뿐이라는 사실은, 부분과 부분과의 사이에 협동관계, 상호적인 관계가 존재하고 있지 않다는 것을 의미하고 있다. 부분은 대체할 수 있는 자유스러운 존재이며, 전체로의 발언력도 책임도 매우 약하다. 부분과 부분의 상호의존 관계를 통해서 전체로서의 기능을 높이려는 계기는 이와 같은 사회에게는 기대할 수 없다.

학교가 교육이라고 하는 본래의 목표를 보다 더 잘 달성하기 위해서는, 학교라고 하는 사회를 기계적 연대형에서 유기적 연대형으로 전환을 꾀하여야 한다.

2. 조직으로서 학교사회의 특성

1) 사회체제로서의 학교

사회는 복잡한 관계망의 지도를 내포하고 있고, 그 속에서 사람들을 움직이게 하는 것은 살아가면서 개인에게 의도적, 비의도적, 무의식적으로 형성된 체제이며, 그 속에서 상호작용하는 것이라고 할 수 있다. 따라서 체제(system)란 부분과 부분이 상호작용하여 전체를 형성하는 과정으로서의 집합체이다. 즉 부분들이 유기적으로 얽혀 커다란 하나의 전체를 형성하면서 공동목표를 달성하기 위해 노력하는 것을 말한다(김종두, 2013: 295).

월러(Waller)는 학교를 하나의 사회체제로 보고 그 특징을 다음과 같이 설명하고 있다(김병희 외, 2011: 192~193).

- 학교는 일정한 사람들도 구성되어 있다.
- 학교는 독특한 자체의 문화를 가지고 있다.
- 학교는 우리의식(we-feeling)으로 가득 차 있다.
- 학교는 복잡하게 얽혀 있는 사회적 관계를 가지고 있다.
- 학교는 어떤 형태의 사회적 상호작용으로부터 생겨나며 아주 소수의 상호작용의 과정에 의해 영향을 받는 일정한 정치적 구조를 가지고 있다.

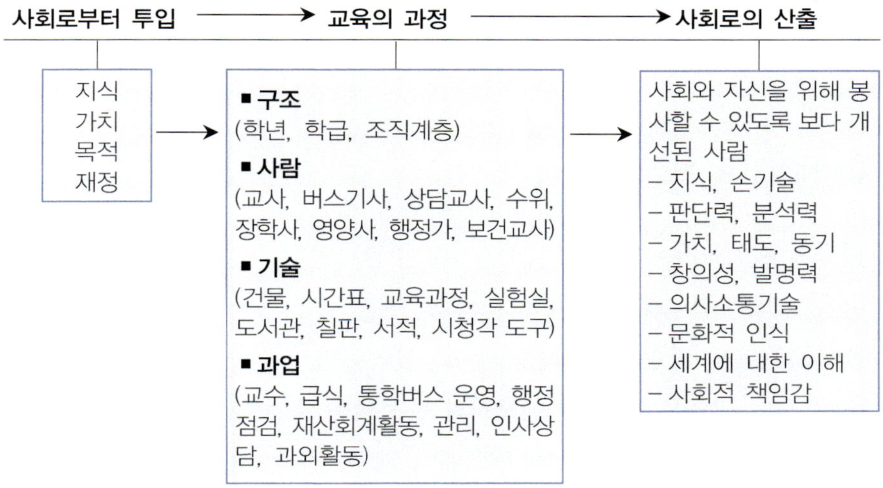

[그림 7-1] 투입-산출 체제로서의 학교운영

출처: 김병희 외(2011: 193)

오웬스(Owens)는 학교를 개방체제로 보고 환경과의 투입-산출의 상호관계를 가지고 끊임없는 순환적 상호작용을 하고 있다고 설명하고 있다. 즉 큰 사회적 환경으로부터 투입(사회에 존재하는 지식, 유지되는 가치, 바람직한 목적, 비용)과 사회체제로서 학교에서 일어나는 과정(하위체제로서 조직구조, 사람, 기술, 과업) 그리고 이러한 과정을 거쳐 나온 결과, 즉 사회로의 산출(변화된 형태의 개인)로 이루어진다는 것이다.

2) 학교의 집단적 성격

집단이란 공통된 특성을 가진 사회구성원들이 지속적이고 반복적인 상호작용을 통해 이루어지는 인간의 집합체이다. '인간은 사회적 동물이다'라는 말처럼 요람에서 무덤까지 인간은 어떤 집단에 속하게 되고, 성장하면서 가족으로부터 학교, 직장 등 여러 부류의 집단 속에서 살아간다. 이처럼 인간의 모든 삶은 사회집단에 소속되어 밀접한 상호작용을 갖는다고 볼 수 있다(김병희 외,

2011: 195). 그렇다면 학교 사회의 경우 다양한 사회집단 분류 방식에 적용하였을 경우 어떤 성격의 집단으로 분류되는가를 살펴보자.

(1) 내집단과 외집단

미국의 사회학자 섬너(W. G. Sumner)는 주관적인 소속감과 태도를 기준으로 집단을 분류하였는데, 내집단(in-group) 또는 우리집단(we-group)과 외집단(out-group) 또는 타인집단(they-group)이 그것이다.

내집단은 구성원들의 강한 애착심과 충성심을 특징으로 하며, 구성원 상호 간에 우리라는 공동체 의식(we-feeling)이 강한 집단으로 응집성을 바탕으로 형성된 집단이다. 우리집, 우리학교, 아군 등이 대표적인 내집단으로 개개인의 경우 소속 집단을 통해 자신을 인정받고 자신의 정체성을 가지게 된다고 볼 수 있다.

외집단은 자기 자신이 소속되어 있지 않고 무관심하며 때로는 적대적인 관계를 내포하고 있고, 이질감을 가지거나 자기 자신을 그 집단 속에 동일시하지 않는 집단을 말한다. 흔히 상대팀, 타종교 집단, 이민족, 적군 등이 여기에 속한다.

이에 섬너의 사회집단 분류방식에서 주관적인 소속감과 태도를 통한 내집단과 외집단의 경우 개개인의 학교가 내집단적인 성격이 강하게 나타난다고 볼 수 있지만 집단의 구성원들이 때로는 내집단에 대한 부정적인 경향성을 가지고 있다면 외집단적인 성격도 나타날 수 있다고 볼 수 있다(김병희 외, 2011: 195~196).

다음 〈표 7-1〉은 섬너의 내집단과 외집단을 비교 · 설명하고 있다.

이러한 비교 · 설명을 살펴보면 학교라는 집단은 내집단에 속한다고 볼 수 있다. 하지만 그에 따른 구성원들이 학교에 불만을 가지게 된다면 타인집단이 되어 버리므로 외집단적인 성격이 나타날 수 있으므로 중간집단적인 성격을 띠고 있다고 볼 수 있다.

표 7-1 섬너(W. G. Sumner)의 내집단과 외집단의 비교

구분	내집단	외집단
의의	집단을 구성하고 있는 개인들이 그 집단에 소속한다는 느낌을 가지며 구성원 간에 '우리'라는 공동체 의식이 강한 집단으로서 '우리집단'이라고 부르기도 한다.	외집단은 내가 소속된 집단이 아닐 뿐만 아니라, 이질감을 가지거나 심지어는 적대감이나 공격적인 태도까지 가지게 되는 경우로서 '타인집단'이라고 부르기도 한다.
개인에게 미치는 영향	사람들은 내집단을 통하여 자신을 인정받고 자아정체감을 얻으며, 판단과 행동의 기준을 배우게 된다.	사람들은 외집단을 통해 집단의 성격을 파악할 수 있게 되고, 내집단의 결속의 필요성을 인식하게 되며, 상이한 판단과 행동의 기준이 존재한다는 것을 알게 된다.
집단의 실례	아군, 자기 종교집단, 우리팀, 한민족 등	적군, 다른 종교집단, 상대팀, 이민족 등

출처: 김종두(2013: 223).

(2) 공동사회와 이익사회

독일의 사회학자 퇴니스(F. Tönnis)는 구성원들의 결합의지를 기준으로 사회집단을 공동사회(Gemeinschaft)와 이익사회(Gesellschaft)로 구분하였다. 퇴니스가 말하는 공동사회란 자연발생적, 선천적, 본능적, 무의도적, 본질적인 의지로 형성된 집단으로 결합 그 자체가 목적이며, 누구나 마음대로 가입하거나 탈퇴할 수 있는 성질의 집단이 아니라고 규정하고 있다. 예컨대 가족, 친족, 농촌사회, 민족 등이 포함되며, 인간관계가 매우 친밀하고 영속적인 관계를 유지한다.

이익사회의 경우 구성원들 간의 결속력은 대단히 희박하며 개인의 어떤 목적을 달성하기 위한 하나의 수단으로서 가입되는 경우가 많다. 예컨대, 회사

조합, 정당 등이 이에 속하며 인간관계가 이해타산적인 관계이며 형식적인 인간관계로 이루어져 있다(김병희 외, 2011: 196~197).

다음 〈표 7-2〉는 공동사회와 이익사회의 비교 · 설명이다.

〈표 7-2〉를 살펴보면 학교는 공동사회적인 성격과 이익사회적인 성격을 모두 가지고 있으며, 학교는 공동사회와 이익사회의 성격을 조금씩 지닌 중간 집단적 성격을 띠고 있다고 볼 수 있다.

표 7-2 공동사회와 이익사회의 비교

공동사회	이익사회
사적 생활	공적 생활
면대면 상호작용	매우 느슨한 응집력
자연적 결합	계약의 강조
가족적 태도	공동체 분위기 결여
소규모	대규모
구성원간의 동정적 동일시	합리성에 기초한 상호작용
변화에 대한 저항	가치있는 변화
성원과 기술에 대한 일반적 지식(비전문화)	작업의 전문화
유일한 성원의식	임의적인 성원의식

출처: 안병환(2012: 133).

(3) 1차 집단과 2차 집단

쿨리(C. H. Cooley)는 사회집단 분류방식에 있어서 사회구성원의 접촉방식, 즉 집단 내 구성원 간에 친밀한 관계냐 아니면 형식적인 관계냐에 따라 1차 집단(primary group)과 2차 집단(secondary group)으로 분류하였다.

1차 집단은 친밀감과 강한 응집성을 바탕으로 결합된 집단으로 관계지향적이고, 원초적 집단이라고 한다. 또한 도덕, 관습 등이 비공식적인 수단으로 통제를 받으며, 자연적이고 소규모로 가족과 친구 등이 해당된다.

2차 집단은 집단 구성원 간의 간접적인 대면접촉과 집단의 특정한 목적달성을 위해 형식적인 만남을 바탕으로 인위적으로 결합된 집단을 의미하며, 집단의 규칙, 법률 등의 공식적인 수단을 통해 통제를 받으며, 인위적이고 기능적인 집단이다(김병희 외, 2011: 198).

〈표 7-3〉은 쿨리의 1차 집단과 2차 집단을 비교하여 설명하고 있다.

표 7-3 쿨리의 1차 집단과 2차 집단

구분	1차 집단	2차 집단
접촉방식	대면접촉과 친밀한 관계	간접적 접촉과 형식적 관계
결합목적	친밀감을 바탕으로 관계자체가 목적	목적달성을 위한 수단적 만남이 바탕
집단성격	자연적 · 기초적 집단 · 소규모	인위적 · 기능적 · 형식적
통제방법	도덕 · 관습 등 비공식적 통제	규칙 · 법 등과 같은 공식적 통제
특징	〈1차 집단이라는 이유〉 · 개인의 인성형성(사회화)에 근원적인 영향 · 사회생활에서도 없어서는 안 된다는 의미	〈2차 집단이라는 이유〉 · 구성원이 극히 부분적인 관계 형성 · 사회화 효과가 2차적 · 1차 집단보다 위에 발달된 인위적 집단
예	가족, 놀이집단	회사, 각종 단체

출처: 김종두(2013: 224)

퇴니스와 쿨리의 집단분류 방식을 학교사회에 적용해 보면 집단의 크기, 성원의 가입방법, 성원 간의 접촉유형 등을 기준으로 볼 때 어떤 면에서는 1차 집단의 성격을 지니고 있으며, 어떤 면에서는 2차 집단의 성격을 지니고 있다. 그래서 학교는 중간집단의 성격(W. R Smith) 또는 양차적 집단의 성격(F. J. Brown)을 지녔다고 볼 수 있다(김병희 외, 2011: 199).

3) 학교의 조직적 성격

현대사회를 조직 사회라고 하는데 인간은 조직 속에서 태어나서 여러 조직체 속에서 살아간다. 조직이란 특정한 목표를 추구하기 위해 인간 활동을 의도적으로 구성한 지속적인 체계로서 조직들이 추구하는 목표가 뚜렷하고 구성원의 지위와 역할이 명백하게 구별되며, 전문화되어 있는 것을 말한다(김병희 외, 2011: 200).

학교의 조직적 성격을 규범적 조직으로서의 학교, 복합조직으로서의 학교, 관료조직으로서의 학교, 느슨한 결합조직으로서의 학교로 구분하여 살펴보자.

(1) 규범적 조직으로서의 학교

미국의 사회학자 에치오니(A. Etzioni, 1961)는 조직의 내부적 속성으로 지배와 복종의 관계로 설명하면서 크게 강제적(coercive) 조직, 공리적(utilitarian) 조직, 규범적(normative) 조직으로 분류하였다(김병희 외, 2011: 205~206).

① 강제적 조직 : 조직이 개인을 위협, 공격 등의 강제적 수단과 권력으로 통제하면 개인은 조직에 대하여 심리적으로 관여하지 않으며 구성원으로서 그 지위를 감수하기 위하여 소외적으로 참여하는데 형무소, 포로수용소, 군대 등이 포함된다.

② 공리적 조직 : 조직이 개인에게 임금과 같은 금전적 방법으로 통제하고 보상을 주면 개인은 조직에 깊이 관여하지 않으면서도 주어지는 보수에 따라 타산적으로 참여한다. 대표적인 조직으로는 사기업체, 경제단체 등이 포함된다.

③ 규범적 조직 : 조직이 개인에게 위신과 의례적 상징을 조작하여 배분함으로써 규범적 권력으로 통제하면 규범에 동조하는 개인은 조직에 헌신적, 도덕적으로 참여한다. 학교나 종교집단 등이 포함된다.

따라서 규범적 조직으로서 학교의 경우 구성원이 조직체의 이념이나 규범을 찬성하고 스스로 동일시하지 않을 경우 성과를 거둘 수 없으며 나아가 학생이 자발적으로 참여할 때만이 성과를 거둘 수 있다고 본다.

이 점에서 대규모의 강의식 수업보다는 소규모의 토론식 수업이 더 필요하고, 교육의 내용도 학생들이 생활상 절실히 필요로 하는 것을 기초로 하여 구성해야 한다.

(2) 복합조직으로서의 학교

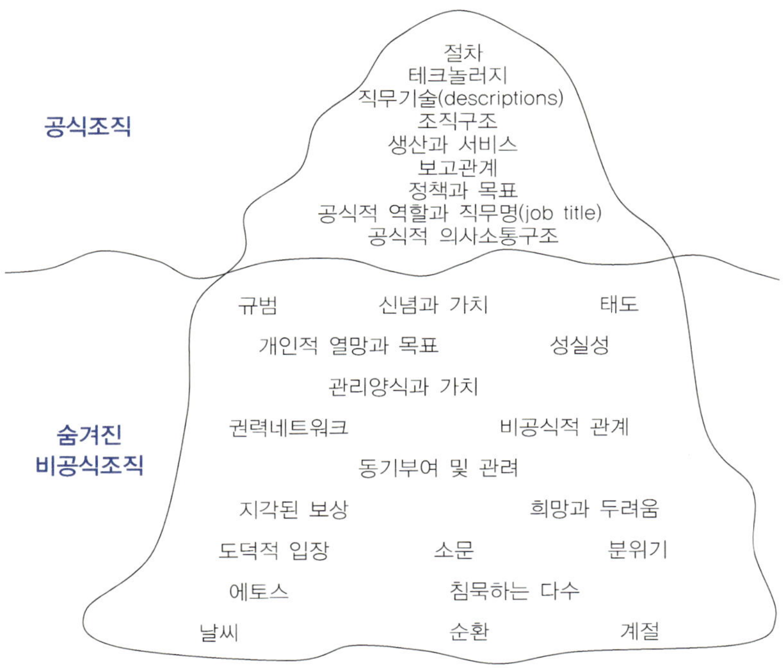

[그림 7-2] 빙산(iceberg)의 다이어그램

출처: 안병환(2012: 166).

지도자가 조직을 이해하는 것은 성공적인 리더십과 변화를 관리하는 데 필수적이다. 그것은 공식적 회의와 보고체계 및 책무성 뿐만 아니라 일이 진행되는 비공식적인 방법도 포함된다. 조직의 공식적 특성과 비공식적 특성을 이해하기 위해서는 플랜트(Plant, 1987)가 제시한 [그림 7-2] 빙산다이어그램(iceberg diagram)을 보면 빙산의 가시적인 부분은 학교가 구조화되는 방법, 수업과 회의의 유형 그리고 학교의 철학과 목적의 명시적인 부분인 학교의 공식적 조직을 나타낸다. 수면 아래 부분은 비공식조직을 나타내고 있는데 풍토나 문화 등이 포함된다(안병환, 2012: 165~166).

또한 오웬스(Owens)는 학교조직이 복합조직의 성격을 지니고 있다고 설명한다. 복합조직은 공식조직과 비공식조직의 복합성이 강한 조직을 말하는데, 여기에서 공식조직은 학교의 교육행정조직과 같이 구성원들의 지위와 역할 분담 및 업무수행의 절차가 명시적으로 규정되어 있는 조직을 말하고, 비공식조직은 동문회나 동아리 활동 등과 같이 조직 내의 구성원들이 개인적인 관심과 취미에 따라 형성된 조직을 말한다. 따라서 비공식조직은 공식조직 내에서 구성원들이 서로 상호작용하는 가운데 형성된 친밀한 인간관계를 바탕으로 자연발생적으로 형성된 조직이라고 볼 수 있다(김병희 외, 2011: 206).

(3) 관료조직으로서의 학교

관료제(bureaucracy)는 베버(M. Weber)가 체계화시킨 것으로 조직체의 업무가 복잡해지고 규모가 커짐에 따라 많은 일을 효율적으로 처리하기 위해 고안된 하나의 방법으로 18세기 산업혁명 이래 200년이 지난 현대사회 조직에서 대부분 채택되고 있는 중요한 조직 형태이다. 관료제는 국가 관공서 기관, 대규모 기업체, 종합 병원 등으로 설명할 수 있는데 모든 업무를 일관된 절차나 규칙에 따르며 모든 구성원들은 일정한 지위에 따른 권한과 책임이 부여되고, 위계가 서열화되어 있어 업무를 신속하게 처리할 수 있는 형태이다(김병희 외, 2011: 200~201).

베버의 관료제는 합법적 권위에 근거를 두고 있는데 이를 토대로 관료제의 특징을 살펴보면 다음과 같다(안병환, 2012: 168~169).

① **분업과 전문화** : 분업과 전문화란 관료적인 구조에 필요한 정규활동들을 공식적인 업무로 부여하는 것이다.

② **몰인정성** : 관료제의 작업 분위기는 감정이 아니라 사실에 기초하여 의사결정을 하도록 기대되기 때문이다.

③ **권위의 계층** : 관료제에서 직위는 수직적으로 배열되어 있다. 즉 하위직위는 상위직위의 통제와 감독하에 놓여 있다.

④ **규칙과 규정** : 모든 관료제는 보통 의도적으로 설정된 규칙을 일관성 있게 구성해 놓은 규칙과 규정체계를 갖고 있다.

⑤ **경력지향성** : 관료조직에서의 고용은 기술자격을 기준으로 하기 때문에 구성원들은 그들의 일을 하나의 경력으로 생각한다.

⑥ **능률성** : 관료제는 합리적 의사결정과 행정적 능률을 극대화한다.

이러한 관료제는 순기능적 측면이 있는가 하면 역기능적 측면이 동시에 존재한다. 이러한 내용은 〈표 7-4〉와 같다(Hoy & Miskel, 1996).

표 7-4 Weber 관료제의 순기능과 역기능

관료제 특성	순기능	역기능
분업	숙련된 기술	권태감
몰인정 지향성	합리성	사기 저하
권위의 계층	훈련된 준수와 조정	의사소통 봉쇄
규칙과 규정	계속성과 통일성	경직성과 목표전환
경력지향성	유인	업적과 연공제 간의 갈등

출처: W. K. Hoy & C. G. Miskel, Educational Administration(1996: 51). 김창걸(2003: 92) 재인용.

관료제의 순기능과 역기능에서 나타나듯이 학교조직의 경우 순기능적인 측면을 살리면서 역기능적인 측면을 보완하는 방법으로 학교사회 관료제의 문제점을 해결해 나가야 할 것이다. 이러한 맥락에서 학교사회 관료제를 보완할 수 있는 방안을 제시하면 우선 소규모 학교를 조성해야 할 것이다. 소규모 학교는 학업성취도가 높고, 학생과 교사의 만족도와 사기가 보다 높으며, 중퇴율과 문제행동도 낮다. 다음으로 학교는 학생들의 욕구와 필요, 개인의 특성과 창의성이 최대한 발휘되도록 교육을 해야 한다. 이에 관료제하의 학생들은 학생 수가 많아지고 학교조직적 규모가 방대해지면서 관료제적인 특성이 나타날 수밖에 없다. 따라서 이러한 학교현상들을 극복하고 인간화 교육을 위해서는 학급당 인원수의 감소, 소규모 학교 등으로 관료제에서 오는 문제점을 보완하는 교육혁신이 필요하다(김병희 외, 2011: 203~204).

또한 관료주의는 조직체가 특수한 목적을 효과적으로 수행하는 방법이기는 하지만 사무의 처리과정에서 나타나는 획일성으로 인하여 개인의 독특한 성격이 무시되어 교육의 비인간화 현상을 초래하게 된다. 그러나 학교는 교육을 주목적사업으로 하며 이를 주도하는 구성원은 교원이므로 전문직의 특성, 즉 자율성과 수월성 및 독창성을 갖추어야 한다. 따라서 학교사회란 관료제라는 조직구조와 전문직임을 강조하는 교원의 의식구조와 이중구조로 되어 있어 양자간의 상충과 갈등이 불가피하다. 그래서 학교와 같은 조직을 전문적 관료제라고 하기도 한다(차경수 외, 2010: 96).

(4) 느슨한 결합조직으로서의 학교

학교는 조직의 요소들이 견고하게 결합되어 있는 일반적인 이미지와 달리 느슨하게 결합(loose coupling)되어 있다. 예컨대 교장실의 교장과 상담실의 상담교사와의 관계는 어느 정도 연결은 되어 있지만 각자는 나름대로의 정체성(identity)을 가지고 있으며 상호간에 제한적이고, 빈번하지도 않고, 영향력이 약하고, 중요하지 않고, 서로 반응이 느리고 물리적 또는 논리적으로 분리

(separateness)되어 있다는 점에서도 느슨한 결합 조직으로서 학교의 특성이 드러난다.

느슨한 결합 조직으로서 학교조직의 특수성은 다음과 같은 다섯 가지로 설명될 수 있다.

① 교육조직에서 이루어지는 다양한 과업이나 활동들은 약하게 연결되어 있으며, 단위 부서들은 분리되어 독자적인 역할과 기능을 수행한다.
② 한 부분의 성공이나 실패가 다른 부분의 성공이나 실패와 별로 연결되지 않는다.
③ 교원의 직무수행에 대한 엄격하고 분명한 감독이나 평가방법이 없다.
④ 학교에서는 활동과 그 결과가 분리되어 있다.
⑤ 교육조직에서의 제반 계획은 지속적으로 연계되어 추진되기보다는 단절적이다.

느슨한 결합 조직으로 학교 특성은 교수(teaching) 분야에서의 교사의 전문적 자율성과 전문적 판단을 존중하고 결합된 사건(coupled events)간의 신뢰의 논리(예 : 교장과 교실에서 수업 중인 교사)를 충족시켜 준다는 장점을 가지고 있다. 그러나 비교수 분야(non-teaching)의 활동(예 : 교사의 채용, 성적평가, 출결관리, 회계관리 등)은 엄격하게 통제되고 견고하게 결합된 형태로 이루어진다는 점에서 그 이론적 설명의 한계를 갖는다. 따라서 학교조직은 견고하게 결합된 형태와 느슨한 결합의 형태가 혼합된 이중조직으로 설명될 수 있다(이병환 외, 2013: 95).

3. 학교의 사회적 기능

사회학자 소르킨(Sorokin)은 학교는 사회적 이동의 통로로서 기능적 역할을 한다고 하였다. 즉 학교는 개인이 지식을 습득하여 성격을 형성하는 교육적 작용에만 그치는 것이 아니라 사회적 계급의 이동 통로로서 그 기능을 발휘한다는 것이다. 워너(Warner)는 학교가 '계급이동의 통로로서 교육, 재화, 소비, 직업, 재능, 기술, 박애 활동, 성, 결혼 중에서 교육이 사회에서 상승이동의 가장 큰 통로'라고 하였다(김종두, 2013: 297).

학교는 하나의 작은 사회로서 사회적 기능의 일부를 분담하고 있으며, 기능론적 관점에서의 학교는 한 사회가 유지 · 존속하고 발전을 이룩하기 위해서 그 사회를 구성하는 구성원들이 생산적이 되도록 책임과 역할이 잘 수행되도록 훈련을 시켜야 한다는 것이다. 반면 갈등론적 관점에서의 학교의 기능은 사회변화와 개혁의 선봉에서 사회를 변화시키고 나아가 더욱 바람직한 방향으로 발전시키는 능동적이며 진보적, 혁신적인 기능을 수행해야 한다는 것이다. 이처럼 학교는 사회적으로 중대한 역할을 떠맡고 있는 조직이라 볼 수 있다(김병희 외, 2011: 209).

오늘날 학교는 중요한 문화유산을 전달하면서 사회를 통합하고 사회의 구성원들에게 사회적 지위를 분배할 뿐만 아니라 사회의 변화와 혁신을 초래하는 등 여러 가지 중요한 기능을 수행하고 있다. 또한 학교는 사회화를 통하여 사회 문화유산을 전달하고 사회를 통합하는 현상유지적 기능을 수행하는 면에서 보수적 기능을 수행하지만 미래사회에 필요한 지식, 정보, 가치관, 기술, 문화 창조기능을 수행한다는 면에서 변화와 혁신 또는 창조의 기능도 수행하고 있다.

한편 학교는 사회에 필요한 인재를 양성하고 인적 자원을 선택 · 분류하며 배치 · 충원하는 기능을 수행하고 있다. 이러한 본질적 기능 이외에도 부차적으로 하위문화 전달, 탁아소 역할 등 이차적 기능(부수적 기능)도 일부 수행하고 있다(차경수 외, 2010: 97~98).

따라서 위의 내용을 정리하여 학교의 사회적 기능을 학교교육의 보수적 기능, 진보적 기능, 부수적 기능으로 나누어 살펴보자(김경식 외, 2011: 166~169).

1) 학교교육의 보수적 기능

(1) 사회화 기능

사회화란 인간이 타인과의 상호작용을 통해 그 사회가 요구하는 가치와 규범, 도덕적 신념 등을 내면화하고 사회생활에 필요한 기본적 지식과 기술을 습득함으로써 그 사회가 바라는 인간다운 인간으로 성장하는 과정을 말한다. 사회화는 개인적인 측면에서 개인이 속해 있는 사회의 행동양식, 가치관, 규범을 습득하여 내면화함으로써 사회적으로 성장하고 자아정체감을 형성할 수 있으며 사회적 소속감을 가진다. 사회적인 측면에서 사회화는 사회와 문화의 유지 · 발전에 중요한 역할을 담당한다. 이러한 사회화는 학교에서 그 사회가 가지고 있는 문화나 생활양식을 효과적으로 학습하게 하고 개개인에게 효과적으로 그 사회의 성원이 되도록 한다(김병희 외, 2011: 209~210).

사회화는 다른 사람의 행동을 예측할 수 있게 해 줌으로써 질서 있는 사회생활을 가능하게 한다. 학교는 중요한 사회화 기관이다. 물론 학교 이외에도 가정이나 매스컴 등 사회화 기관이 존재한다. 하지만 오늘날처럼 발달된 사회에서는 전문적이고 의도적인 사회화 기관이 필요한데 이 일을 학교가 맡고 있는 것이다. 즉 학교는 개인이 사회에 적응할 수 있도록 도와주고, 사회가 계속하여 발전할 수 있도록 통합해 주며, 개인과 사회 사이에 존재하기 쉬운 갈등을 해소해 주며, 전체 사회의 기능이 원활하게 수행될 수 있도록 도와준다(차경수 외, 2010: 99).

(2) 문화유산 전달 기능

문화란 한 사회의 생활양식으로 사회성원들과 함께 공유하면서 만들어진 생활양식을 말한다. 즉 학교가 과거로부터 내려오는 문화유산, 즉 행동양식과 가치관, 축적된 지식, 사회규범 등을 사회구성원들에게 조직적이고, 계획적으로 전달함으로써 그들의 의식을 일정한 방향으로 형성하는 것을 문화유산의 전달 혹은 사회적 통합의 기능이라고 한다.

따라서 사회 구성원들에게 문화유산을 전달한다는 것은 개인에게 어떻게 행동하고 무엇을 희망하며 무엇을 해야 하고 하지 않아야 한다는 것을 가르쳐 주는 일이다.

(3) 사회통제 기능

교육은 사회의 질서 유지를 위해 사회를 통제하는 기능을 한다. 어느 사회든지 그 사회가 지향하는 이념과 목표가 있으며 이러한 목표를 성취하기 위해 공동 생활 속에서 유형, 무형의 어떤 사회통제가 적용된다. 사회통제는 형식적 통제와 무형식적 통제 형태로 나타나는데, 형식적 통제는 고정된 기성세대의 전통이나 습관에 의하여 통제되거나 사회제도나 조직, 사회규범을 통해 이를 유지·실시하는 기관을 설치하여 생활이나 행동을 규제하여 사회질서를 유지하려는 것이다. 무형식적 통제는 형식적 통제의 기반이 되는 사회의식 그 자체에 의한 통제, 사회의 공동 이상이나 목적에 대한 공동의 관심에 고무되어 형성되는 구성원의 자발적 자기 통제로서 사회규범에 복종하고 협력하여 스스로의 생활이나 행동을 규제하여 사회의 질서와 통일을 유지하고 구성원의 집단생활에 활력을 증대시키는 것이다(나항진 외, 2011: 23).

2) 학교교육의 진보적 기능

(1) 사회변화 및 사회개혁

학교의 기본적인 기능은 문화유산의 전달이지만 이는 사회화를 통해 현상을 유지하려는 보수적인 기능이다. 학교가 사회화에만 치우칠 경우 사회는 현재의 사회적 현상과 생활양식을 사회의 구성원들에게 따르도록 요구하기 때문에 사회를 침체시킬 우려가 있다. 그러므로 사회가 발전하려면 여기에 혁신과 변화가 있어야 한다, 학교는 한편으로는 사회화를 도와주면서 한편으로 새로운 사회규범이나 가치관을 도입하고 새로운 지식이나 발명과 발견을 자극하고 격려하여 변화는 촉진하는데 이런 학교의 기능을 변화 및 혁신의 기능이라고 한다(차경수 외, 2010: 104).

따라서 교육은 사회를 변화시키는 힘도 지니고 있고, 교육을 통해 기존의 사회에 적합하고 유능한 인재를 길러 내기도 하지만 교육을 통해 사회적 모순을 개혁할 수 있는 저력의 소유자를 배출하기도 한다(김병욱, 2013: 240).

(2) 사회 선발과 배치

학교는 교육을 통하여 사회구성원을 서로 다른 사회적 지위에 배분하는 기능을 수행한다. 즉 학생들의 능력이나 소질 및 흥미 등을 기초로 하여 학생을 선발하고 교육을 시킨 후 이들로 하여금 알맞은 사회적 지위를 갖게 하는 기능으로 학교의 사회적 기능 중 가장 현실적이고 실제적인 기능이라 볼 수 있다. 따라서 교육은 이러한 선발과 배치 기능을 통해 적재적소에 맞는 인재를 충원시키는 기능을 한다.

3) 학교교육의 부수적 기능

학교교육은 보수적 기능과 진보적 기능 뿐만 아니라 부수적으로 나타난 역할들이 있다. 학교는 문화유산을 전달함으로써 사회를 통합하고, 사회구성원을 선택하고, 분류하여 적절한 사회적 지위에 배치하고, 새로운 지식을 발견함으로써 사회의 변화와 혁신을 도모한다. 이런 일차적인 기능 이외에 학교는 어린아이를 돌보아 줌으로써 탁아소로서의 역할을 하고, 젊은 남녀의 결혼상대자를 발견할 수 있는 기회를 제공해 주고, 특수한 종교나 인종 및 민족의 부분문화를 전달하고, 사회진출의 한 수단으로 쓰인다. 이런 학교의 기능은 학교 자체의 목적이나 기능은 아니지만 실질적으로 학교가 수행하고 있고, 또 사회에서 기대하는 일이기 때문에 학교의 이차적 기능 혹은 부수적 기능이라고 불리기도 한다(차경수 외, 2010: 106~107).

제8장

교육과 평등

1. 교육 불평등의 개념
2. 사회계층의 개념과 결정요인
3. 교육기회 분배와 학업성취의 결정요인
4. 사회계층 이동과 학교교육

산업혁명이 시작되기 이전의 사회에서는 개인의 운명은 출생과 동시에 거의 정해져 있었다. 무사의 자녀는 무사로, 농민의 자녀는 농민으로 각각의 인생을 보내는 것 외에는 없었다. 이에 대해 산업사회에서는 부모의 속박에서 벗어나 개인의 능력과 노력에 의해 직업을 획득한다는 업적주의(meritocracy)의 원리가 우위인 사회인 것이다. 그래서 교육은 여러 가지 직업에 종사하기 위한 '자격'으로서, 근대사회의 성립과 함께 점차 커다란 역할을 짊어지게 되었다.

오늘날 교육사회학 연구 중에서 중심적 위치를 점하고 있는 과제는 교육적 불평등이다. 사회생활을 하는 가운데 우리는 항상 동등하게 상호작용하거나, 사회생활에 참여할 때 모두가 동등한 기회를 가지며 동등한 보상을 받는다고는 생각하지 않는다. 사회생활을 하는 우리들은 이미 서로 다른 지위를 갖고 있으며, 이들 지위에는 각기 그것에 부여된 많은 역할이 있고, 지위를 차지한 사람은 각기 특정사회에서 처신해야 하는 역할을 지닌다. 이러한 지위는 귀속적인 것이거나 성취적인 것이다.

귀속적 지위는 출생에 의해서 차지하게 되는 것이다. 반면 성취적 지위는 사회에서 인간이 자신의 노력의 결과로 차지하게 되는 것이다. 현대사회는 봉건 사회와는 달리 성취적 지위가 점차적으로 귀속적 지위를 대신한다고는 하지만 귀속적 지위와 성취적 지위가 결합되어 나타나고 있다. 결과적으로 사회에서 개개인은 결코 평등하지 못하다.

본 장에서는 교육과 평등의 관계를 사회학 이론을 통하여 살펴보고자 한다. 또한 사회계층 이동에 미치는 교육의 영향력도 살펴볼 것이다.

1. 교육 불평등의 개념

교육 불평등의 개념에 대한 논의는 영국과 미국을 중심으로 전개되었는데,

초기에는 교육의 동등한 기회균등으로 출발하여 능력에 따른 균등관을 거쳐서 결과적 평등관에 이르기까지 시대를 거쳐서 평등관이 변천해 왔다. 미국을 중심으로 살펴보면 처음에는 기회의 균등에 초점을 맞추어 무상교육과 공통교육과정의 제공을 주장하였다가 동일한 수준의 시설과 자질 그리고 인종에 있어서 구분을 두지 않는 균등관으로 발전하였다. 1960년대 이후에는 동일한 투입에 의해 교육결과를 동일하게 하다가 역차등한 투입에 의해 결과를 동일하게 하는 결과의 평등을 강조하게 되었다.

교육에서 기회균등은 개인이 지닌 성별, 인종, 계층 등과 같은 귀속적 특성이 개인의 상승이동 기회에 영향을 주어서는 안 되며, 대신 개인의 재능과 노력의 결과로 나타나는 불평등은 공명정대한 것으로 간주되어야 하는 것이다. 그런데 현대사회는 교육적 필요와 교육 가능성의 문제가 보편화됨에 따라 기회균등의 개념은 교육적 기회균등의 문제로 드러나게 되었다.

따라서 이러한 기회균등의 개념을 교육에 적용하면, 교육이 기회균등에 이바지하는가 여부에 달려 있으며, 결국은 학교교육과 사회이동 사이의 관계 유무에 있다. 이렇게 볼 때 교육의 기회균등은 개인의 능력과 개성에 따른 선택의 보장과 동시에 부당하게 차별을 받지 않도록 국가와 사회가 마련하는 혜택의 보장을 의미하게 된다.

이러한 교육의 평등관에 관한 시대적 변천은 보수주의적 관점에서 업적주의적 관점을 거쳐서 급진적 자유주의적 관점으로 전개된다는 설명이 가능하다. 교육에 있어서 평등의 개념을 기회의 평등과 내용의 평등으로 나누고, 기회의 평등을 다시 허용적 평등과 보장적 평등으로, 내용의 평등을 다시 조건의 평등과 결과의 평등으로 구분하여 설명하는 콜맨(Coleman, 1968)의 분류를 제시하면 다음과 같다.

1) 허용적 평등

허용적 평등은 모든 사람에게 동등한 교육기회가 주어져야 한다는 관점이다. 그러나 개개인은 다른 수준의 능력과 다른 종류의 재능을 타고난다고 생각하였기 때문에 모든 사람들이 동등한 수준의 교육을 받아야 한다고 생각하지 않았다. 그러므로 교육기회를 제한하는 어떤 규정도 철폐되어야 한다. 신분, 성, 종교, 지역, 인종에 의한 차별을 제거하여 누구나 능력이 미치는 데까지 교육을 받을 수 있도록 허용하는 것이다.

2) 보장적 평등

교육받을 기회를 허용하는 것만으로 경제적 능력이 없는 가정의 자녀들이 교육기회를 얻기가 어렵다는 점을 인식하게 되었다. 영국의 「1944 교육법」(1944 Acts)에 의한 중등교육의 무상화와 경제적 수준이 낮은 가정의 자녀들에 대한 학용품의 지급과 점심의 제공 등이 이루어졌다. 그 외의 선진국에서도 중등교육의 무상화와 대학입학 개방정책을 추진하였으나 교육기회의 확대가 계층 간의 분배구조를 변화시키는데 한계가 있다. 따라서 교육의 기회를 균등하게 보장해 주어야 한다. 보장적 평등관은 제도적 차별을 철폐하는 것만으로는 완전한 교육평등의 실현이 불가능하다는 것이 드러나면서, 교육평등의 실현을 위해서는 이를 가로막는 경제적, 지리적, 사회적 제반 장애요건이 제거되어야 한다는 보다 적극적인 평등 개념이다.

3) 조건의 평등

조건의 평등은 학교시설, 교사자질, 교육과정 등에서의 학교간의 차이가 없어야 한다는 것이다, 즉, 학교차가 교육결과의 차이를 초래하기 때문에 교육과정의 평등은 단지 취학기회의 평등이 아니라 학교의 평등한 교육조건의 실현을 요구한다.

4) 결과의 평등

교육결과의 평등은 교육평등의 마지막 단계로 교육조건이 평등화되어도 교육결과의 평등이 보장되지 않는다는 것이 밝혀지면서, 이를 위해서는 보다 적극적인 조치를 취해야 한다는 입장이다. 즉 교육결과의 평등을 위해서는 능력이 낮은 학생에게 더 많은 시간과 노력을 기울여야 한다는 것으로 보상교육(compensatory education) 프로그램(교육복지투자 우선 지역 선정; 미국의 Project Head Start, Middle Start Project; 영국의 EPA- Educational Priority Area)이 그 한 예이다. 하지만 우수한 학생보다는 열등한 학생에게 더 좋은 교육조건을 제공해야 하므로 우수한 학생이 차별을 당하는 '역차별'의 논란이 제기될 수 있다.

교육의 기회균등의 개념은 이상에서 살펴본 바와 같이 시대의 변화에 따라 달리 해석되어 왔음을 알 수 있다. 즉 교육 기회균등의 개념은 접근의 기회균등에서 교육결과의 균등으로, 양적인 균등에서 질적인 균등의 개념으로 발전해 왔음을 알 수 있다.

2. 사회계층의 개념과 결정요인

사회불평등을 설명하는 개념으로 사회학에서 주로 사용하는 말은 계층(stratum, stratification)과 계급(class, classes)이다. 사회학에서는 계층과 계급에 관한 정의가 모두의 동의를 받는 상태에서 명확하게 내려져 있지는 못하며, 학자에 따라서는 별 구분 없이 사용하고 있기도 하다.

1) 사회계층의 개념

(1) 계층

어느 사회이건 불평등이 널리 자리잡고 있는 것이 사회적 현실이므로 사회계층은 한 마디로 잘 구조화된 사회적 불평등이라 할 수 있다. 다르게 말하면 사회의 희소가치가 그 사회의 성원들 사이에 불균등하게 분배되어 자리잡히고 제도화된 체계를 이룰 때 이를 사회계층이라고 할 수 있다.

한 사회의 성원들은 역할기대에 따라 일정한 사회적 지위를 부여받게 된다. 사회적 지위는 이에 상응하는 역할의 중요성에 비추어 사회에 공통적으로 일반화된 가치기준에 따라 수직적으로 서열화된다. 즉 개인 또는 하위집단들은 위계적으로 배열되어 서로 불평등한 지위를 점유하고 있다. 이러한 사회적 지위를 차지하는 사람들 가운데는 의식주 형태 뿐만 아니라 여가생활이나 취미생활 등 여러 분야에서 비슷한 경우가 있다. 사회계층(social stratification)이라 함은 사회공간 속에서 사회적 지위를 같이하는 사람들의 층적 집합체를 개별로 나타내는 개념이며, 전체 사회에서 여러 계층의 위계적 서열구조를 말한다. 다시 말해 사회계층은 사회계급의 의미보다 광의의 의미를 지닌 것으로서, 직업구조의 변화나 사회변동 등의 사회적 분화에 따른 사회적 인식이나 평가의 결과로서 사회적 지위가 유사한 성층이라 할 수 있다. 이렇듯 사회계층은 사회적 희소가치가 불균등하게 배분된 것이 체계화되고 제도화된 현상, 즉 구조화된 불평등이다.

(2) 계급

사회계층이라는 개념이 넓은 의미로 쓰일 때 계급을 계층의 하위범주로 사용하지만, 좁은 의미로 쓰일 때는 두 개념을 서로 구분하여 사용한다. 주로

마르크스주의를 따르는 자들은 계급과 계층을 구분하여 사용하지만, 비마르크스주의자들은 계급을 바로 계층과 동일하게 인식하여 다같이 social class를 사용할 때가 많다.

계급이라는 말은 처음엔 신분을 나타내는 말로 주로 사용되었으며, 산업사회의 산물로서 프랑스 혁명 이후 18세기 후반부터 쓰이기 시작하였다. 특히 이 개념은 19세기부터 점차 보다 명확하게 다양화되기 시작하였으며, 이 때의 사회특성을 설명하는데 사용되었다.

사회계급을 설명함에 있어서 마르크스(K. Marx)는 경제적 생산수단의 사유제도에 착안하여 그것을 가진 유산계급과 소유하지 않은 무산계급으로 나누어 계급(class)이라는 개념을 사용한 반면에, 베버(M. Weber)는 사회적 불평등이 권력의 불균형적인 분배의 직접적인 결과라는 것을 강조하면서 사회적 불평등이 생기는 근거로 작용하는 요인들은 마르크스의 경제결정론과는 달리 3P, 즉 재산(property) · 위신(prestige) · 권력(power)을 들고 있다.

이처럼 계급이라는 개념은 그것을 사용하는 연구자에 따라 상이한 분류기준과 의미가 부여되기도 한다. 그러나 대체적으로 볼 때 다음과 같은 세 가지 기준이 일반적으로 받아들여지고 있다. 첫째는 경제적 속성에 따른 구분이며, 둘째는 단절적 의미를 갖는 집단으로 이해하는 것이며, 셋째는 심리적 귀속감 즉 의식의 수반을 필요로 하는 것이다.

계급에는 심리적 귀속감, 즉 의식의 수반을 요한다는 것은 바로 특정계급과의 심리적 동일시 또는 그 계급으로의 귀속의식이 필요하다는 것으로 객관적 기준에 따라 구분되는 객관적 계급의 보완적 개념이라 할 수 있다. 객관적 계급의 예로는 생산의 사회적 관계에서의 위치에 따른 마르크스의 이른바 즉자적(卽自的) 계급이나 시장의 상황에서 점하게 되는 경제적 위치에 따라 구분되는 베버의 계급을 들 수 있다. 주관적 계급의 전형적인 예는 계급이란 기본적으로 주관적인 사회심리학적 집합체로 보고, 따라서 계급의식은 곧 집단의 성원의식이라고 생각한 센터스(R. Centers, 1949)의 주장과 계급을 의식과 귀속감에 바탕을 두어 규정하는 것이 여기에 속한다.

그 동안 우리나라에서는 사회계급과 관련된 연구가 활발하지 못했으며, 심지어 80년대 이전의 경우는 금기시된 까닭에 사회계급과 사회계층을 구분하지 않고 후자를 즐겨 사용하여 왔다. 그렇지만 일반적으로 두 개념을 구분하는 이들은 계층은 자의적인 구분에 불과한데 비해 계급은 사회의 객관적인 양상을 드러낸다고 보고 있고, 또 계층이 인간의 의지와는 관계없이 객관적으로 구분지어지는 개념인데 비해 계급은 인간의 의식을 염두에 두고 있는 주관적인 개념이라고 보고 있다.

이를 다시 요약 정리하면 다음과 같다.

① 사회계급은 생산수단의 소유여하인 경제적인 지표가 그 준거가 되므로 일원론적이고 단일성인데, 사회계층은 다원론적이고 복합적이다.
② 사회계급은 생산수단의 소유유무에 따라 이원론적 분류를 하므로 두 계급 사이에 대립하고 양극화한다. 그러나 사회계층은 다양화한다.
③ 사회계급은 비연속적이고 이질적인데 비해 사회계층은 연속적이다.
④ 사회계급은 객관적이고 절대적 구분인데 사회계층은 상대적이고 유동적이다.
⑤ 사회계급은 역사적이고 철학적인 개념인데 사회계층은 사회기능적 개념이다.
⑥ 기능주의의 주요관심은 계층에 있고 갈등주의의 주요 관심은 계급에 있다.
⑦ 기능주의에서의 계층은 유기적으로 통합된 사회를 전제하지만 갈등주의에서의 계급은 상반된 이해들로 분열된 사회를 전제한다.
⑧ 사회계급은 근대적인 개념이고 폐쇄적인 성격이 강한데 비해 사회계층은 현대적이고 개방적인 개념이다.

요약하면 사회계층이란 연속선상에 있는 지위의 서열로서 다원적 지표에 의하여 분류되는 불평등 구조를 의미하며, 사회계급은 사회에 존재하는 객관적 지위가 생산수단의 소유여부, 즉 경제력이라는 단일 지표에 의하여 분류되는 사회의 불평등 구조라고 할 수 있다(김경식 외, 2011).

2) 사회계층을 보는 관점

사회계층, 즉 불평등의 생성원인을 보는 관점은 ① 사회가 사회계층의 필연성과 불가피성을 주장하는 기능주의자들의 긍정적인 입장, ② 사회계층이 존재하고 사회가 불평등한 것은 사회구조의 모순과 불합리한 사회제도 때문이라고 단정하여 사회적 평등을 지향하고 계급이 없는 무계급의 사회가 이상적인 사회라고 주장하는 갈등론자들의 부정적인 관점, ③ 인간사회의 불평등은 어떤 초자연적인 힘에 의해서 이루어지는 것으로 과학적이고 합리적인 논증으로 설명할 수 없다는 운명론적인 관점 등이 있지만, 사회계층에 대한 사회학적 이론으로 널리 받아들여지고 있는 기능주의적 관점과 갈등론적 관점만을 살펴보기로 한다.

기능주의적 관점은 사회진화론자들의 영향을 받았으며, 적자생존의 자연적 선택원리에 입각하여 사회의 불평등은 생물적인 진화과정의 결과로서 불가피한 것이라고 보고 있다. 또한 어떤 사회도 평가와 보수에 있어서의 제도화된 불평등 없이는 존속할 수 없다는 점을 주요 논리로 제시한다. 사회계급이 형성되어온 이유를 이와 같은 입장에서 체계적이며 독창적으로 정리한 이들은 파슨즈(T. Parsons)와 그의 제자 데이비스(J. Davis)와 무어(W. Moore)이다. 이들이 제시한 이론을 일명 대경주(great race) 이론이라고도 부른다. 사회성원들을 능력에 따라 적절한 기능을 수행하도록 배치하고 적절하게 지위를 수행하도록 유인체제 혹은 보수체계를 부여하는 과정에서, 즉 가장 중요한 자리가 가장 자격있는 사람에 의해서 채워지도록 보장하는 제도적 장치가 사회불평등을 낳는다는 것이다.

이와는 달리 갈등론자들은 사회가 모두 갈등하는 개인과 집단들로 구성되어 있다고 보기 때문에 불평등을 보는 시각이나 그 불평등에 접근하는 방식에도 역시 같은 이론적 입장을 취한다. 이러한 입장을 취하는 대표적인 학자들은 마르크스(K. Marx), 다렌도르프(R. Dahrendorf), 코저(L. A. Coser) 등을 들 수 있다. 이들은 인간사회에서는 모든 사람들의 욕구를 충족시킬 정도의 재화가 있는 것은 아니며, 대인관계에서 희소가치를 지닌 대상을 먼저 획득하고 소유하려고 하기 때문에 대립, 갈등, 분열, 투쟁 등이 일어난다고 본다. 이러한 차등에 의하여 사회는 가진 자와 못가진 자, 부자(富者)와 빈자(貧者), 권력 소유자와 민중들 간에 불평등이 발생한다. 이렇게 하여 불평등, 즉 계급과 계층이 발생함으로써 사회는 역기능적으로 작용하게 되고 가진 자의 못가진 자에 대한 억압과 지배, 그리고 착취가 일어나서 사회는 모순적인 사회가 되고 만다는 것이다.

이상에서 살펴본 기능주의적 관점과 갈등론적 관점을 요약·정리한 것을 소개하면 〈표 8-1〉과 같다.

표 8-1 계층에 대한 기능주의와 갈등론의 비교

기능주의 이론	갈등론
사회계층은 보편적이고 필연적이다.	보편적 현상이기는 하나 필연적인 것은 아니다.
계층현상은 불가피하다.	필요성을 느끼는 자가 인위적으로 만들어 놓았으므로 불가피한 현상은 아니다.
사회조직이 계급체계를 형성해 준다.	반대로 사회계층체계가 사회조직을 형성해 준다.
계층은 통합과 조정, 화합과 결속 등의 사회체제상 필요에서 출현한다.	개인간, 집단간 경쟁, 정복, 갈등에서 파생된다.
계층은 공유, 공감, 공속하는 사회적 가치관의 표현이다.	계층은 지배, 권력집단의 가치관의 표현이다.

기능주의 이론	갈등론
계층은 사회와 개인의 최적한 기능에 기여한다.	계층은 사회와 개인의 최적한 기능을 저해한다.
권력 배분은 대체로 사회적으로 정당화된다.	권력의 배분은 정당화되지 않은 채 집중되어 있다.
일과 보상은 평등하게 배분된다.	일과 보상은 불평등하게 할당되어 있다.
경제적 차원은 사회의 다른 차원에 종속적이다.	경제적 차원은 사회에서 지상의 것이다.
계층체계는 대개 진화 발전과정을 통해 변한다.	계층체계는 대개 혁명적 과정을 통해 변한다.

출처: D. Light, Jr. & S. Keller(1979), Sociology, New York: Alfred A. Knopf.

3) 사회계층 결정요인과 측정 방법

사회계층이나 계급을 결정해 주는 요인에 대해서는 학자에 따라 다소 차이가 있으며 사회에 따라 달라질 수 있다. 고전적 마르크스 계급이론에서는 생산수단을 소유하고 있는가 여부, 즉 생산의 사회적 관계에 있어서의 위치에 따라 계급이 결정된다고 보고 있는데 반해, 앞에서 설명한 베버는 3P, 즉 재산, 권력, 권위에 의해 계급이 결정된다고 설명하려고 하였다.

사회계층의 결정요인을 연구해 온 워너(W. L. Warner, 1949)는 사회계층의 분류기준을 직업, 거주가옥 형태, 거주지역, 수입, 수입원, 교육수준 등으로 삼았으며, 헤비거스트(B. L. Havighurst)도 직업, 가옥형태, 거주지역, 수입, 수입원, 교육수준 등을 사회적 지위를 결정하는 지표로 보았다(이윤수 · 이상로 역, 1972). 이와는 달리 센터스(R. Centers)는 사회구성원이 스스로 어떤 계급에 속한다고 생각하느냐에 따라 계급분류가 가능하다고 보고, 사회구성원들의 계급의식을 계층 결정요인으로 보고 있다.

사회계층을 측정하는 것은 그리 간단하지 않다. 그것은 사회계층을 분류하는 합리적인 준거가 필요하기 때문이다. 그 동안 널리 사용되고 있는 방법을 소개하면 주관적 방법, 객관적 방법, 평판적 방법이다.

(1) 주관적 방법(subjective approach)

이 방법은 사람들이 자신의 계층적 위치를 어떻게 인식하는가, 즉 사람들이 스스로 어떤 계층에 속한다고 생각하는 자기평가를 통하여 그들의 계층적 위치를 알아보고 또 그것을 바탕으로 하여 사회의 계층구조를 파악하는 방법이다. 이러한 주관적 방법은 어느 사회에 속한다고 생각하느냐를 직접 질문형식으로 조사하는 방법과, 사전에 작성한 상류층, 중류층, 하류층 등으로 분류하여 놓은 범주를 제시하여 응답자로 하여금 주관적으로 자신의 사회계층을 표시하도록 하는 방법이 있다. 이와 같이 자신이 속한 계층을 묻는 이 방법은 계층의 귀속의식 확인에는 용이하지만, 사회계층 평가의 객관화에 어려움이 있고 대체로 중간층으로 모이는 편향(bias)을 지닌다.

이 방법의 대표적인 사람은 계층의식이 계층결정 요인이라고 설명한 센터스로, 그는 사회구성원 스스로가 어떤 계층에 속하는지의 계급의식을 중심으로 조사를 하여 3%의 상류, 43%의 중류 그리고 51%의 하류층이 있음을 밝혔다.

(2) 객관적 방법(objective approach)

이 방법은 사회성원의 사회적 지위를 나타내는 객관적 속성에 의거 척도화하여 성원들의 계층을 측정하는 방법이다. 즉 직업, 수입, 교육수준 등과 같이 직접 객관적으로 측정할 수 있는 기준을 중심으로 객관적 수량으로 수치화하여 측정하는 것이다. 이 방법으로 가장 고전적인 것은 워너의 지위특성지표(ISC: Index of Status Characteristics)로서 ① 직업, ② 거주가옥형태, ③ 거주지역, ④ 수입, ⑤ 수입원, ⑥ 교육수준 등의 요인들을 조사하여 성원들의 사회적 지위를 평가하였다. 그는 각 요인에 최고 1점에서 최하 7점을 부여하고 평가 총점에 따라 5계층, 즉 상류층(6~10점), 중상류계층(11~18점), 중하류계층(19~26

점), 하상류계층(27~34점), 하하류계층(35~42점)으로 나누었다. 그 동안 국내에서 빈번하게 사용되는 요인은 사회계층이 사회경제적 요인과 밀접한 관계가 있으므로 일차적으로 직업을 선정하고, 여기에 그 직업에 필요한 교육수준(학력), 그리고 직업에서 얻은 수입 또는 소득 등을 그 정도에 따라서 일정한 점수를 주고, 이들 점수를 합하여 사회경제적 지위(SES: socioeconomic status)의 지표로 삼아, 이 SES점수의 크기에 따라서 계층을 분류하는 경우가 많다.

사회계층을 구성하는 주요한 3요인이 때로는 일치하지 않는 경우도 있다. 이런 현상을 지위불일치(status inconsistency)라고 부르는데, 급격한 사회변화를 겪는 사회에서 나타나는 현상이다. 따라서 개도국에서는 이러한 요인보다는 한 가구를 기준으로 전자제품(라디오, 전축, 선풍기, TV, 피아노, 냉장고, 에어컨, 자동차 등)을 갖추고 생활하는 정도에 따라 사회계층을 분류하는 경우도 있다.

(3) 평판적 방법(reputational approach)

이 방법은 일종의 주관적 평가방법이긴 하지만 그 평가의 대상이 자신이 아니라 주위 사람들인 것이 특색이다. 주로 조사 대상집단에 익숙한 사람들, 즉 정치 · 경제 · 사회적으로 명성있는 사람들을 평정자로 뽑아 이들이 각 구성원들의 계층을 평가하는 방법으로서 명망적 측정방법이라고도 불린다.

그러나 이 방법은 적절한 평가자를 선정해야 하며, 그들이 평가하고자 하는 대상자들을 잘 알고 있어야 하기에 소규모의 지역공동체와 조직체와 같은 한정된 집단에서만 적용할 가치가 있는 것이 흠이다. 홀링세드(A. B. Hollingshead)가 처음으로 사용하였으며, 워너가 Yankee City의 계층 연구에서 이 방법을 사용하여 6개의 계층을 분류하는데 성공하였다(김경식 외, 2011).

3. 교육기회 분배와 학업성취의 결정요인

1) 교육기회 분배의 결정요인

교육의 기회균등은 국가의 사회 · 경제 · 문화적 발전과 직결되어 있다. 환경의 격차는 더 큰 교육적 격차를 나타내고, 이러한 교육적인 격차는 더 나아가 환경적인 격차를 조성하게 되는 악순환의 관계를 지닌다. 그러므로 능력에 따르는 교육 기회균등의 접근은 표면상으로는 균등하게 보일지는 몰라도 실제에 있어서는 환경적인 차이, 즉 사회적, 경제적 문화적인 차이를 고려하지 않기 때문에 결과적으로 불균형과 격차를 더욱 조성할 수밖에 없다.

해방 이후 우리나라에서도 교육의 기회균등을 헌법과 교육법에 명문화함과 아울러 많은 교육학자들이 이에 관심을 갖고 교육의 평등화를 실현하기 위하여 노력해 왔다. 이들은 교육제도, 교육재정, 교육과정의 내용 및 방법, 교사의 질적 문제 등과 같은 것들이 균등하게 주어진다면 교육기회는 균등하게 주어질 것으로 간주하였다. 하지만 이러한 문제가 해결된다고 하더라도 학생의 사회경제적 배경 차이에서 야기되는 개인의 능력차의 문제가 존재하는 한 균등한 교육기회의 문제는 근원적으로 해결될 수가 없다. 후천적으로 획득되는 능력은 그 능력이 형성되는 입지조건인 개인의 사회경제적 환경과 깊이 관련되어 있기 때문이다.

교육의 기회분배에 관한 초기의 연구들은 이와 같은 학생의 사회경제적 배경요인보다는 지적인 능력에 초점이 맞춰졌다. 하지만 개인의 지능이 교육의 기회분배를 좌우한다는 초기의 주장은 이내 도전을 받게 되었는데, 이것은 지적 능력이 영향을 미치기는 하지만 사회경제적 배경요인의 영향이 매우 크다는 많은 국내 · 외 연구결과들이 등장하였기 때문이다. 뿐만 아니라 최근

연구에 따르면 가정배경이 상급학교 진학에 강한 영향을 미치는 현상은 어느 나라에서나 보편적으로 드러나고 있다.

그렇다면 이러한 사회경제적 요인이 교육의 기회분배 과정에 어떻게 작용하는가 하는 것도 관심거리가 되고 있다. 특히 문화재생산론자(Bourdieu, 1977; Bernstein, 1977)들은 사회경제적 배경의 내용에 초점을 두어 교육의 기회분배에 영향을 주는 것은 부모의 지위나 소득과 같은 것이 아니라 학생이 속한 계층의 문화라고 주장하고 있다.

교육의 기회분배는 다양한 요인에 의해 영향을 받아 모든 학교급에서 드러나게 된다. 그러나 우리나라에서 실질적인 분류가 이루어지는 것은 대학의 입학단계라 할 수 있다. 이러한 대학교육에서의 분배상황을 정리하면 다음과 같다.

① 지역에 따른 차이는 교육접근 가능성에 있어 차이를 보이고 있으며, 서울 소재 명문대학교인 S대의 경우 우리나라 전체 인구구성비에 비하여 농촌지역 교육선발지수가 지난 35년간 악화되고 있는 것으로 나타났다. 또한 수도권에 대한 높은 진학수요 만큼이나 우수학생들의 서울 집중도 계속되고 있다. 대학수학능력시험 성적이 전체에서 상위 5% 이내에 속하는 수험생들의 서울소재 대학 진학 현황은 62.46%이다.

② 전체 대학생 중 여학생이 차지하는 구성비는 1965년 25.7%에서 1998년 34.9%로 여전히 남학생의 대학진학률이 압도적으로 높았다. 하지만 2009년 한국의 사회지표에 따르면 여학생의 대학진학률이 처음으로 남학생을 앞질렀다. 통계청이 2014년에 발표한 '통계로 보는 여성의 삶'이라는 조사 결과에 따르면, 2013년도의 경우 여학생(74.5 %)의 대학진학률이 남학생(67.4 %)의 대학진학률을 7.1 포인트 상회하고 있음을 밝히고 있다. 대학진학률은 한 연도의 고졸자가 같은 해에 대학에 진학한 비율을 말하는데, 대학진학률에 있어서 남녀간 성별 차이는 없는 것으로 나타나고 있다.

③ 계층에 따른 교육의 기회분배는 개선되지 않고 있다. 최근 대학교육 기회의 절대량이 증가했어도 보호자의 직업지위별이나 학력별 구성비는 별로 달라지지 않고 있다. 즉 교육기회의 분배구조가 교육기회의 확대에 의하여 영향을 받지 않고 있음을 보여 준다.

④ 사회경제적 지위에 따라 층화된 대학교육의 기회가 불균등하게 분배되고 있다. 즉 상류대학일수록 부유층이 많이 입학하고 하류대학일수록 빈곤층이 많이 입학하는 것으로 나타난다.

이렇게 볼 때, 교육의 기회분배 문제는 지역, 성, 사회계층에 따라 영향을 받고 있음을 알 수 있다. 따라서 교육의 평등을 실현하고 기회분배 구조를 개선하기 위해서는 교육평등의 원리를 바탕으로 소외받는 계층에게 보다 많은 교육기회를 제공함과 아울러 이들 계층에 대한 교육의 질적 제고 방안도 모색되어야 할 것이다.

2) 사회계층에 따른 학업성취의 차이

학업성취는 학교교육을 통하여 학습한 지식, 지적 능력, 태도, 가치관 등 학습결과의 총칭이지만, 일반적으로 학업성취를 보여주는 성적은 지적 영역의 학습수준을 의미하는 것으로 사용되고 있다. 이러한 학업성취는 사회집단에 따라 차이를 보이며, 특히 우리나라의 경우 도시와 농촌, 서울의 강남학군과 여타 학군, 가정배경 또는 사회계층에 따라 차이를 보인다.

사회계층에 따른 학업성취의 차이를 종합적으로 분석한 국내 연구는 드물고, 교육사회학 관련연구의 변인으로 사회계층과 학업성취를 설정하여 양자와의 관계를 분석한 것에서 양자간의 관계가 있음을 입증하는 경우가 많다. 학업성취도 격차를 분석한 연구들은 학생들의 학업성취도에 대한 가정배경의 영향력이 실질적임을 밝히고 있다.

서울지역에서 2013학년도 대학 수학능력시험을 분석한 결과 사교육 1번지 강남구(323점)와 서초구(319점)의 평균 점수는 서울 전체 평균(297점)보다 22~25점 이상 높았다. 3위인 양천구(308점)는 2위 서초구와 10점이나 벌어졌다. 가장 성적이 낮은 구로구(279점)와 금천구(272점)는 강남 · 서초구에 비해 최대 50점까지 뒤처졌다.

대구지역도 학교간 학력 격차가 갈수록 커지고 있다. 수능 2등급 이내 학생 비율이 가장 높은 학교 10곳 중 9곳은 수성구에 있다. 수성구 최하위 학교가 다른 지역 최상위 학교와 비슷할 정도이다. 이처럼 우리나라 교육현실에서 지역간 교육 격차는 가정배경과 같은 학생배경 요인에 의한 차이가 상당한 수준으로 반영되어 있음을 알 수 있다.

한편 〈표 8-2〉는 고등학교 유형별 대학입학생 비율 자료로 일반계고등학교 이외의 특별한 고등학교가 S대학 입학을 독식하고 있음을 보여주고 있다. 우리나라 전체 고등학교 2,318개교 중 일반고는 1,524개교로 학교 수 기준으로 전체의 65.7%를 차지하고 있다. 학생수 기준으로는 전체 고등학생의 71.5%로 절대 다수다.

표 8-2 2013학년도 및 2014학년도 서울S대 신입생 고교 유형별 현황(%)

2013학년	일반	자사	자공	과학	영재	외국어
	1,795(53.4)	485(4.4)	116(3.5)	212(6.3)	177(5.3)	318(9.5)
	국제	예술	외국	검정	특성화	계
	36(1.1)	178(5.3)	23(0.7)	14(0.4)	6(0.2)	3,361 (체육1포함)
2014학년	일반	자사	자공	과학	영재	외국어
	1,580(47.2)	574(17.2)	91(2.7)	236(7.1)	231(6.9)	369(11.0)
	국제	예술	외국	검정	특성화	계
	52(1.6)	165(4.9)	30(0.9)	12(0.4)	6(0.2)	3,346

그럼에도 2014년도 S대 신입생 고등학교 유형에는 일반고 학생의 비율이 절반에도 못 미치고 있다. 상류층의 전유물인 특수목적고등학교의 높은 등록금과 특권 문화는 일반 중하류층의 진입 장벽을 더 높게 만들고 있는데 중학교에서 고등학교 유형의 선택이 대학 진학에서 우열의 차이를 결정적으로 가늠함을 보여주고 있다.

지역간 2014년도 학업성취도 평가 결과는 〈표 8-3〉에서 보는 바와 같이 도시화 정도에 따라 도시·농어촌의 학력 격차가 심하다. 특히 기초 미달 비율은 읍면지역이 중·소도시와 대도시에 비해 높으며, 이와 대조적으로 우수학력 비율은 대도시 또는 중·소도시가 높다.

표 8-3 학업성취도의 지역차(2014년 국가수준 학업성취도 평가: 고등학교 1학년)

영역 / 지역	국어				수학				영어			
	우수학력	보통학력	기초학력	기초미달	우수학력	보통학력	기초학력	기초미달	우수학력	보통학력	기초학력	기초미달
대도시	40.5	46.4	10.9	2.2	22.2	43.7	28.5	5.6	23.3	45.1	28.3	3.3
중·소도시	40.7	46.5	10.7	2.1	20.6	44.9	29.0	5.5	20.5	46.2	29.7	3.5
읍·면	29.6	49.9	17.2	3.2	13.1	36.1	40.2	10.6	13.1	36.5	43.9	6.5

3) 학업성취의 결정요인

이러한 학업성취도의 계층간의 차이는 일반적으로 개인의 능력과 노력에 따라, 학교의 질적 수준에 따라 개인간·집단간 차이를 보인다고 믿는다. 하지만 학업성취도는 여러 가지 요인에 의해 결정되기 때문에 그 동안 많은 교육학자들이 학업성취 결정요인에 대하여 관심을 갖고 다각도로 탐색해 왔다. 학업성취도를 결정하는 요인에 대한 고전적인 입장 차이가 바로 유전과 환경 논쟁이다. 유전론자들은 학업성취도의 차이를 생득적인 지적 능력의 차이로 설명하는 반면에 환경론자들은 학생들의 학습환경의 차이에서 비롯된다고 본다.

전자는 지능을 결정하는 주요 요인을 유전으로 보고, 지능지수와 학업성취와의 관계 분석을 통해 지능이 학업성취의 가장 강력한 예언자임을 주장한다. 이러한 관계를 분석한 많은 연구들에 따르면 대체로 상관계수가 .50~.70 정도로 지능이 학업성취도의 25~49%를 설명해 준다는 것이다. 이처럼 예언력이 큰 지능은 사회경제적 배경을 달리하는 학생집단 사이에 차이가 크며(사회경제적 배경과 지능지수 사이에 .35~.40의 상관관계가 있다고 젠센(A. R. Jensen)은 보고함), 선천적으로 결정되기에 학업성취도의 상당부분은 선천적으로 정해진다고 여긴다.

반면 후자는 지능이 유전된다는 것을 전부 부인하지는 않으며 단지 유전은 그 출발에 불과한 것으로 보고 사람의 지적 능력의 발달 정도는 환경 내에서의 자극과 반응에 따라서 다르다는 것이다. 즉 개인이 어떤 환경에서 성장했는가에 따라 어떤 행동을 어떻게 할 것인지가 결정되며 학업성취도도 차이가 생겨난다는 것이다. 이러한 환경론자들의 주장은 다시 문화실조론과 문화다원론으로 나뉘어지는데, 문화실조론자들은 문화적 결손에 의해 지능이 낮아졌기 때문에 이를 보상교육을 통해 지적 능력을 배양함으로써 학업성취도의 차이를 줄일 수 있다고 주장하는 반면, 문화다원론자들은 상층문화를 준거로 하여 지능이나 학업성취도를 재기 때문에 하층집단이 열등한 결과를 갖게 되었다고 설명한다.

또한 교육 연구가들은 학교 학습효과에 관련된 변인들을 다각도로 탐구해 왔는데, 그 중 교육사회학자들은 학업성취에 대한 가정요인과 학교요인의 상대적인 영향력을 중점적으로 다루었다. 초기의 연구는 주로 학교와 교실 밖의 요인인 개인차 변인(지능, 사회계층 등)에 초점을 맞추어 직접적인 투입-산출 관계를 분석하여 왔다. 이들 연구 중 많은 연구에서 부모의 사회계층과 학생의 학업성취와의 관계를 입증하고 있다.

가정의 영향력을 상대적으로 극명하게 보여준 연구는 콜맨보고서(Coleman

Report, 1966)라고 할 수 있는데, 이 연구는 미국 소수민족의 자녀들이 주로 다니는 학교의 불평등한 조건과 그런 조건이 노동계층 아동들로 하여금 중류계층 아동들에 비해 효과적으로 학습할 수 없게 만드는가를 밝히려는 것이다. 이 연구에 따르면 불평등의 원인이 학교시설, 재정 등에 있는 것이 아니라 학생의 가정배경과 동료집단에 있으며 그 중에서도 가정배경이 동료집단의 영향보다 그 비중이 더욱 큰 것으로 나타났다. 그 동안 콜맨 보고서가 많은 비판을 받았지만, 재분석한 많은 연구들도 학교자원이 학생의 학업성취에 아무런 관계를 맺고 있지 않다는 방향으로 콜맨 등의 연구를 재확인하였다. 또한 학업성취에 대한 가정환경의 중요성은 젠크스 등의 연구(1972, 1979)에서도 잘 입증하고 있다(Ornstein & Levine, 2000: 338).

① 학업성취는 실질적으로 학생의 가정 특성에 달려 있다.
② 학교는 상위계층과 하위계층간의 학업성취의 격차를 줄이는데 비교적 성공을 거두지 못했다.
③ 가정배경도 성인의 직업지위를 결정함에 있어서 거의 절반의 변량을 설명하며, 어른이 되었을 때 소득에 대하여 15~35%의 변량을 설명한다. 즉 상위계층 출신자는 하위계층 출신자보다 교육과 기능을 더 많이 습득했기 때문에 비교적 경제적으로 성공을 거두게 된다.

4. 사회계층 이동과 학교교육

1) 사회이동의 개념

어느 사회에서든 각 개인이 차지하는 서로 다른 사회적 지위나 사회계층 등의 이질적인 요소들은 전체 사회 속에서 제각기 다른 요소들과 관련을 맺으면서 질서 있는 체제를 이루고 있다. 오늘날 사회는 혈통에 의해 통제되었던 신분사회와는 달리 개인의 능력이나 노력에 따라 사회이동의 통로가 열려 있는 개방사회이다. 다시 말해 성취적 지위가 점차적으로 귀속적 지위를 대신하거나 귀속적 지위와 성취적 지위가 결합되어 나타나고 있다. 따라서 현대사회에서 사회이동은 보편적이고 정상적인 사회현상의 하나라고 볼 수 있다.

사회이동(social mobility)은 사회구조 또는 사회의 위계체제 속에서 어떤 사람이 하나의 위치에서 다른 사회위치로 이동하는 것이다. 이러한 의미를 가진 사회이동은 크게 두 가지로 나누어 생각할 수 있다(김경동, 1995: 376).

첫째, 사회계층론에서 핵심적인 것으로 한 계층 범주에서 다른 계층 범주로 옮겨 가는 수직적 이동(vertical mobility)이 있다. 이 수직이동은 낮은 계층 범주에서 높은 지위로 올라가는 상승이동(upward mobility)과 반대로 내려가는 하강이동(downward mobility)으로 나눌 수 있다.

둘째, 한 계층 위계 안에서 자리를 옮겨 가는 수평적 이동(horizontal mobility)이다. 이 수평적 이동은 같은 수준의 한 직종에서 다른 직종으로, 한 직종 안에서 다른 직업으로, 한 직업 안에서 다른 직장으로 또는 한 직장 안에서 다른 자리로 옮기는데 있어서 그 계층적 지위에는 변함이 없는 경우를 말한다.

또한 사회이동은 이동이 이루어진 시간적 거리, 즉 기간을 기준으로 하여 한 개인이 그의 생애에서 경험하는 일명 생애이동(career mobility)을 세대 내 이동(intragenerational mobility), 한 개인의 그 전대 또는 그 후대 사이에서 일어나는 이동을 세대 간 이동(intergeneration mobility)으로 구분하기도 한다.

사회이동은 그 원인과 관련하여 구분하기도 한다. 사회가 공업화되면서 농업에 대한 요구가 감소되고, 관리직이 늘어남에 따라 농부가 점차 관리직으로 직종이동을 하는 경우와 같이 산업구조의 변화로 파생되는 이동을 의미하는 구조적 이동(structural mobility)과 구조적인 변화 없이도 한 사회 내에 있어서 기회의 등급을 나타내는 지수가 순환되는 순환이동(circulation mobility)으로 구분한다(Broom & Selznick, 1973: 193).

이러한 구분과는 달리 터너(R. Turner, 1960)는 사회계층 이동 형식은 그 사회를 지배하는 규범과 사회에 의해 결정된다고 가정하고, 그 형식을 경쟁적 이동(contest mobility)과 후원적 이동(sponsored mobility)으로 구분하였다. 이러한 이동 형식은 교육제도와 밀접한 관련성을 가지고 있다(이규환 편역, 1975: 185~209). 경쟁적 이동은 공정한 경기에서처럼 경쟁의 참가자가 자신이 가진 기존의 기득권을 배제하고 순전히 개인의 자질과 노력에 의해 결정되는 이동을 말하며, 후원적 이동은 경쟁방식을 피하고 통제된 선발과정이 이를 대신하는 것으로 기득권을 가진 엘리트의 기준에 맞는 능력의 소유자를 조기에 선발하여 장차 엘리트로서의 준비교육을 시킴으로써 후원적으로 엘리트 지위에 사회적 이동을 시키는 것이다. 터너는 미국에서의 이동은 경쟁적 이동에 가깝고 영국에서의 이동은 후원적 이동에 가깝다고 말한다. 경쟁적 이동 사회에서는 사회이동의 기회를 공평하게 하기 위하여 학생 선발의 시기를 가능한 한 연기함으로써 학생들이 교육을 최대한 이용하도록 기회를 준다. 후원적 이동이 지배적인 사회에서는 선발과 후원의 지배권을 확보하기 위하여 선발을 될 수 있는 대로 인생의 빠른 시기에 하려고 한다.

2) 사회이동 관련 요인

사회이동은 현대사회에서 보편적인 현상이지만 다양한 요인들과 관련되어 있으며, 이들 요인에 따라 그 이동의 정도는 차이가 있다. 이러한 요인들은 크게 개인적, 가정적, 사회적 요소로 나누어 살펴볼 수 있다.

(1) 개인적 요소

어느 사회에서든 개인의 능력이 뛰어나면 그만큼 사회이동의 가능성은 높다고 할 수 있다. 그 중 현대사회에서 가장 중요한 조건은 개인이 성취하는 교육이다. 이러한 교육은 부모의 사회경제적 지위에 따라 교육을 받는 기회나 그 질이 차이가 있지만 교육이란 역시 개인의 재능과 노력에 좌우되기 때문이다.

다음은 이러한 교육적 성취와 밀접한 관계가 있는 것으로 개인의 지능, 성취동기와 그 외 체육의 특기나 예술적 재능, 사교성 등을 들 수 있다. 상승이동을 하는 사람은 그렇지 않은 사람에 비하여 지능과 학교성적, 사교성이 높은 것으로 나타났으며(Levine & Levine, 1996: 186), 국내에서도 정우현(1994)은 사회이동에 지능과 성적의 중요성을 설명하고 있다. 교육에 대한 열정 또한 고등교육기회에 지대한 영향을 미치듯이(김경근, 1999), 무언가 업적을 이룩해 보려는 인간의 내면적 욕구를 의미하는 성취동기가 높은 사람은 부모의 사회적 배경과 같은 귀속적 요인보다 자립능력에 의해 이룩하려는 것이기 때문에 상승이동할 가능성이 높다. 뿐만 아니라 자신의 욕구충족을 연기(deferred gratification)할 수 있는 성향도 들 수 있다. 이것은 장래의 행복을 위하여 오늘의 욕망을 억제하는 심리적 상태라 할 수 있는데, 성공을 위해 결혼을 뒤로 미루는 것도 그 한 예가 된다.

(2) 가정적 요소

개인의 자질이나 자격을 갖추는데 가장 중요하게 기여하는 가정의 사회적 자본은 사회경제적 배경, 자녀수, 내주장 가정 등을 들 수 있다. 사회경제적 지위가 높은 가정에서 태어난 경우 영양상태도 좋고 지능발달에도 유리하며, 성취동기도 높고, 교육을 많이 받을 가능성이 높다. 그리고 자녀수가 많은 경우 부모의 자산을 여러 자녀에게 나눌 때 외아들이나 자녀수가 적은 경우보다 그만큼 사회에서의 경쟁력을 떨어뜨리게 되고, 후견적 역할을 보다 잘 할 수 없기 때문에 자녀들이 모두 상승이동할 확률은 떨어진다. 또한 어머니가 아버지보다 학력이 높거나 아버지가 지배적인 가정보다 어머니의 내주장이 강한 경우, 어머니의 교육적인 영향력은 허용적이고 수용적인 가정의 분위기를 낳고 이는 상승이동의 성취동기를 불러일으키게 된다.

(3) 사회적 요소

사회이동의 현상은 사회구조의 성격에 따라 영향을 받게 된다. 사회가 성취적 기준에 의해 인간의 능력을 평가하는 개방사회라면 사회이동은 활발하게 전개될 수 있지만, 귀속적 기준이 중시되는 폐쇄적 사회에서는 사회이동은 구조적으로 제약을 받게 된다. 즉, 카스트형 사회에서는 수평이동만 가능하고 수직이동은 원천적으로 허용되지 않지만, 신분사회에서는 신분지위가 뚜렷하고 각기 신분지위 사이에는 최소한의 수직이동만 허용된다. 또한 계층형 사회에서는 원칙적으로나 실질적으로 계층 범주간 상하이동이 허용되어 있고 실제로 계층이동이 활발히 이루어지지만, 개방된 사회이면서도 미국의 인종차별과 같이 거의 카스트제도와 같은 폐쇄적 원칙이 적용되는 경우도 있다.

지역사회의 유형에 있어서 대도시는 그만큼 교육기회도 많고 직업종류도 많아 농촌보다 상승기회가 많다. 또한 산업의 발달과 분화는 인구의 도시화를 수반하고 이에 따른 직업이동을 초래하게 되며, 개인적인 성취의 비중이 커짐에 따라 사회구성원들의 상승이동 기회가 증가하게 된다. 그리고 정치적으로 불안한 사회에서는 장래의 예측이 어렵고 또 질서가 잡혀 있지 않기 때문에, 능력있는 사람이 자기 능력을 발휘하기가 어려워서 상승이동이 어렵다.

3) 학교교육과 사회이동

"누구나 교육을 받은 만큼 잘 산다", "교육기회가 균등하다면 모든 사람들은 자신의 소득과 지위를 향상시킬 수 있는 가능성을 갖고 있다"는 신화를 믿는 이가 많다. 하지만 학교교육이 계층이동에 긍정적인 영향을 주는지 아닌지는 아직도 일치된 결론을 내리지 못하고 있다. 그 동안 사회이동에 관한 학교교육

효과의 연구와 논의는 크게 두 가지 패러다임으로 나뉘어진다. 첫째는 기능주의 이론에 입각한 학교교육에 대한 낙관주의적인 관점이며, 둘째는 갈등론자들이 보는 학교교육에 대한 비관론적 관점이다.

(1) 낙관론적 관점 – 평등화론

교육에 대한 낙관론적 입장은 학교교육이 모든 사람에게 균등하게 배분됨으로써 경제적인 양극화 현상을 막을 수 있고 빈곤을 퇴치시킬 수 있다고 보는 입장이다(Hurn, 1978). 오늘날 사회는 업적주의 또는 경쟁적 상승이동의 이념을 바탕으로 하는 능력사회인 동시에 전문가 지배사회이므로 개인의 사회적 진출은 능력에 기초한 자유경쟁에 의해서 결정된다. 따라서 학교는 능력 또는 업적에 기초한 자유경쟁의 가장 대표적인 기관이며, 각 개인들의 능력이나 흥미에 따라 다양하게 미래생활에 대한 준비를 시킴으로써 장래의 직업적 · 사회적 지위를 배분하는 사회적 선발기관으로 받아들여진다. 또한 학교교육에서의 공정한 경쟁을 통하여 개인의 능력을 계발함으로써 개인적으로 사회적 지위이동을, 사회적으로 평등과 정의를 실현할 수 있다고 여겨진다. 학교는 다음과 같은 두 가지 기능, 즉 ① 학교는 재능있는 사람들을 분류 · 선발하는 합리적인 체제로서 가장 유능하고 동기가 강한 사람들을 최고의 지위에 오르게 하고, ② 학교는 갈수록 전문적 기술과 지식에 의존하게 되는 사회에서 대부분의 역할 수행에 필요한 인지적 기술과 규범을 가르치는 현대사회의 필수적인 기관으로 받아들여진다(박용헌 · 최정숙, 1998: 207).

낙관론적 관점에서의 학교교육은 전체 사회질서를 위해 학교가 수행하는 어떤 필요불가결한 기능을 가정하여 가정배경, 학교교육, 사회적 성취와의 관계를 설명한다([그림 8-1] 참조). 즉 ① 가정배경은 어느 정도 학교교육에 영향을 줄 수 있다. ② 그러나 사회적 성취에 가정배경이 큰 영향을 주지는 못한다. ③ 따라서 학교교육은 사회적 출세에 결정적인 역할을 하고 있다고 본다(Persell, 1977: 154).

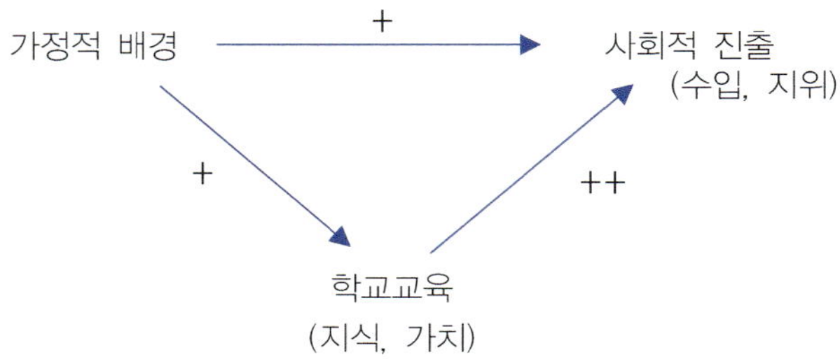

[그림 8-1] 가정배경, 학교교육, 사회적 성취와의 관계

요약컨대 학교교육에 대한 낙관론적 관점은 학교교육이 직업적 지위를 획득하는데 도구적 역할을 하며, 개인의 노력과 능력에 의해서만이 사회적 지위이동이 가능하다는 학교교육에 대한 신뢰를 보여주는 것이다. 또한 학교교육은 개인적으로는 사회적 상승이동의 주요 통로이고, 경제적으로는 경제발전에 필요한 인재를 육성하는 것이며, 사회적으로는 빈곤추방과 제반 사회적 불평등을 제거하기 위한 평등화 전략으로 보고 있다. 하지만 교육이 소득의 결정에는 별로 영향을 미치지 못하며, 영향을 미치는 경우도 상승이동이 필요한 하층계층에는 학교교육이 별 도움이 되지 못한다는 연구결과들은 "교육을 위대한 평등장치"라고 한 낙관론적인 신화에 회의를 갖게 한다.

(2) 갈등론적 관점

학교교육에 대한 비관론적 관점은 교육기회의 불평등이 감소되면 사회적 불평등 또한 감소될 것이라는 낙관론과는 달리 학교가 현실적인 불평등을 유지하기 위한 수단으로 사용되거나 사회이동에 이바지하지 못한다고 주장한다.

학교교육 효과에 대한 갈등론적 입장을 경험적으로 잘 설명해 주는 것은 보울스와 진티스(S. Bowles & H. Gintis, 1976)의 연구이다. 보울즈와 진티스는 교육기회가 균등화된다고 하여도 장래 성인사회에서의 경제적 불평등 현상은 계속된다고 주장하고 있다. 즉 그들은 학교교육이란 사회적 불평등이 반영되어 이를 재생산하는 조직체로 보고 있다. 결국 학교교육은 사회불평등을 지속시키고, 그렇게 함으로써 기득권층에 봉사한다는 것이다. 또한 학교교육이 능력주의에 따라 실시되며 교육수준에 따라 인재를 적재적소에 배치하는 것처럼 위장함으로써 불평등 구조의 존속을 정당화한다고 주장한다.

글리어(Greer)는 학교교육의 주요 기능을 아동에게 사회질서 속에서 자신이 처한 위치에 적절한 학습경험을 제공함으로써 실패하는 법을 가르치는 것으로 보고 있고, 미훌인(Mifflen)은 엘리트 계층의 자녀들에게는 부모를 계승할 수 있도록 하고 노동계층의 자녀들은 열등한 노동계층 지위로 인도하는 것이라고 한다(박용헌 · 최정숙, 1998: 210).

이렇게 볼 때 학교교육은 제도적으로 성취를 나타내는 지표로 간주되고 있지만, 실제로는 사회의 귀속적 요인이 성취적인 요인으로 위장된 결과를 보여주는 것이라 할 수 있다(Karabel & Halsey, 1977: 184). 따라서 가정배경, 학교교육, 사회적 성취간의 관계에 대한 갈등론적 설명은 [그림 8-2]와 같이 나타낼 수 있다. 즉 ① 학교교육은 아동의 사회적 성취에 어느 정도 방향을 제시한다. ② 가정의 사회적 환경은 학교교육에 일정한 영향력을 행사한다. ③ 결과적으로 사회적 성취에는 가정의 사회적 배경이 결정적 역할을 한다.

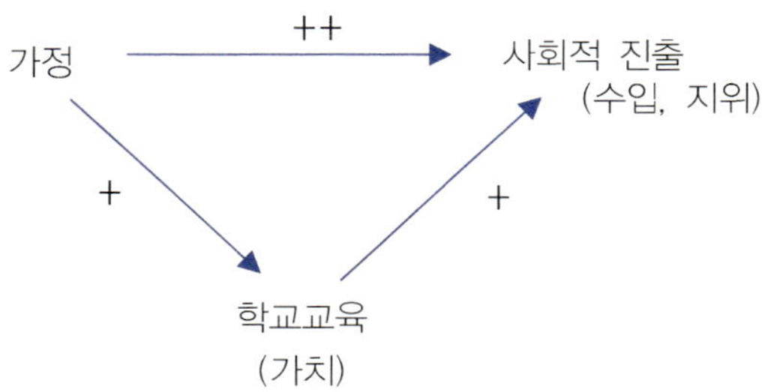

[그림 8-2] 가정, 학교교육, 사회적 성취간의 관계

또한 슐츠(Schultz, 1961)의 인간자본론이나 블라우(P. Blau)와 던컨(O. D. Duncan, 1967)의 지위획득이론(status attainment theory)에서처럼 교육이 소득을 결정하는 가장 중요한 요인이라지만, 소득수준의 결정요인을 중다회귀분석한 결과에 따르면 교육의 영향력은 미미한 것에 불과하다고 주장한다(Jencks et al., 1972).

뿐만 아니라 갈등론적 시각에서 교육의 효과를 다루고 있는 연구들은 학교교육이 생산성 제고에 기여하지 못하며 그 영향력은 집단에 따라 일정하지도 않다. 우선 선별가설(screening hypothesis) 또는 학력주의 이론(theory of credentialism)을 따르는 이들은 학위 또는 학력은 단지 사람들이 지닌 내재적 능력, 인내심, 여타 가치 있는 특성에 관한 정보를 알려줄 뿐이라는 것이다. 베버(M. Weber)의 권력 갈등론을 계승한 콜린스(Collins, 1971)는 학력은 생산성의 의미보다는 일종의 '문화화폐'로서 지위자산으로 기능을 하며, 학력에 따른 임금격차는 신임장 효과(credential effect)로 보기도 한다.

이러한 비관론적 관점은 결과의 균등을 도모해야만 학교교육이 사회평등의 이상을 실현할 수 있다는 점을 부각시킴으로써 교육에 관한 기회균등의 개념에 변화를 요구했다는 일면도 있다. 그런데 학교교육이 사회적 이동에 가장 중요한 결정요인이 되고 있지만, 가정배경이나 개인적 특성도 부수적 혹은 간접적으로 영향을 주고 있다. 여기서 가정배경은 개인의 직업적 지위를 비롯한 사회적 이동에 대하여 직접적으로 작용하기보다는 학교교육을 중개로 하여 작용하고 있다고 한다. 이렇게 볼 때 사회이동(직업이동)에 대한 학교교육과 가정배경은 모두 무시될 수 없는 것이라 할 수 있다(김경식 외, 2011).

제9장

교육선발과 입시제도 및 교육경쟁

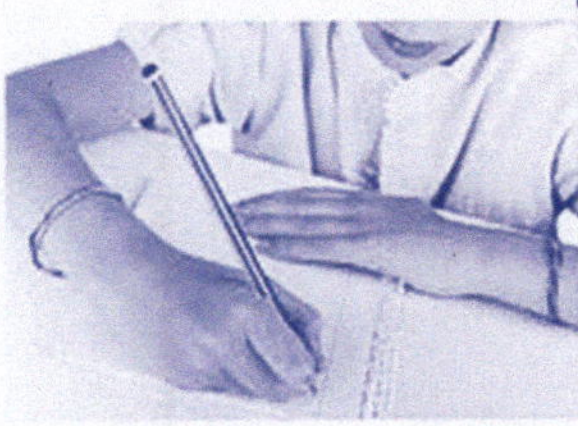

1. 학교교육 문제의 역사적 근원
2. 교육선발 기능에 대한 상반된 관점
3. 교육경쟁
4. 학교교육 문제의 해결방안

우리나라의 학교교육은 여러 가지 측면에서 위기를 맞고 있다. 그 중에서도 교육선발 문제는 모든 다른 교육문제의 근원이라 할 수 있다. 우리나라 교육문제의 핵심이 되는 요인은 입시위주의 교육에 따른 학교교육의 방향성 상실이다. 많은 학생들은 사람을 평가할 때에 그 사람이 가지고 있는 능력보다는 어떤 간판을 가지고 있느냐가 더 중요한 기준이 된다. 입시위주 교육은 평가를 위하여 교육한다. 입시위주 학교운영의 기본원리는 학력제고(學力提高)이며, 이 원리는 불가피하게 학교의 비정상적인 운영을 초래한다. 교육목적, 교육과정, 근무시간, 건강도 모두 입시관문을 통과할 때까지 유보된다. 이러한 입시위주 교육의 특징은 학교교육에 그대로 침투된다.

따라서 본 장에서는 거시적인 맥락으로서 교육선발과 입시제도 전반에 대한 비판과 시사를 제안한다. 본 장에서는 교육선발과 입시교육의 진단을 통하여 우리나라 학교교육의 문제가 어떤 방식으로 변화되어 왔는지를 밝히고 그 대안을 고민하고자 한다.

1. 학교교육 문제의 역사적 근원

우리가 흔히 문제라고 일컫는 대부분의 사건들은 그 시대, 그 상황에만 적용되는 것이 아니라 과거의 누적적 결과로 나타난 것이다. 이런 문제들이 미래에도 계속적으로 발생할 가능성도 크다. 일반적으로 소수특권층의 전유물이던 교육이 공교육의 형태를 띠면서 대중에게 보급된 것은 중세의 권위가 타락하고 시민계급의 급부상으로 인한 자본주의의 발흥과 더불어 가능했다. 결국 국민들의 자발적 합의를 도출하지 못 했으며 자유를 추구하는 대중들의 욕구는 이러한 사회적 힘을 시민계급이나 자본가들에게 위임했다. 그들은 자본을 바탕으로 국민들의 욕구를 충족시켜 주고 사회적으로 평등을 추구하는 장치로

개발한 것이 공교육 체제이다(이병환 · 김영순, 2008: 17).

먼저 일제강점기의 식민지 학교교육을 살펴보자.

일제강점기 교육의 가장 큰 특징은 일제가 우리나라를 어떻게 효율적으로 지배하고 다스리는가에 있었다. 따라서 그들이 생각한 가장 효율적인 방법은 한국 정신문화의 비판을 통해서 학교교육을 보급하는 것이다. 한국 사회의 많은 모순점을 부각시키고 우리 민족의 나태함을 강조하였다.

일제강점기 교육의 잔재로 아직까지 우리 교육에 영향을 미치는 생각들을 정리하면 다음과 같다.

첫째는 학력주의이다. 일제가 식민지 통치의 수단으로 학력을 이용한 것은 조선민족 교육 세력을 말살하고 자신들의 손아귀에 있는 학교제도를 사회적 지위획득의 통로로 만듦으로써 한국 사람들이 식민지 학교에 다니도록 하기 위해서이다. '학교가 아닌 곳에서 하는 교육은 교육이 아니다'라는 정책을 추진하고 은연중에 우리나라 사람들은 그것을 의례적으로 받아들이게 되었다.

둘째는 국가주의 교육이다. 일제는 식민지의 교육을 능률적으로 통제하기 위해 모든 교육활동을 총독부가 직접 통괄하였다. 즉 학생 선발, 졸업, 교사 채용, 교육과정, 교과서, 학사운영 등의 모든 면에서 교육의 통제가 시행되었다.

셋째는 도구주의 교육이다. 교육을 정치, 경제, 종교의 도구로 보고 각 부문의 가치실현을 위한 도구로 활용하였다. 일제가 우리나라를 강점하여 식민지로 경영함에 있어서 가장 핵심적 도구로 활용한 것이 교육이다. 일차적으로 교육기회를 제한함으로써 한국인의 우민화를 획책하였고, 그나마 제한된 수에 대한 학교교육을 통해서 철저한 일본인화를 꾀하였다(김신일, 2000: 395~400).

암울한 일제강점기의 식민통치에서 벗어나 해방이 되자 그 역사적 초점이 미국으로 바뀌게 되었다. 1950년 한국전쟁을 계기로 본격적으로 실시된 미국의 교육원조는 우리 교육에 지대한 영향을 미쳤다.

초창기 미군정기의 교육목표는 민주적인 독립국가에 필요한 적합한 교육제도의 수립을 위해 한국인들을 돕는 것임을 표방하였다. 이러한 이념 속에는 다원적이고 업적주의적인 사회관과 교육을 통해 사회의 발전을 이룰 수 있다는 신념이 들어 있었기 때문에 우리 사회에 어렵지 않게 파급되었으며 학교교육에 대한 애착심과 맞물려 정착될 수 있었다.

그러나 그들이 실제로 추구했던 목표는 달랐다. 즉 교육을 통해서 미국의 선의를 보여줌으로써 군사적 지배를 합리화하고 자신들의 입지를 강화하려고 하였다. 또한 미국 지향적인 인물들을 선발하여 미국식 교육을 한국에 이식하려는 측면도 가지고 있었다.

미군정기의 교육은 일제하에서의 차별 교육과 불평등 교육으로부터 평등 교육으로 발전할 수 있는 여건을 마련할 수 있었다는 점에서는 공헌이 크다. 그러나 미군정기의 교육은 다음의 문제들을 유발시켰다.

첫째는 교육인구의 지나친 팽창을 가져왔다. 많은 사람들이 급작스럽게 도시로 집중되면서 도시 학교는 과밀화되고 농촌학교는 줄어들어서 학습의 질을 현격히 떨어뜨렸다.

둘째는 위로부터의 교육개혁으로 인한 관료적 통제를 가져왔다. 국가에 의한 획일적인 교육제도의 채택에 따라 다양한 의견이나 자율성을 상실하게 되었다.

셋째는 대미 종속적 교육을 가져왔다. 이 시기는 일제의 식민지교육을 청산하고 자주적인 민족교육을 수립해야 하는 중대한 시기였다. 그러나 미군정은 한반도를 그들의 경제적인 이익과 군사적인 목적으로 우리의 교육정책을 왜곡하였다. 이런 영향으로 우리의 교육은 외국 지식의 파상적인 모방위주의 교육이 되었으며, 나아가 교육이론의 신뢰성이나 타당성보다는 이론가의 권위를 중시하는 풍조가 생겨나게 되었다.

넷째, 학력주의 가속화를 가져왔다. 일제강점기에 나타나기 시작한 학력주의가 사회 속에 뿌리내리는 계기를 만들었다. 미군정은 민주주의 교육을 실시한다는 방침에 따라 일제의 교육을 혁신하려고 했지만, 이론적으로만 그치고 실제로는 개혁을 뒷받침할 수 있는 능력이 부족하였다. 그러므로 과밀학급을 초래하고 실업난은 급증하고 학력은 더욱 중요한 사회이동의 요건이 되어서 치열한 입시전쟁으로 이어지게 되었다.

보편적 집합의식을 사회 존속의 기본 요건으로 파악한 기능주의 사회학의 태두인 뒤르껭은 공통성과 동일성을 국민들에게 가르치는 보편적 학교제도를 긍정적인 시각에서 기술하였다. 그러나 그는 이러한 학교제도의 정당화가 국가주의적인 교육제도를 강화시켜 획일주의적인 사회를 지향할 수 있는 위험을 예측하지는 못하였다. 나아가 공통성과 동질성 및 보편성이라는 이름 아래, 학습의 자유와 교육의 자유가 억압될 수 있음을 간과하였다(김신일, 2003).

우리 교육의 역사적 개관을 요약하면 일제의 식민지 교육과 미군정기의 교육을 겪으면서 사회적으로 비합리적인 계층상승 욕구라는 모순을 가져왔다는 것이다. 즉 혼란한 시대에 사회적 지위를 획득하기 위해서는 타인과의 경쟁에서 무조건 이겨야 한다는 인간본성에 어긋한 모순적 진리를 체득하게 된 것이다. 전쟁에서 살아남기 위해, 배고픔에서 벗어나기 위해서는 다른 사람과의 싸움에서 이겨야만 하는 것이다. 이런 모순적 진리로 인해서 국민들은 시장자본주의, 학력 지상주의에 몰두하게 되며, 이런 이데올로기는 학교교육을 지배하는 핵심이데올로기로 작용하여 학생들에게 과도한 계층상승 욕구, 경제우선주의, 금전 만능주의의 잘못된 관행으로 나아가며, 결국 입시전쟁이라는 커다란 문제에 봉착하게 된다. 입시지옥으로 표현되는 우리나라의 과열 교육현상은 이러한 역사적 과정에서 지배국가의 교육정책과 이데올로기에 의해 만들어진 시대의 산물이다.

2. 교육의 선발 기능에 대한 상반된 관점

1) 선발과 분배의 관점

부, 권력, 위신, 기술(技術) 등과 같은 사회적 자원의 보유량은 사회적 지위를 결정한다. 여기서 교육은 이들 자원 중에서 주로 지식과 기능의 분배와 관련이 있다. 현대 산업사회에서는 대부분의 지식과 기능이 학교교육을 통해서 획득되기 때문이다. 학교교육이 제도로서 확립되고 양적으로 발전하여 장기간 학교에서 교육을 받게 된 오늘날 학교교육이 차지하는 비중은 매우 크다. 따라서 학교교육의 수료증서인 학력은 과거에 획득한 지식과 기능뿐만 아니라 장래에 그것을 획득할 수 있는 능력을 시사해 준다.

산업사회에서 학력은 조직 내부에서의 사회적 자원의 분배구조와 아주 밀접한 관련이 있다. 학력이 사회적 자원의 분배와 높은 상관성이 있다고 하는 것은 학력 그 자체가 희소 자원인 동시에 학력 획득이 다른 자원의 획득을 위한 수단적 기능을 한다는 것을 의미한다. 즉 사람들이 장차 어느 정도의 사회적 자원을 분배받는가는 그가 어떤 교육을 받고 어떤 학력을 획득하는가의 문제와 관련된다. 사회적 측면에서 볼 때 사회적 지위 획득의 과정은 사회적 지위에 사람들을 분배하는 과정이다. 그 획득과 분배의 과정은 곧 경쟁과 선발의 과정이며 이러한 일련의 과정들이 학교를 통해 이루어진다. 따라서 현대사회의 학교는 흔히 선별장치 또는 사회적 선발과 분배 기구라고 불린다.

일반적으로 이러한 선발과 분배 기구로서의 학교는 두 가지의 상반된 기능을 한다. 첫째는 능력과 자질에 따른 적절한 분배를 위해 가능한 한 많은 사람들이 더 높은 지위와 역할을 획득하도록 경쟁에 대한 동기를 부여하는 가열(warm up) 기능이다. 둘째는 지위체계의 위계성에 따라 사람들의 수를 준비된 지위와 역할의 수에 맞게 적절한 수준까지 감소시키는 냉각(cool down) 기능이다.

산업사회의 선발과 분배 기구는 이런 가열과 냉각이라는 상반된 과정의 미묘한 균형 위에서 성립된다. 여러 가지 제도와 힘이 선발과 분배의 과정에 작용한다. 그러한 제도와 힘이 선발과 분배의 기구이며 그 대표적인 것으로 계급구조, 학교교육제도, 시험제도, 자격제도, 직업구조, 조직구조, 사회규범 등이 있다. 특히 학교교육제도는 산업사회에서의 선발 및 분배 과정에 있어 중심적 역할을 한다.

학교가 선발 및 분배 과정에서 중심적 역할을 하는 이유는 다음과 같다.

첫째, 산업화의 진전은 지식과 기술중심의 산업 · 경제의 발전을 가져왔고, 그 결과 고도의 지식과 기능을 필요로 하는 직업이 증가하였다. 이러한 변화는 학교의 역할을 중요하게 만들었다.

둘째, 학교는 그 자체로 하나의 선발 기제(selection mechanism)이다. 제도로서의 학교는 초 · 중 · 고 · 대학의 위계적 계통구조를 가지고 있고, 또 수반되는 상벌제도는 포부를 가열 또는 냉각시킨다.

셋째, 학교는 '교육자격', 이른바 학력증서의 발행을 통하여 사회의 자격제도와 시험제도를 결합시킴으로써 선발 및 분배 기능을 수행한다.

학교교육은 선발과 분배에 관계되는 다른 제도 및 힘과 밀접하게 관련되므로 그 과정 전체를 좌우하는 전략적 위치를 차지한다. 학교교육은 선발과 분배에 관한 그 사회의 이데올로기와 사회규범을 반영한다.

학교교육이 발달할수록 시험이 수행하는 사회적 선발 기능도 강화된다. 학교교육제도에서 이루어지는 선발을 교육선발이라고 할 때, 그것은 사회적 선발의 전 과정에서 매우 큰 비중을 차지하며 후에 올 직업선발의 예비적 기능을 수행한다.

이론적 관점에 따라 교육의 선발 기능을 보는 시각은 매우 다르다. 학교교육의 선발 과정에 대한 기능론적 관점과 갈등론적 관점을 비교하여 설명하면 다음과 같다.

2) 기능론적 관점

기능론자들은 학생선발이 기능적 의미를 갖는다고 본다. 기능론적 관점에서 교육의 선발 및 배치 기능에 대한 입장은 다음과 같이 요약될 수 있다(송병순, 1987: 115~117).

첫째, 학생선발은 학생들을 능력의 종류와 수준에 따라 분류함으로써 학습자에 대한 진단 기능을 한다.

둘째, 학생선발은 직업세계가 필요로 하는 사람들을 분류하는 여과 기능을 한다. 즉 사회의 직업적 선발에 앞서 학교의 교육적 선발과정을 통해서 학생들의 능력에 따라 교육의 질과 양을 결정하고 서로 다른 교육적 경험을 부여함으로써 이를 토대로 사회진출을 가능하게 한다.

셋째, 학생선발은 사회적 희소가치의 차등적 분배에 대한 합리화 기능을 한다. 즉 사회적 희소가치의 분배가 능력에 따른 교육경험의 결과라는 것을 암암리에 일반화시킴으로써 계층 간, 집단 간 갈등을 완화시키고 사회적 체제의 유지를 합리화한다. 학교는 능력 있는 사람을 분류 · 선발하는 합리적인 방안으로서 능력 있는 사람들이 높은 사회적 지위를 획득할 수 있도록 해준다.

넷째, 학생선발은 능력별 분류에 의한 서로 다른 교육적 성취를 통해 장래 성인사회의 직업적 분화에 기여한다.

[그림 9-1]에서 살펴볼 수 있듯이 기능론자들은 아동들의 적성에 맞는 학습기회를 제공하기 위하여 능력과 가정환경을 고려하여 분류하고 그에 적합한 교수방법과 교과내용을 선택해야 교육효과가 극대화된다고 주장한다. 즉 아동들은 능력에 따라 각기 다른 교육적 성취를 통해서 능력에 맞는 사회진출 기회를 가지게 됨으로써 성인사회의 직업적 분화에 공헌할 수 있다는 것이다. 이처럼 기능론적 관점에서는 교육을 통하여 사회구성원 각 개인의 능력에

따라 자아실현에 도움을 줄 수 있고 나아가 사회발전에 공헌할 수 있음을 상정하고 교육기회 확대론을 주장한다.

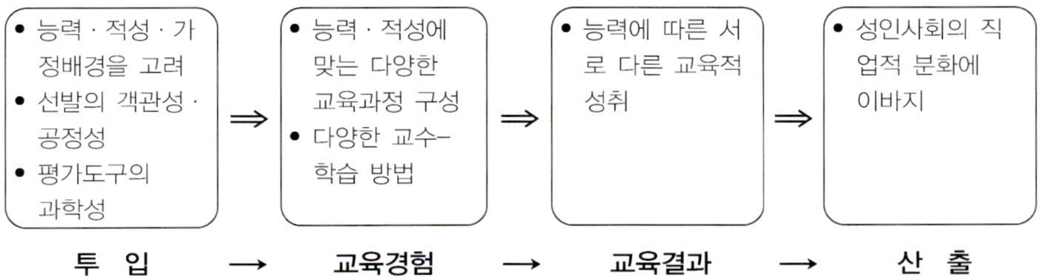

[그림 9-1] 기능주의의 능력별 선발관에 따른 사회진출도

출처 : 송병순(1987: 117).

3) 갈등론적 관점

전통적으로 학교의 선발 기능은 사회의 원만한 기능을 도모하기 위한 것으로 인식되어 왔다. 즉 업적주의 원칙에 따라 재능이 있고 충분한 노력을 한 사람에게는 적절한 사회적 보상을 해 줌으로써 계층 간 수직적 이동을 활발하게 하고, 아울러 사회평등화에 기여할 수 있다는 것이다. 그러나 갈등론자들은 이러한 관점에 대해 부정적인 입장을 갖고 있다.

갈등론자들에 의하면 학교에서 이루어지는 선발 과정은 불평등하게 이루어지고 있을 뿐 아니라 선발의 척도로서 업적주의 이념도 공정하게 적용되지 않는다. 즉 학교교육의 선발 과정은 지배계층에게 유리하게 편성되어 있기 때문에 피지배계층의 아동은 학교교육에 대한 적응력에서 불리할 수밖에 없다는 것이다. 학교교육은 인지적 기술보다는 가치 · 태도 · 규범 등과 같은 비인지적 요소를 강조하고 있다고 본다. 또 업적주의 이념을 바탕으로 한 지적 기술에 대한 평가도 표면상 공정성을 띠고 있으나 경쟁 과정에서는 지배계층이 유리할 수밖에 없는 위장된 평가이데올로기에 불과하다는 것이다.

학교의 선발 기능에 대한 갈등론자들의 비판을 두 가지로 요약할 수 있다(송병순, 1987: 117).

첫째, 사회에서는 능력주의 원칙에 따라 개인의 업적을 중심으로 사회적 지위가 배분되지 않는다. '능력에 따른 선발'은 이론적으로는 가능할지 모르나 실제적으로는 적용되기 어렵다.

둘째, 선발도구의 비과학성 및 선발내용의 계층 간 편파성으로 인하여 선발 방법상 객관성이 결여되어 있다.

보울스와 진티스 등 경제재생산론자들에 의하면 학교의 선발 과정은 지배계층이 자신들의 특권을 유지하기 위한 것이다. 지배계층은 학교교육을 통해 하류계층을 효과적으로 탈락시킴으로써 그들에게 순종, 복종, 열등감을 조장하여 자신들의 지배적 위치를 정당화한다. 따라서 학교의 선발 과정은 지배계층에게 유리하게 편성된 불평등한 위계구조를 심화시키는 기능을 한다. 결국 학교교육은 사회평등을 실현하는 제도적 장치라기보다는 사회불평등을 재생산하는 도구적 장치에 불과하며, 선발 과정은 이러한 기능을 수행하기 위한 지배전략에 불과하다는 것이다.

한편 부르디외 같은 문화재생산론자들은 학교교육에서 관심을 기울이고 있는 것은 상류계층의 문화적 풍토로서 학교에서는 지적 능력을 가르치는 것이 아니라 상류문화를 은밀하게 주입한다고 지적한다. 학교교육에서 문화자본이 풍부한 아동은 학업성취에 있어 상대적으로 유리한 입장에 놓이며 나아가 미래에 높은 사회적 지위를 차지할 가능성도 커진다. 결국 학교교육의 선발 과정은 지배계층에게 유리할 수밖에 없으며 불평등한 구조를 유지하는 데 기여하는 도구적 수단이라는 것이다. 이러한 문화재생산론자들은 학생선발의 사회적 의미를 다음과 같이 파악한다(송병순, 1987: 119~120).

① 학교교육의 선발 과정은 대부분의 특권지배층 자녀들에게 유리하다. 그 이유는 선발에서 다루어지는 내용들이 그들이 가정에서 경험하는 문화

내용이기 때문이다.

② 특정한 문화적 지위를 확보하고 있는 특권지배층은 그들의 지위를 정당화하기 위해 학교교육을 이용한다.

③ 특권지배층은 피지배계층을 유효하고 효율적으로 지배하거나 그들로부터 충성이나 노력을 얻기 위해 학교교육에서의 선발이 공정한 것처럼 정당화한다. 그러나 사실은 특권지배층 가정의 문화적 전통의 합리성을 학교교육에 투사시키고 있다.

④ 기존 엘리트들은 자신들의 권력을 도전에 의해 빼앗기는 일이 없도록 종속적이고 대항적인 집단에서 지도자가 될 수 있는 인재를 선발하여 학교를 통해 동질화시킴으로써 문화재생산을 영구화한다.

이상에서 살펴본 기능론과 갈등론의 선발관에 관한 주요 쟁점과 차이점을 다음과 같이 정리할 수 있다(송병순, 1987: 120~121).

첫째, 기능주의 이론은 사회체제의 유지 및 안정을 직업적 분화와 관련시켜 학교교육의 선발을 인력분배라는 관점에서 설명하는 반면, 갈등이론에서는 정치 · 경제 · 문화와 교육과의 관계에서 선발 과정에 내포된 불평등 요인을 지적함으로써 기능주의적 선발관을 비판한다.

둘째, 기능주의 이론에서는 교육기회의 확대로 평등사회의 이상 실현을 낙관하는 반면 갈등이론에서는 이를 허구라고 비판한다.

셋째, 기능주의 이론에서는 개인의 능력이나 적성을 고려하여 능력별 반편성 등을 교육적 선발에 고려하고 있으나, 갈등주의 이론가들은 이를 교사의 편의, 학교당국의 학사행정, 학교와 관련된 의사결정체의 압력에 의한 것으로 본다(이종각, 2013).

3. 교육경쟁

1) 학벌 · 학력주의(學歷注義)

역사적 추이를 겪으면서 우리나라의 교육은 점차로 공교육화되었으며, 학력이 모든 구조에서 가장 최상위에 서게 되었다. 일제의 억압과 미군정기의 교육을 거치면서 한국인의 사회이동과 지위경쟁은 학력에 바탕을 두게 되었고, 그것은 학력사회라는 현상을 낳게 되었다. 이러한 학력 경쟁은 오늘날의 고학력 현상과 사교육의 강화 등으로 이어져 하나의 사회적 증후군으로 자리 잡게 되었다.

학벌주의는 초등, 중등 그리고 고등교육을 받은 기간(years of schooling)을 의미하는 수직적 차원의 '학력주의(學力主義)'와 구별된다. 즉 동일선상의 학력이더라도 학교의 종류, 학교이름, 학과 등의 사회적 위신에 따라 다른 가치가 부여되는 이른바 '수평적 학력주의'를 학벌주의라고 설명할 수 있다. 한 사회에서 능력, 학력, 학벌의 삼자관계가 동등하게 다루어질 경우 그 사회는 자격 혹은 능력중심의 사회로 이동하는 반면에, 능력보다 학력과 학벌을 중시할 경우에는 모두가 높은 학력을 추구하는 고학력 인플레이션이 발생하게 된다. 특히 같은 학력 중에서도 특정의 학교 출신자가 실제적인 능력과 사회에 기여한 것에 비해 보다 많은 대우와 혜택을 보거나 심지어 권력을 독점하게 될 경우, 학벌주의는 사회적 차별과 불평등을 구조화시킬 수 있다. 학벌은 분명 계급은 아니지만 일종의 신분제처럼 작동하는 '학벌의식'은 현대판 한국식 신분제도로 고착화되고 있다.

학력사회 또는 학력주의 사회란 학력이 지위결정에 대단히 중요한 요소로 작용하는 사회를 말한다. 그러므로 학력주의는 어떤 개인의 인간됨과 능력을 단지 학력이 있는가, 없는가의 관점에서 보려는 행동유형으로써, 현재 우리 사회에 널리 보급된 사회적 인식이다. 학력에 따라 계층이 결정되는 사회가 있다면, 그것은 가장 전형적인 학력사회일 것이며 교육경쟁도 강화될 것이다.

학력주의는 두 가지 개념으로 구분이 가능하다. 첫째는 수직적 학력주의 개념으로써 초·중·고·대학·대학원을 졸업했는가의 구분이다. 고등학교 졸업보다는 대학 졸업이, 대학 졸업보다는 대학원 졸업이 사회적으로 높이 평가되는 관점이다. 둘째는 수평적 학력주의 개념으로써, 같은 대학교를 나오더라도 어떤 대학교, 어떤 전공이냐에 따라서 사회적 평판이나 명망이 구분되는 관점이다.

초기에 우리 사회에서 중시하였던 학력은 수직적 개념에 해당한다. 대학의 졸업장만이 사회로 진출할 수 있는 돌파구이며 신분상승의 유일한 통로였기 때문이다. 그러나 근래에 와서는 많은 학생들이 대학에 진학함으로써 대학 졸업보다는 어떤 대학, 어떤 전공을 졸업했는가가 중요한 준거가 되었다. 이런 측면에서 학벌주의는 새로운 학력주의의 문제점으로 대두되고 있는 실정이다.

일반적으로 우리 사회에서 학력이 중시되는 현실적인 이유는 다음과 같다. 첫째, 학력 이외의 방법으로 지위 향상을 꾀할 수 있는 통로가 거의 없다는 점이다. 둘째, 직업 취득의 과정에서 학력과 학벌에 따른 영향이 매우 심하다는 점이다. 셋째, 임금 정책에서 학력에 따른 차별이 심하다는 점이다. 넷째, 승진 정책에서 학력에 따른 차별이 심하다는 점이다. 다섯째, 결혼관습에서 학력에 따른 차별이 심하다는 점이다(이종각, 1998). 이런 현실적인 측면에서 학력은 우리 사회를 구속하는 중요한 이데올로기가 된다.

학력의 상품화는 이러한 학력이 자본주의 시장에서 하나의 상품이 되는 현상이며, 학력의 상품화는 다음의 두 가지 차원으로 나누어진다. 하나는 직무의 수행과 관련된 지식, 기술, 태도 등을 의미하는 학력이고, 다른 하나는 직무의 수행과는 관계가 없으나 학교교육을 통해서 습득되는 지식, 기술 태도 등을 의미하는 학력이다(고형일, 1996).

이러한 학력은 일반적으로 다음의 세 가지 기능을 가지고 있다.

첫째는 학력의 도구적 기능이다. 이 기능은 일정한 학습결과로서의 학력이 직업적 역할 수행에 유용한 측면을 말한다. 이 측면은 학력 팽창과 고학력 현상에 대한 기술기능이론에서 특별히 강조해 온 기능이다.

둘째는 학력의 질서적 기능이다. 이 기능은 한번 취득한 학력은 그 사람에게 일정한 자격을 일생동안 보장하게 되어 있는데, 이런 의미에서 학력은 개인에게 특정한 신분을 부여하게 되어 일종의 귀속적 지위를 보장하는 보증서 기능을 하게 된다. 그러므로 학력이 높은 사람은 결과적으로 높은 평가를 받고 학력이 낮은 사람은 낮은 평가를 받는 기능이 된다.

셋째는 학력의 선발적 기능이다. 도구적 가치와 질서적 가치를 동시에 가진 학력이 서로 경쟁을 하게 될 때, 많은 학부모와 학생들이 학력경쟁에 뛰어들게 된다. 그러므로 이 기능은 지적 능력을 높이고 지위상승을 원하는 사람들에게 동기유발의 원천이 되는 역할을 말한다. 따라서 학력이 도구적 가치, 질서적 가치, 선발적 가치를 모두 가질 때 진정한 의미에서 학력주의가 성립되는 것이다(석태종, 1996).

이런 면에서 보면 학교는 자신의 근본적이고 내재적인 욕구를 표현하고 충족시켜 줄 뿐만 아니라 외적인 보상, 즉 학점이나 졸업장 취득을 위한 활동공간이 된다. 그러나 학생들은 학교의 내면적인 목표보다는 외적인 목표를 더 중시한다. 따라서 인성이나 전인교육의 장으로서의 학교가 아니라 졸업장을 획득하는데 몰두한다. 이러한 졸업장 추구 현상은 결국 학교의 기능과 역할이 격하되었음을 의미하며, 나아가 졸업장에 표시되어 있는 능력보다 실제 자신의 능력이 낮은 학생들을 만들게 된다. 결과적으로 노동시장이나 사회적인 시각에서는 쓸모없고 가치가 떨어지는 무능한 노동자를 양산하게 되고 사회의 퇴보를 불러오게 된다.

이러한 현상은 학력 인플레이션이라는 용어를 생성하게 만들었다. 즉 교육시장에서 학력을 요구하는 곳은 없는데, 학력을 가진 사람들은 많아져서 학력이 본래의 가치를 못하게 되는 현상이다. 예컨대, 과거에는 대학을 나오면 직업이 보장되었지만, 지금은 대학원을 나와도 직업을 구하기 어렵다.

이러한 학력 인플레이션은 질적인 학력 인플레이션과 양적인 학력 인플레이션으로 구분할 수 있다(이한, 2000). 전자의 의미는 과거 대학생들은 시험성적에 별로 신경을 쓰지 않아도 취업이 되었지만, 현재는 학력 인플레이션에 따라 경쟁이 심화되어 성적을 잘 받아야 하기 때문에 금전적, 정력적, 시간적 투자가 훨씬 증가하게 된다는 것이다. 후자의 의미는 새로운 자격증 요구, 대학교육 이상의 학력 요구, 늘어난 교육년수, 더 많은 합격증 요구 등의 양적인 학력 인플레이션이 나타난다는 것이다. 따라서 이러한 현상은 동일한 노동시장에서 노동 강도는 두 배로 늘어났지만 소득은 오히려 감소하는 결과로 나타난다.

우리 사회에서는 졸업장이 모든 학력의 대표 수단이 되고 있다. 학생과 학교는 진정한 학력주의의 의미를 상실한 채 졸업장 추구라는 기이한 현상으로 빠져들어 교육의 문제를 더욱 가중시키고 있는 현실이다. 따라서 학력이 제대로 기능을 발휘하는 사회, 즉 단순한 졸업증서를 추구하는 사회가 아니라 학력 그 자체가 그 사람의 능력과 업적을 표현할 수 있는 사회가 되어야 한다. 그러기 위해서는 학력간의 임금 격차를 대폭 줄여야 하고 학력에 대한 사회의 차별적 인식과 편견을 없애는 것이 선결과제이다.

이상의 논의를 바탕으로 한국 학력 · 학벌사회의 구조를 [그림 9-2]와 같이 그려 볼 수 있다. 한국사회가 사회의 정치경제적 상황과 역사적 경험을 배경으로 하여, 세계체제상의 국가가 학교교육체제를 직접적으로 규정하는 가운데 학교교육체제를 통해 학력이 산출되고 이익집단의 네트워크를 통해 학벌이 형성되는 것임을 보여 준다. 또한 중앙/지방의 심각한 불균형이 존재하는 상황에서 학력 · 학벌이 사회를 구성하는 지표가 되고, 이에 상응하는 학력 · 학벌주의가 구조화되며, 그 사회적 신념체계의 망을 통해 학력 · 학벌사회의 현상들이 발현된다는 점을 나타내고 있다(김부태, 2014).

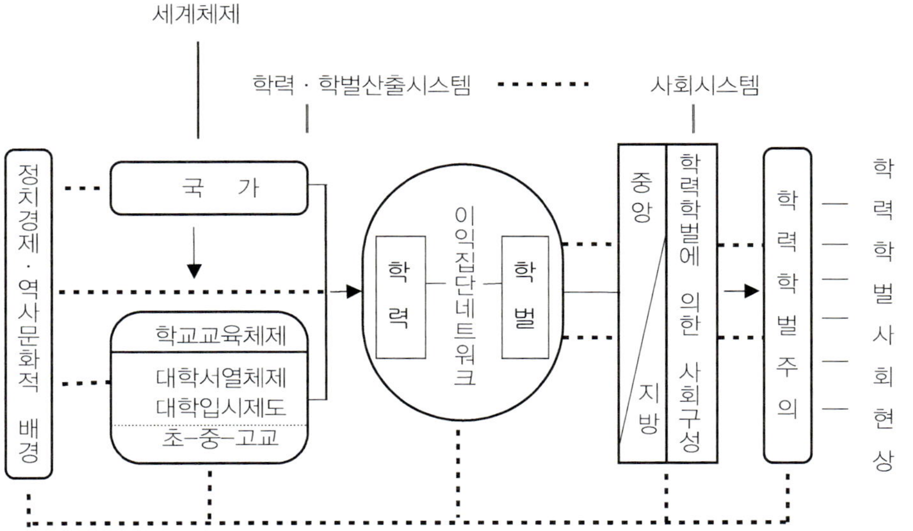

[그림 9-2] 한국 학력 · 학벌사회의 이론적 구조

출처: 김부태(2014: 14).

2) 학교의 지위분배 기능 강화와 교육경쟁의 심화

학교의 지위분배 기능이 커지면서 지위분배에 있어 학력의 중요성은 더욱 커지고 있다. 학력의 중요성이 커지면 학력주의 사회가 만연하고 교육경쟁도 심화된다. 즉 교육경쟁의 강도는 학교의 지위분배 기능이 커질수록 높아진다. 학교에서 직장으로의 사회적 진로개척에 학교교육의 결과가 결정적 영향을 미치는 학교의 사회적 지위분배 기능(地位分配 機能)의 비대화(肥大化)가 제도화(制度化)된 점이 현대 학교제도의 근본문제로 지적되기도 한다. 라이머(E. Reimer)는 교육에서만이 아니라 개인의 생활기회(life chances)에 있어서도 학교교육의 독점적 영향을 배격해야 한다고 주장한다(Reimer, 김석원 역, 1982: 31). 또 콜린스(R. Collins)에 의하면 학교제도가 신분제도의 대치물로서 지위경쟁의 수단으로 제도화되어(학력의 카스트제도화) 끊임 없이 학력경쟁이 지속되고, 그에 따라 학교도 상급으로 계속 팽창하고 있다. 이러한 학교의 사회적 지위분배 기능의 비대화는 교육경쟁을 강화시키고 교육경쟁의 연쇄적 효과에 따라 고학력 현상을 발생시킬 수밖에 없다.

민주사회의 이상 중 한 가지는 평등사회의 구현이며, 평등사회는 개방적 · 경쟁적 · 업적적 사회이동이 보장되는 사회이다. 이러한 사회이동에 학교교육이 중요한 기능을 하고 있는데, 바로 학교교육의 선발 및 지위분배 기능이 그것이다.

우리나라의 학제는 단선형에 속하는데, 그 특징은 교육에의 접근기회가 개방되어 있다는 것이다. 교육에의 접근기회에 대한 이제까지의 연구결과들에 의하면 접근기회에 가장 큰 영향을 주는 요인은 학업성취 수준과 가정의 사회 · 경제적 지위이다. 또 거주지역과 성의 차이에 따라서도 접근기회가 다르다. 외국의 경우 조기선발 시 학생의 능력 외에 가정의 문화적 배경의 영향이 작용하며, 좋은 학교에 선발된 학생에게는 엘리트 의식과 긍정적 자아개념을 심어 주는 반면 좋지 않은 학교에 선발된 학생에게는 열등감을 갖게 하는 것으로 보고되었다(Eggleston, 1974; Persell, 1977).

교육경쟁은 학력에 대한 가치부여 방식과 학교의 지위분배 기능의 정도에 따라 달라진다. 학력에 대한 가치부여 방식은 역사적으로 변화해 왔고 사회마다 차이가 있다. 학교의 지위분배 기능 또한 그러하다. 학교의 사회적 지위분배 기능의 비대화는 학교가 학력부여 권한을 독점하고 있다는 사실과 관련된다.

교육경쟁의 본질은 교육의 결과를 분배받기 위한 경쟁이다. 교육경쟁은 사회경쟁에 대한 준비과정에서 발생한다. 이와 같이 하나의 경쟁이 다른 경쟁의 과정적 수단 또는 준비로서 기능할 때 그것은 하위경쟁이며, 상대적으로 목표의 위치에 있는 경쟁은 상위경쟁이다. 즉 사회경쟁은 교육경쟁의 상위경쟁이다.

또 교육경쟁 내에서도 상위경쟁과 하위경쟁이 있다. 대학입시 경쟁은 상위경쟁이고 고교교육에서의 경쟁은 하위경쟁이다. 이와 같은 상·하위경쟁의 연쇄는 일부 계층에서는 유치원 단계에까지 내려와 있다. 우리나라의 교육경쟁의 종류를 학력경쟁(대졸학력 갖기 경쟁), 학벌경쟁(일류대 졸업하기 경쟁), 점수경쟁, 등수경쟁으로 나누어 볼 수 있다. 그 중에서 가장 치열한 경쟁은 학벌 및 학력경쟁이다. 학벌 및 학력경쟁은 점수 및 등수경쟁의 상위경쟁이다. 한국에서는 등수경쟁이 상위경쟁이고 점수경쟁은 하위경쟁이다(이종각, 2013).

4. 학교교육 문제의 해결방안

학교교육(schooling)이 곧 교육(education)이라고 간주하여 모든 노력을 투자하였고 학교교육의 만능주의적 발상은 아직까지도 우리 사회에 널리 퍼져 있다. 그러나 이와 같은 고정관념은 학력주의 문제, 부모들의 지나친 교육열, 입시위주의 지식교육, 학생들의 학교스트레스 등의 많은 문제점들을 만들어 내고 있다. 이러한 문제들은 학교교육에 지나치게 많은 교육적 기능을 부여함으로써 발생한 것이므로 이제 그 한계를 벗어날 수 있는 방안이 필요하다.

우리나라의 교육문제들을 해결할 수 있는 방안들을 살펴보면 다음과 같이 살펴볼 수 있다.

첫째, 도구주의적 교육 관점을 바꾸어야 한다. 일제강점기와 미군정기 등의 역사적 전환기를 겪으면서 우리의 교육은 과거와는 다른 모습으로 변모해 갔는데, 이러한 모습 중에서 가장 두드러진 특징은 교육의 도구주의이다. 교육을 경제, 정치, 종교의 도구로 보고 각 부문의 가치실현을 위한 도구로 활용하였다. 도구주의를 극복할 수 있는 방안 중의 하나는 교육을 보는 관점을 바꾸는 것이다. 교육을 완성된 집으로 본다면, 집을 지탱하는 것 중에서 가장 중요한 것은 네 개의 기둥이다. 따라서 교육이라는 집이 튼튼하기 위해서는 다음의 네 가지 기둥을 세워야 한다.

먼저, 교육은 알기 위한 학습(learning to know)이라는 기둥이다. 이것은 충분하고 광범위한 일반 지식을 소수의 주제까지 깊이 있게 적용할 수 있도록 조합하는데 쓰인다. 이는 또한 학습하기 위한 학습이라고 할 수 있으며 전 생애를 걸쳐 교육의 혜택을 받을 수 있게 해 준다. 이 학습은 가장 기본적이고 기초적인 학습내용이라고 할 수 있다.

다음은 행동하기 위한 학습(learning to do)이라는 기둥이다. 이것은 직업기술을 습득할 뿐만 아니라 보다 넓게는 여러 상황에 대처하고 팀을 이루어 일할 수 있는 능력을 얻는데 쓰인다. 또한 젊은이들이 겪는 사회경험과 직무경험을 통해 획득되는데, 그러한 경험들은 지역적, 전국적 맥락에서 볼 때 비공식적이기도 하고 공부와 일을 번갈아한다는 점에서는 공식적이기도 하다. 이 학습은 학교의 지식이 사회의 작업장으로 전이되는 과정으로써 앎으로서의 학습에서 행동으로 옮기는 실천의 학습이다.

그리고 함께 살기 위한 학습(learning to live together)이라는 기둥이다. 이것은 타인을 이해하고 상호의존성을 인정하면서 이루어진다. 이는 다원주의, 상호이해, 평화의 가치를 존중하는 정신으로 타인들과 함께 공동과업을 수행하고 갈등을 관리하는 법을 배우면서 얻어진다.

마지막으로 존재하기 위한 학습(learning to be)이라는 기둥이다. 이것은 개인의 인성을 보다 잘 성장시키고 보다 큰 자율성, 판단력, 책임감을 가지고 행동할 수 있게 해 준다. 따라서 교육은 인간의 어떤 잠재력도 소홀히 해서는 안 된다. 여기에는 추리력, 기억력, 미적 감각, 체력, 의사소통 기술이 포함된다(유네스코 21세기 세계교육위원회 편, 1997).

이러한 조건하에서 교육이 이루어진다면 교육의 전인성이나 인간성의 문제는 쉽게 해결될 수 있을 것이다. 왜냐하면 교육 본연의 목적에 근거한 합리적인 학습이 일어날 수 있기 때문이다. 이처럼 교육을 보는 관점의 변화는 보다 높은 상위의 지식을 강조하는 '인격적 지식'의 발전을 강조한다. 인격적 지식은 아는 지식과 행하는 지식을 통합하는 것이다. 우리가 흔히 지식이라고 하면 세계를 이해하는 지성적 앎의 도구로 인식하지만, 진정한 지식은 그 앎을 실천하는 행위적 지식이어야 한다. 따라서 학생들이 진정으로 자신에게 남아 있어야 할 자질과 능력이 무엇이어야 하는지 근원적 질문을 해 보아야 한다.

그 동안 우리나라 교육은 지나치게 도구주의 교육관에 의해 지배되었기 때문에 전인교육이나 올바른 인성교육의 측면이 소홀히 다루어져 왔으며 학벌주의, 일류대학 지상주의 그리고 교육의 종속성의 측면이 지적되어 왔다. 교육에서의 인력양성이 사회적 유용성이 아니라 목적으로 행해진다면 많은 교육문제들이 해결될 것이다.

둘째, 인성 및 창의성을 함양하는 새로운 교육과정을 추구해야 한다. 현행 입시위주의 교육을 벗어나기 위해 창의성 교육을 실시하는 것이 하나의 방안이 된다. 창의성 교육은 지식위주의 교육이 아니라 학생의 창의력을 최대한 신장시킬 수 있는 방안을 고안하여 실행하는 것이라고 할 수 있다.

무엇보다 중요한 방법은 현행 입시제도의 과감한 개혁이 요청된다. 현행 입시제도 하에서의 치열한 입시경쟁은 우리 교육을 비정상화시키고 학생의 창의적 발상을 저해하는 근본원인이 된다. 그러므로 입시 경쟁의 치열성을 완화시키는 방안이 필요하다. 지나친 진학열을 정상화하기 위해서는 사회 전반의 보상체제 개편, 고용 관행의 개선, 계층 구조의 변화, 가치관의 재정립이 필요하다.

대학입학시험의 평가 방법도 개선되어야 한다. 대학의 학생 선발에서 암기교육이 아닌 정상적인 학교교육을 받은 학생일수록 유리하거나 입시 평가문제가 창의적 사고능력을 측정하는 방향으로 출제된다면 전국의 모든 고등학교는 창의성 함양을 위한 교육에 열을 올릴 것이다.

새로운 교육과정에서 무엇보다 중요한 것은 교과서에 대한 새로운 시각을 가지는 것이다. 교과서의 내용을 금과옥조처럼 생각하는 관점에서 벗어나 학생들의 삶으로 교육내용을 전환하는 시도가 필요하다.

셋째, 학교교육의 다양화 정책이 시행되어야 한다. 학교는 학생들의 삶과 배움의 중요한 터전이다. 모든 학생들이 학교에서 즐겁고 보람있는 생활을 할 수 있도록 교육을 개선할 수만 있다면 많은 문제점들은 해결할 수 있다. 그러므로 우선 학교를 학생들이 즐겁게 생활하고 배울 수 있는 곳으로 만들어야 하는 것이 전제조건이다. 학교교육의 다양화를 시행할 수 있는 방안은 다음과 같다.

먼저, 학교를 소규모로 만드는 장기 정책을 수립해야 한다. 개인의 다양성을 인정하고 개성을 존중하려면 대규모 학교보다는 소규모 학교가 훨씬 유리하다.

다음으로는, 공교육과 사교육 간의 관계를 재정비해야 한다. 과거나 지금이나 공교육과 사교육은 그 기능이 거의 중복되고 있다. 앞으로 우리 교육이 추구해야 할 평등은 다양한 기회가 주어진 교육평등을 추구해야 한다.

교육계에 팽배해 있는 불신풍조를 개선해야 한다. 교육정책을 수행하는 정부에 대한 신뢰 붕괴, 교사에 대한 신뢰 붕괴, 학교에 대한 신뢰 붕괴가 중첩되어 있으며, 그야말로 총체적 신뢰 위기를 맞고 있다. 이러한 붕괴는 교육정책의 비일관성과 작은 변화와 관련이 있다. 정권으로부터 교육정책이 어느 정도 자율성이 확보되어야 한다는 논리가 성립한다.

마지막으로 교육환경을 추구하는 이들을 위해서 다양한 학교를 제공해야 한다. 현재처럼 표준화된 학교운영 방식으로는 교육수요자들을 만족시킬 수 없다. 학교들이 다양한 방식으로 운영되는 것을 용납해야 한다. 폐쇄적 교육평등주의 논리를 극복해서 소비자의 욕구와 능력에 따라 다양한 교육기회를 제공해야 하며 다양성이 보장된 교육평등이 이루어질 수 있는 교육토양으로 개편되어야 한다(김경식 외, 2011).

학교교육의 문제를 해결할 수 있는 방법은 공교육의 정상화이다. 여러 비판에도 불구하고 공교육은 현실적으로 교육을 받을 수 없는 계층들에게 많은 교육기회와 혜택을 제공한 것은 부정할 수 없는 사실이다. 어떤 제도이든 시간이 흐르면 처음의 사상이나 제도들이 변질되는 것처럼, 공교육도 효율적 운영이란 미명하에 관료주의적 운영체제에 빠지게 됨에 따라 현재의 많은 문제들이 발생하였다. 이제는 공교육의 관리자적 입장이 아니라 학생들이 가고 싶어 하는 학교, 배울 가치가 있는 학교, 가장 쉽게 배울 수 있는 학교가 되도록 해야 한다. 확고하고 올바른 교육문화의 정립이 필요하며, 이를 위해서는 학부모, 교사, 교육 관계자들의 의식개혁이 우선적으로 선행되어야 한다.

제10장

다문화교육

1. 다문화교육의 배경과 필요성
2. 다문화교육의 개념과 내용
3. 다문화교육의 실태
4. 다문화교육의 문제점과 해결방안

우리 사회에서 과거와 비교해서 가장 달라진 현상 중의 하나는 수많은 외국인의 등장이다. 아시아의 작은 나라였던 우리나라는 88년 서울올림픽이나 2002년 월드컵 등을 통해서 외국에 많이 알려지게 되었다. 국제적 인지도가 높아짐에 따라 외국인 근로자, 프로 스포츠, 국제결혼 등을 통해서 외국인들이 자연스럽게 우리 사회에 유입되고, 드라마, 영화, 시사다큐멘터리 등에서는 그들이 사는 모습과 사고방식을 보여 주었다.

이러한 사회적 변화와 함께 '다문화'라는 용어가 우리 사회에 등장하게 되었다. 그러나 단일민족과 문화를 강조하는 우리 사회와는 달리, 외국은 오래 전부터 다인종, 다문화 사회를 대비한 교육을 진행해 왔다. 이러한 교육방법을 다문화교육(multicultural education)이라고 지칭하면서 문화를 바탕으로 하여 교육과정과 이론들을 개발하고 있다.

문화는 전달이라는 수동적인 측면과 창조성이라는 능동적인 측면을 가지고 있다. 국민들의 의식과 가치관을 정립하는 동시에 국민 개개인의 생활방식을 질적으로 향상시키며, 청소년들에게는 비판적 사고와 자아완성의 기회를 부여한다. 그러므로 문화를 가르치고 새롭게 해석하는 다문화교육은 학생들이 미래사회에 부딪히는 문제점을 해결해 주어야 한다.

본 장에서는 다문화교육의 개념, 목적, 방법에 대해 살펴보고자 한다. 또한 우리나라 다문화교육의 실태를 진단하고 이를 통하여 다문화교육의 문제점과 해결방안을 모색하고자 한다. 이러한 논의는 우리의 문화를 바탕으로 외국의 문화를 수용함으로써 현대에 만연한 교육의 문제들을 해결하고 교육이 나아갈 본연의 길을 제공해 준다는데 그 의의가 있다.

1. 다문화교육의 배경과 필요성

1) 다문화교육의 배경

서구의 다문화사회 형성이 우리나라에 비해 비교적 단순하고 역사가 긴 것에 비해 우리나라가 다문화사회로 형성되어 가는 과정과 배경은 좀 복잡하고 단기적이다. 서구의 다문화사회 형성은 국가 형성 초기부터 연합체로 시작하였거나 중간에 국가의 정책적 필요에 의하여 순수 이민정책의 도입으로 형성되었다면, 한국은 처음부터 단일민족으로 장기간 유지되어 오다가 갑자기 다문화사회가 형성되어진 것이다.

미국은 1820년대부터 1960년대까지 140년간 3,450만 명의 이민을 받아들여 커다란 이민 물결을 이루었으며, 이민 목적이 경제, 종교, 정치적 요인이 주를 이루어 '인종백화점'이라 부른다. 유럽은 주로 자발적으로 이민이 생겨남으로써 다문화사회로 이행하였으며, 아프리카에서는 쇠사슬에 묶여서 강제로 다른 나라로 이주해 간 경우가 많았다. 라틴아메리카는 정복과 병합에 의하여 전쟁 인계 정치난민이 이주의 주요 원인이었으며, 아시아에서는 노동자로 돈벌이를 위하여 이주하였거나 난민 자격으로 이주해 온 경우가 많다.

우리나라는 독특한 역사적 상황과 정치·사회적 맥락에서 북한 탈출 이주민이 생겨났고, 조선족이 이주하게 되었다. 또한 도농격차의 사회적 문제로 인해 '농어촌 총각 장가보내기'의 일환으로 결혼 이주여성이 생겨나게 된 것이다. 그리고 산업현장에서 3D(Dirty, Dangerous, Difficult) 업종에 필요한 근로자를 확보하기 위하여 연수생이라는 명목으로 외국인 근로자들이 입국하게 되었다. 최근에는 특정 종교의 정책으로 국적이 서로 다른 나라 남녀의 결혼이 우생학적으로 우월하다 하여 국제결혼이 증가하면서 주로 일본계 여성들의 국내유입이 늘고 있다. 이렇게 여러 가지 경로를 통하여 이주는 하였지만 이주자의 이주목적과 받아들이는 편에서의 생각이나 목적이 서로 달라서 여러 가지 문제가 야기될 가능성이 많으며 또한 문제가 나타나는 경우도 종종 있다(성용구, 2009: 221~222).

2) 다문화교육의 필요성

서로 다른 역사와 문화를 가진 국민들이 함께 살아가게 될 경우 다문화에 대한 확고한 가치가 요구된다. 크리스틴(I. Christine, 2007: 12~13)은 다문화교육의 핵심적 가치를 ① 문화적 다양성의 수용과 인정, ② 인간의 존엄성과 보편적 인권에 대한 존중, ③ 공동체적 세계에 대한 책임, ④ 지구에 대한 존중이라고 말하고 있다. 이러한 가치들은 다문화교육의 추진에 있어서 강력한 윤리적 기반으로 작용한다.

현대국가에서 다문화교육이 왜 필요한지에 대하여 크리스틴은 다문화사회로서 미국의 현실을 고려하여 다음과 같이 네 가지로 역설하고 있다. 이러한 필요성은 우리나라의 실정에도 그대로 적용된다.

(1) 교육의 평등성과 수월성에 대한 요구

주류사회 학생들과 소수사회 학생들 사이에 나타나는 학업성취의 격차를 줄이기 위한 목적에서 일련의 교육개혁이 이루어지고 국가의 적극적인 개입이 필요하다. 교육의 평등이 없으면 교육의 수월성도 무의미하다. 다문화교육은 다양한 민족에 대한 지식을 축적하고 그것을 교육과정에 반영함으로써 교육의 평등성과 수월성을 추구한다.

(2) 다민족사회의 존재

글로벌 사회에서 민족 간의 이동은 빠르게 이루어지고 있다. 한국은 2006년에서 2008년 2년 사이에 두 배가 넘는 다문화가정이 증가하고 있는 실정이며 이후 계속 가파르게 증가하고 있다. 학교는 문화적 다양성을 인정해야 하며 문화적으로 다원화된 학생들을 교육해야 하는 상황에 직면하고 있다.

(3) 상호 연계된 사회의 존재

글로벌화된 현대사회에서는 생활의 전 영역에 걸쳐서 전 지구적인 협력이 요구되고 있다. 앞으로는 전 지구적으로 상호 연계된 문제들이 일상생활에서 더욱 빈번하게 부각될 것이다. 상호 연계된 세계 질서에 대하여 미리 준비하고 학습하는 자세가 요구된다.

(4) 평등과 민주주의적 가치

다문화교육에서는 불평등한 사회가 가지고 있는 문제들을 직접 다룬다. 그리하여 인종차별을 하지 않는 민주적 가치를 지닌 사람으로 변화시키기 위하여 생각과 행동을 교육할 필요가 있다.

3) 우리나라 다문화교육의 특징

한국적 상황과 서구의 상황은 근본적으로 다르므로 우리나라 다문화교육의 목적과 방향도 다르게 정립되어야 할 것이다. 기본적으로는 글로벌 사회 인식에 기초하여 열린 시각으로 방향을 설정해야 할 것이다.

최충옥 외(2009: 136)는 우리나라의 다문화교육은 단일민족주의를 다문화주의로 대체하기보다는 혈연중심의 폐쇄적 민족주의를 지양하고 다양한 문화적 소수자들을 포용할 수 있는 개방적인 열린 민족주의로 전환해 나갈 필요가 있다고 주장한다. 그렇다면 단일민족주의의 폐쇄성을 극복하고 다문화주의의 개방성을 수용해야 할 것이다.

한편 새터민과 조선족을 대상으로 한다면 단일민족주의를 포기할 수가 없다. 따라서 단일성과 다양성의 긴장을 조율하고 극복할 수 있는 교육목적을 설정하여야 할 것이다. 새터민과 조선족에게는 단일민족주의를 지키면서 정치 · 사상 측면에서는 동화형을, 문화와 습관의 측면에서는 통합형을 절충하는 정책을 견지해 나갈 필요가 있을 것이다.

반면에, 근로이주자의 경우는 그들의 문화와 관습을 인정하면서 우리 사회에 잘 적응할 수 있도록 돕는 통합형 정책이 필요한 것이다.

결혼 이주여성 가족의 경우, 이주여성과 자녀에게 각기 다른 정책모형이 적용되어야 할 것이다. 즉, 결혼 이주여성에게는 그들의 모국문화를 인정해 주면서 한국사회의 정착을 돕는 정책이, 이들의 자녀에게는 아버지의 국적에 따라 정당한 한국인으로 성장할 수 있도록 하는 동화형 정책이 적용되어야 할 것이다.

결국 다양한 다문화교육 대상자들의 특성에 따라 그들이 원하는 맞춤형 교육을 체계적으로 실시해야 하는 숙제가 우리에게 놓여 있다. 도움을 받는 나라에서 도움을 주는 진정한 선진국으로 자리매김하기 위해서는 다문화교육의 체제 전반을 선진화해야 한다.

2. 다문화교육의 개념과 내용

1) 다문화교육 관련 개념

다문화교육(multicultural education)은 어떤 면에서 문화교육의 한 영역이라고 할 수 있다. 사실 문화교육의 가용 범위는 한 국가의 거시적 문화에서부터

한 개인의 습관과 같은 미시적 문화에 이르기까지 광범위하다. 한편으론 눈에 보이는 구체적 사건이나 문서화된 형식적 사상들이 거의 없는 것도 사실이다. 이러한 문화교육의 측면을 보완하면서 새롭게 등장한 교육의 영역이 다문화교육이다. 현재 다문화교육은 몇 가지 개념과 혼동되어 사용되고 있다. 다문화교육과 관련된 개념은 다음과 같은 것들이 있다.

첫째, 국제이해교육(EIU: Education for International Understanding)이다. 이것은 제2차 세계대전 이후 전쟁 방지와 국제 평화 유지에 대한 관심이 높아지면서 도입된 것이다. 하지만 국제이해교육이 서로 독립적인 국가 및 정치 공동체들 사이의 교류 및 관계 개선에 일차적인 초점을 두었다면, 다문화교육은 한 국가 공동체 내부의 문화적 이질성에 기반하여 하위집단 간의 형평성 증진에 초점을 둔다. 또한 국제이해교육은 보수적인 입장에서 국가 간 권력 불평등의 문제 등에 대한 깊숙한 관여를 하지 않고 해외 교류, 외국인 초청, 국제 캠프 참여 등을 중심으로 한 타문화간 교류를 강조한다. 반면에 다문화교육은 교육의 형평성이나 구조적 불평등을 부각함으로써 더 진보적인 교육이라고 할 수 있다.

둘째, 반편견교육(Anti-bias Education)이다. 이 교육은 학생들이 성, 다문화, 인종, 민족, 장애, 사회계층, 종교에 상관없이 모든 사람들에 대해 편견을 갖지 않고 존중하며, 이러한 편견에 적극적으로 대응하는 능력을 길러 주기 위한 교육을 말한다. 반편견교육은 교육과정이 일상적인 교육과정과는 분리되어 특정 주간에 행해질 가능성이 많다. 그래서 주로 음식문화, 전통의상, 가구 등과 같이 특정 문화에 대해 잠깐 가르치는 방식을 가지며, 학생들은 소수집단의 문화를 잠깐 방문했다가 다시 주류문화로 돌아가는 경향이 있다. 반면에 다문화교육은 이러한 피상적인 교육을 넘어서서 인권 및 사회정의의 관점에서 학생들에게 비판적인 사고 및 적극적인 사회적 행동을 요청하는 것이라고 할 수 있다(구정화 외, 2009).

다문화교육의 개념은 여러 입장들이 있으나, 특히 다문화주의적 관점에서 찾을 수 있다. 다문화주의는 미국과 같은 다인종국가에서 자국의 문제점을 해결하기 위해 생겨났다. 즉 여러 인종들이 모여 살면서 발생하는 다양한 문제들을 이해하고 해결방안을 찾기 위한 시도였다. 이러한 사회 각 분야의 시도들이 1960년대 들어서 시작되었으며 1980년대에 이르러서 본격적으로 교육과 사회운동의 형태로 나타났다. 특히 학업성취에 대한 논란이 가속되었던 1960년대에 문화실조론적 입장에서 많은 환경론자들은 학생들의 조기교육을 강조하였다. 그래서 헤드스타트(Head Start) 등 많은 조기교육을 실시하였으나 별로 효과를 거두지 못했다. 왜냐하면 많은 교육프로그램들이 학생들의 문화나 환경을 고려하지 않고 어느 특정계층의 교육방식을 일방적으로 구성하였기 때문이다.

이런 문제점을 개선하면서 나타난 문화다원론적 입장은 학생들의 인지방식이나 정서적 성향을 고려한 새로운 다문화교육 프로그램을 강조하게 되었다. 즉 학생들의 사고방식이나 환경을 고려하여 다양한 언어의 사용이나 그림 등을 활용한 프로그램을 적용함으로써 상당한 효과를 얻게 되었다. 이에 따라서 저소득층이나 소수민족에 대해서 문화적 다양성을 인정하는 인식이 사회에 뿌리내리게 되면서 다문화교육이 확산되었다.

그러므로 초기의 다문화교육이 문화가 결핍된 학생들에게 문화를 제공하여 어느 수준까지 끌어올리려는 입장이었다면, 후기의 다문화교육은 학교 내의 인종차별주의에서부터 성차별, 계층 간의 차별 등으로 계속 발전된 모습을 보이고 있다. 따라서 다문화교육은 서로 다른 문화에 대한 이해와 배려를 바탕으로 다양한 문화, 인종, 성, 사회계층에 상관없이 평등한 교육기회를 제공하고자 한다. 이를 바탕으로 궁극적으로 인류의 보편적 문화가치를 추구하고 세계가치와 문화적 다원성을 강조한다. 그러므로 다문화교육이란 자기 문화에 대한 정체성을 바탕으로 타문화에 대해 개방적이고 이해적인 태도를 길러 미래의 문화사회에 적응하게 만드는 교육이라고 할 수 있다.

결국 다문화교육은 어떤 한 사회 내에 존재하는 다른 집단의 문화에 대한 이해를 통해서 서로 공존하려는 태도를 습득하며, 이 과정에서 하위집단들 간의 형평성 문제에 관심을 기울인다.

2) 다문화교육의 목표

다문화교육의 목표는 많은 학자들에 의해서 제기되고 있는데, 일반적으로 다음의 6가지로 살펴볼 수 있다(Banks, 2006).

첫째, 다문화교육은 자기 이해의 심화를 추구한다. 사회를 자신의 문화적 관점에서만 파악하는 사람들은 편협한 상태에 놓여 있으며, 인간의 총체적 경험을 이해하지 못하므로 자신의 문화도 충분히 인식할 수 없다. 이해와 지식을 통해 존경이 나올 수 있다고 가정하는 다문화교육은 개인들로 하여금 다른 문화의 관점을 통해 자신의 문화를 바라보게 함으로써 자기 이해를 증진시키고자 하는 것을 목표로 한다.

둘째, 다문화교육은 주류 교육과정에 대안을 제시하는 것을 목표로 한다. 미국의 경우 학교 교육과정에서는 권력과 영향력을 소유하고 있는 주류 백인 집단의 역사와 문화에 초점을 맞추어 왔다. 백인중심의 교육과정은 주류 학생과 유색 인종 학생 모두에게 해로운 영향을 미친다. 우선, 주류 학생들에게는 자신들의 문화에 대해서만 가르침으로써 소수민족 문화의 풍부함에 대해 가르치지 않는다. 또한 소수민족 학생들은 교육과정이나 학교문화가 이질적이어서 사회에서 성공하기 위해 필요한 기능들을 습득하는데 장애를 겪고 있다.

셋째, 다문화교육은 모든 학생들이 다문화사회에서 요구되는 지식과 기능, 태도를 습득하는 것을 목표로 한다. 예컨대 미국의 경우 주류 백인의 학생들은 흑인 영어의 독특함과 풍부함을 배울 필요가 있고, 흑인 학생들은 자기 가족과 공동체로부터 소외감과 이질감을 느끼지 않으면서 주류 사회에서 성공할 수 있도록 표준 영어를 말하고 쓸 수 있어야 한다.

넷째, 다문화교육은 다문화가정 자녀들이 인종적 · 신체적 · 문화적 특성 때문에 겪는 고통과 차별을 감소시키는 것을 목표로 한다. 소수계 학생들은 학교와 주류사회에 동화되어 성공하기 위해 의도적으로 자신들의 민족적 유산과 정체감, 그리고 가족마저 부인하는 경우가 있다. 민족적 정체감은 자아정체감을 구성하는 중요한 부분인데, 민족적 문화와 정체성을 거부하는 것은 소수민족 집단의 사회화 과정에 악영향을 미친다.

다섯째, 다문화교육의 목표는 학생들이 전지구적(global)인 테크놀로지 세계에서 알아 가는데 필요한 읽기, 쓰기, 그리고 수리적 능력을 습득하도록 돕는 것이다. 다문화교육가들은 다문화교육의 내용이 학생들로 하여금 지구촌시대에 살아가는데 필요한 기본적 기능을 습득하도록 해 준다고 가정한다. 다문화적 자료와 정보는 학생들에게 의미 있고 학습 의욕을 고취시킬 뿐만 아니라 이를 통해 습득한 기능은 성인으로서 직업을 구하고 살아가는데 실질적인 도움을 준다.

여섯째, 다문화교육은 학생들이 자신의 공동체에서 제구실을 하는데 필요한 지식, 태도, 기능을 다양한 집단의 학생들이 습득하도록 도와주는 것이다.

이처럼 다문화교육은 자신의 문화를 바탕으로 다른 문화의 가치를 존중하며 다문화사회에서 성공적으로 적응할 수 있도록 하는 것이 목표이다. 이런 목표를 성취하기 위해서는 타인의 문화를 이해할 수 있는 능력과 문화적인 다양성을 받아들일 수 있는 마음의 자세가 전제조건이다. 또한 다문화사회에서 서로의 역할을 수행할 수 있도록 공동체 의식의 함양과 사회적인 배려가 필요하다.

결국 다문화교육의 목표는 미래의 상호의존적인 세계에서 서로 공존해서 살아가기 위해 요구되는 지식이나 기술을 알고 실천함으로써 개인과 사회의 발전에 기여할 수 있는 태도를 가지게 하는 것이다.

3) 다문화교육의 내용

다문화교육의 교육내용은 다음의 네 가지 형태로 볼 수 있다(양영자, 2008).

첫째는 소수자 적응교육이다. 이것은 기존의 주류 사회가 새로운 이주자를 받아들이는 첫 단계에서 사회통합을 위해 가장 보편적으로 행해지는 교육으로 동화주의자(assimilationist)의 관점에 기초하여 주류 사회로의 동화에 초점을 맞추는 것으로 지배적인 교육유형이다. 소수자 적응교육은 기초학습 능력과 한국문화정체성 함양, 한글 능력 향상과 한국문화 이해의 심화 등이 교육의 주된 내용이다.

둘째는 소수자 정체성 교육으로서, 다문화주의자들의 관점에 기초하고 있다. 소수자의 정체성 함양에 초점을 맞추어 이들이 자존감을 회복하고 자신이 속한 문화집단에 자부심을 가지도록 하는데 관심을 기울인다. 그들만의 고유한 특성을 지닌 것으로 인정하면서 교육하는 것을 말한다.

셋째는 소수자 공동체 교육으로서, 두 가지 측면에서 요구된다. 하나는 소수자들의 정서적 지지를 위한 정서적 지원망 확보에 도움을 줄 수 있다는 것이고, 다른 하나는 소수 인종 문화집단 간 혹은 소수 집단 내에 갈등이 생길 때 요구되는 교육으로서 집단 간 이해를 도모하여 긴장과 갈등을 경감시키고 이들의 집단 간 사고의 지평을 확장시켜 주는데 초점을 두는 교육이다.

넷째는 다수자 대상의 소수자 이해 교육으로서, 다수자를 대상으로 소수자에 대한 차별과 편견의식을 제거하는 데 초점을 맞추는 것이다. 소수자에 대한 편견 제거와 차별 철폐를 이루려면 다수의 인식 변화를 꾀할 수 있어야 하며, 따라서 국가 교육과정을 통해 이루어지기에 가장 적합한 교육내용이다.

이런 교육내용을 바탕으로 한국 다문화교육의 유형, 관점 그리고 Banks의 모델을 시간적 차원에서 비교하면 다음의 〈표 10-1〉과 같다(양영자, 2008).

표 10-1 **한국 다문화교육의 개념화 모델**

유형 / 시간	한국 다문화교육 유형	관점	Banks의 다문화교육과정 개혁 모델
단기	소수자 적응교육	동화주의자	주류 중심 모델
	소수자 정체성 교육	다문화주의자	문화 첨가적 모델
	소수자 공동체 교육		다문화 모델
중기	다수자 대상의 소수자 이해 교육		
장기	모두를 위한 교육		
	다문화교육과 국제이해교육의 연대	문화다원주의자	전지구적 모델

다문화교육과정은 서로 다른 문화적 배경을 가진 사람들을 포용하고, 서로의 문화를 공유하며 그들에게 우리 문화를 올바르게 인식시키고, 우리 또한 다른 나라의 문화에 대해 개방적이고 수용적인 태도를 가지도록 하기 위한 프로그램을 의미한다. 이런 점에서 볼 때 다문화교육과정은 소수만을 위한 특정 프로그램이 되어서는 안 되며, 모든 학생들이 다문화사회에서 책임 있는 시민으로 살아가고 사회를 이해할 수 있게 하는 지식, 가치·태도, 기능을 가지게 하는 것을 목표로 하는 다문화주의에 바탕을 두고 설계될 필요가 있다. 즉 다문화교육의 목표에서는 다양성을 존중하는 다문화사회 형성과 아울러 문화적 정체성 확립을 통한 공동체 사회 형성이 강조되어야 한다. 이런 면에서 다문화교육과정의 내용을 요약하면 〈표 10-2〉와 같다(정정희, 2006).

표 10-2 다문화교육과정의 내용

영역	내용
문화	• 각 문화 간의 유사점과 차이점의 특징 알기 • 각 문화에 대한 이해 및 존중심 기르기 • 문화 간 긍정적 태도 발달시키기
협력	• 다양한 사람들과 상호작용 및 협동 능력 증진하기
반편견	• 선입견, 편견, 고정관념에 대한 비판적 사고 형성하기 • 문제 상황에 대처 능력 기르기
정체성 형성	• 긍정적 개념 기르기 • 정체감 및 집단 정체감 형성하기
평등성	• 국가, 민족, 성, 능력, 계층에 대한 긍정적 태도 기르기 • 인간이 평등하다는 가치 형성하기
다양성	• 다양한 개인과 집단의 존재 인정하기 • 다양성 존중하는 마음 갖기

따라서 다문화교육의 영역과 내용은 문화의 일반적인 의미를 파악하는 것으로 시작한다. 문화의 기능, 특징, 속성 등의 개념을 인식하고 문화 속에 공존하는 사람들 간의 다양한 문화현상을 이해함으로써 세계 공동체 협력의 필요성을 자각할 수 있도록 하는 것이다. 그러므로 여러 문화의 공통점과 차이점을 찾아서 서로 협력하고 상호의존적인 세계관과 정체성을 가질 수 있도록 교육과정을 구성해야 한다.

결국 다문화교육과정은 다문화교육 대상자들의 다양한 입장에서 고려되고 설계되어야 한다. 만일 일방적인 주류문화의 주입을 목적으로 다문화교육과정이 편성된다면 학생들의 문화적 결손이 심화되어서 제대로 우리 사회에 적응하지 못하게 될 수도 있다.

3. 다문화교육의 실태

1) 이주자 대상별 다문화교육 상황

한국에서의 다문화가정은 이주자 대상별로 그 특징이 다른데 그들의 교육적 상황도 각기 다르게 나타난다. 다문화교육의 상황을 이주자별로 살펴보면 다음과 같다(성용구, 2009).

(1) 이주근로자 가정

이주근로자 가정은 공장이나 산업체가 많이 입주해 있는 도시 주변지역이나 공단지역에 많이 분포되어 있다. 그들은 특히 한국말을 하지 못하여 다른 사람의 도움이 없이는 자녀들의 학교 입학을 하거나 전학을 스스로 해결하지 못한다. 이주근로자 자녀들을 입국 후 한 달 이상 장기간 학교에 입학시키지 않는 경우가 허다하다. 또한 부모들이 생계유지에 바빠서 자녀교육을 돌볼 여유가 없고 때로는 아이들에게 집안일을 담당하게 하여 취학을 안 하는 경우도 있다.

이들에게 가장 큰 문제는 체류신분 문제이다. 연수생이라는 신분으로 일정 기간이 지나면 비자가 만료되어 불법체류 신분이 된다. 이주근로자들은 신분적 불안감에서 오는 스트레스와 저임금으로 인한 경제적 스트레스를 받고 산다. 이러한 스트레스는 학교생활 적응과 학업수행에 부정적인 영향을 줄 수가 있다. 그러나 이주근로자 자녀들은 학업성취에 대한 욕구가 강하며 그들의 부모들 또한 자녀들에게 거는 기대가 높다. 이들의 강한 학습동기와 기대감을 학업성취나 학교 적응능력 개발에 연결시켜 주어야 할 것이다. 그러기 위한 국가의 정책적 지원과 학교에서 교사의 지도능력도 질적으로 향상되어야 할 것이다.

외국인근로자 가정 자녀들의 적응 전략도 다양하다. 김경근 외(2009)의 연구에서는 이주근로자 가정 자녀들은 적응 전략을 다음 세 가지로 설명하고 있다.

첫째, 적극적 동화에 의한 주류화 전략인데, 스스로 한국 사회로의 적극적인 동화전략을 통하여 자신의 자리를 만들어 나가는 경우다.

둘째, 거리두기 전략인데, 한국의 사회문화에 일정한 거리를 두고 자신들만의 자리를 만들어 나가는 경우다. 즉, 한국 사회 적응과정에서 '보호 메커니즘'에 의해 주류문화와는 일정한 거리주기 전략을 취하면서 자신들의 진로를 모색한다.

셋째, 동화와 거리두기에서 균형잡기 전략인데, 주류사회로의 동화 욕망도 강하고 의식적으로 한국사람으로 살려고 하지만 분리적 경험이 가끔 이들을 또래나 교사로부터 거리를 두게 만들었다고 한다.

(2) 결혼 이주여성 가정

"여성 결혼 이민자"로 불리는 이들은 결혼을 하기 위하여 이민을 택한 것으로 이해할 수 있지만, 실제로는 여성 개인과 그 가족의 경제적 이해관계의 실현을 위하여 여러 경로 중 '결혼이주'라는 경로를 택한 것이기에 문제가 있다. 이들의 국제결혼 동기로는 경제적 동기가 38.2%로 남편 사랑이 36%라는 비율보다 높다. 결혼 이주여성 가정은 남편과의 사랑을 바탕으로 형성되기보다는 경제적 이득을 따져서 결혼을 한 것이기 때문에 가정생활에 문제가 많다. 이들 가정에는 남편과의 이혼문제, 자녀교육문제, 언어 소통문제 등이 복합적으로 나타날 가능성이 많다.

우리나라에서 국제결혼 가정은 초창기에는 주로 농어촌 지역에 많이 분포되어 있었지만 최근에는 도시에도 많이 살고 있다. 이들 가정은 1990년대 이후 여성들이 결혼을 기피하는 농어촌 지역에 나이 많은 총각들을 장가보내기 위하여 동남아 계통의 여성들을 신부로 받아들여 가정을 이루게 한 것을 계기로 다문화가정이 성립된 것이다. 결혼을 못하는 총각들은 다른 총각들에 비하여 학벌이나 경제적 지위에 있어서 매우 낮은 처지이다.

(3) 북한이탈 주민 가정

1990년대 이후 북한사회에서 식량이 모자라 탈북자들이 늘어나기 시작하였다. 2008년 말 탈북자 수는 대략 1만 5천 명이었는데, 2014년에는 3만 명을 넘어섰다. 탈북자들의 대다수가 남한으로 망명 이주해옴에 따라 새터민으로 명명되어 국가차원에서 관리되었는데, 이들은 오랫동안 분단되어 살다 보니 이질문화가 형성되어 남한사회에 정착하게 될 때 일종의 다문화가정으로 볼 수밖에 없다. 새터민들은 여러 가지 사정상 대안학교와 같은 곳에서 교육이 이루어질 수밖에 없다. 취학연령에 해당하는 주민들이 약 20%를 차지하고 있으나 2014년 현재 초·중등교육 취학 대상자는 1천 7백여 명인데 이 중에 1천5백여 명이 수학을 하고 있다. 대학 재학생도 6백여 명에 육박하고 있다.

통일에 대비하는 새로운 과제로서 북한이탈 학생의 교육에 대한 한만길(2009: 13~15)의 주장을 요약하면 다음과 같다.

첫째, 북한이탈 학생들은 교육 취약집단이다. 북한이탈 학생들은 가정의 경제적 빈곤, 부모의 저학력, 불안정한 취업상태로 사회 경제적 수준이 낮은 편이고 우리사회에서 소수자이며 학교에서도 냉대받고 소외받기 쉬운 교육 취약집단이다. 학부모들도 남한사회에 대한 이해 부족과 경쟁적인 풍토에 익숙치 않아 자녀에 대한 교육적 지원도 부족하다. 이들은 남북한 교육용어의 차이와 교육과정의 차이 그리고 탈북과정에서 교육의 공백기로 인하여 학업성취 수준이 매우 낮은 편(초등학생의 경우 우리나라 학생의 58.6% 수준)이다.

둘째, 북한이탈 학생들은 심리적·사회적 부적응의 문제를 안고 있다. 이들은 탈북과정에서의 충격과 갈등, 탈북으로 인한 죄책감, 제3국에서의 불안과 공포, 남한사회에서의 새로운 충격 등으로 대부분의 학생들이 정서불안, 충동조절장애, 자해위험성, 대인관계 부적응 등의 문제를 가지고 있다. 이들은 남한에서의 경쟁적인 풍토, 북한과 다르게 본인이 모든 걸 판단해야 하는 현실, 과잉 사교육 등에 많은 어려움을 겪고 있다.

셋째, 북한이탈 학생들은 포부를 실현하고 재사회화를 통하여 장래 우리사회의 통일역군으로 성장시켜야 한다. 이들에게 제공되는 재적응 교육은 3개월 정도면 끝이 난다. 이들을 지도할 전문적 자질을 갖춘 교사도 없으며 특별한 교육프로그램도 지도할 여건도 역량도 부족한 현실이다. 민간단체나 복지기관에서 보충교육을 실시하고 있으나 비체계적이고 재정이나 전문 인력이 영세한 편이다. 이들을 포용하여 앞으로 남북한 사회통합의 역군으로 일익을 담당할 수 있는 역량을 길러 주어야 한다.

(4) 조선족 가정

1980년대 후반 친지방문으로 시작된 조선족의 국내유입은 한 · 중 수교가 정상화되면서 본격적으로 이루어져서 외국인 유입인구 중 가장 많은 비율을 차지한다.

90년대 초 한국에 취업하기 위한 밀입국이 절정에 이르렀는데, 동북 3성에만 150명의 밀입국 브로커들이 판을 쳤으며, 당시에 한국 내에 4만여 명의 밀입국체류자가 생겨날 정도로 조직적이며 대규모의 밀입국이 이루어졌다.

조선족의 한국 유입은 '연변처녀 농촌총각 짝짓기 운동'이라는 국제결혼으로도 추진되었다. 한국인 브로커의 알선으로 조선족 동포들이 사기를 당하고 매매혼이 이루어지는 등 부작용이 심각해지면서 한 · 중 양국정부는 위장결혼 방지를 위한 공조체제를 구축하였다.

조선족은 중국에서 교육열이 가장 높고 사회 · 문화 · 경제수준도 가장 높은 소수민족이다. 중국이 타 민족에 대하여 강한 동화정책을 쓰고 있음에도 불구하고 조선족은 조선말을 사용하고 민족학교를 세우고 민족자치를 시행할 만큼 강하고 독특한 집단이다. 5백만이 넘는 재외 한국인 중 중국에 사는 한인들이 절반에 달하는 규모를 보아서도 그들은 우리에게 매우 중요한 민족 집단이다.

조선족은 한국 및 북한, 기타 해외 동포와의 민족 동질성을 지니고 있기에 국가적 소속과 민족적 동질성 문제로 선택을 강요받고 있는 상황이다. 이들은 정치, 경제, 사회, 문화, 역사의 각 부문에서 복잡한 문제들이 걸쳐있는 집단으로 많은 시각의 차이가 존재한다.

조선족은 1990년대 후반에 많이 형성되어 서울 구로구에만 약 15,000명이 거주하고 있으며, 특히 가리봉동 주변에 약 12,000명이 거주하고 있다. 2006년에는 서울시에 공식 등록된 인구만 252,190명이나 되어 서울 내 최대 단일 외국인 거주지역으로 "옌변거리"를 형성하고 있을 정도이다. 조선족 마을은 저소득 소수민족 집중거주지역의 예와 유사하게 조선족 특유의 전문음식점들이 늘어 서 있다(김은미 외, 2008: 24, 28).

2) 다문화가정 자녀의 학교생활

다문화가정 아동들의 학교생활은 외모, 부모의 국적과 한국어 능력, 그리고 자녀에 대한 관심에 따라 각기 다른 양상을 보이고 있다. 외국인근로자 가정처럼 부모 모두가 국내 체류 자격이 연수생인 경우에는 법적 신분이 불안정하여 자녀들이 국내 학교 입학이 허용되지 않는 경우가 허다하다.

다문화가정 아동의 수업 적응과정을 살펴본 결과 조혜영(2007)은 한국에서의 체류연한, 한국어 수준, 가정의 지원 정도, 개인적 성향에 따라 다음과 같이 다양한 모습을 보인다고 보고한다.

한국으로 이주한 지 얼마 되지 않아 한국어에 익숙하지 못한 아이들의 경우 학교에서 보내는 시간이 매우 괴롭다. 또한 한국에서 태어났을지라도 어휘가 어렵거나 사회 문화적 배경지식이 필요한 수업의 경우에는 이해하기가 힘들다. 국어의 읽기 분야에서 읽기 능력이 유창하지 못하거나 수학 문제를 풀 때 문제의 지시내용을 이해하지 못하여 문제를 풀지 못하는 경우도 있다. 한국의 문화와 역사, 사회생활을 학습하는 사회과목을 어려워한다. 체육이나 미술 등 언어적 의사소통이 많지 않은 과목 시간에는 별다른 어려움이 없어 보인다. 한국어에 익숙해지고 한국의 수업과정을 따라잡은 아이의 경우는 비교적 학업적응에 성공하고 있음을 보인다. 하지만 한국의 문화에 동화되면서 자신의 어머니 혹은 본국의 언어와 문화를 잊어버리거나 정체성의 문제가 발생하게 된다. 한국어 및 교과 내용에 익숙하지 못한 아이들은 숙제하기가 굉장히 힘들다. 학교에서 제시하는 알림장 및 준비물을 챙기는 것은 부모님의 몫인데 부모가 도와줄 수 없는 상황에서 지역지원센터의 도움을 받거나 준비물이나 과제를 아예 해 가지 않는 경우도 많다.

조혜영(2007)의 연구에서는 교우관계를 살펴볼 때 일반학교에 다니는 다문화가족 자녀들은 반 친구들과 잘 어울려 지내지만, 다문화 배경 자녀들이 비교적 많은 학교와 대안학교에서는 다문화가족 자녀들끼리 보다 잘 어울리는 모습이 나타나고 있다. 저학년의 경우는 언어와 외모의 차이에서 오는 교우관계 어려움을 경험하고 있었으나 고학년의 경우 반 친구들은 의식적으로 다문화 배경 친구들에 대해 배려를 하고 있음을 알 수 있다. 아직 한국어에 익숙하지 않은 다문화가정 자녀들의 경우에는 나이에 비해 2~3학년 낮은 학급에 배정되어 또래보다 나이가 많은 경우도 있다.

4. 다문화교육의 문제점과 해결방안

1) 다문화교육 프로그램 운영의 한계

우리나라 다문화교육의 한계는 대체로 다음과 같이 정리될 수 있다.

첫째, 한국의 다문화교육은 다른 문화에 대한 교육을 인종이나 국가의 차별성에 기초하여 가르치고 있음이 한계이다.

둘째, 한국 다문화교육의 실제는 다양성이나 다중성을 강조하기보다는 동화에 초점을 두고 교육하고 있음이 한계이다.

셋째, 한국의 다문화교육의 실제에서는 다문화가정 개인이나 가족의 장점에 초점을 두기보다는 한국에 대한 지식이나 한국인으로서의 능력을 기르는데 초점을 맞추고 있음이 한계이다.

넷째, 한국 다문화교육의 실제에 있어서 다문화가정의 문화적 차이와 인간관계에 초점을 두고 이를 사회적 정의와 민주주의에 연결시키려 하기보다는 비교적 한국문화에 동화시키려는 보수적 성격이 한계이다.

한편, 우리나라 다문화교육 현장에도 구조적으로 나타나는 한계가 있다. 다문화교육 현장에서 경험한 류성환(2007: 268~271)은 다문화교육의 한계를 다음과 같이 세 가지로 지적하고 있다.

첫째, 우리의 다문화교육 현장에서는 이주노동자의 노동권과 인권문제로 접근한다. 열악한 노동 환경에서 인권침해를 받는 이주노동자도 권리와 존엄성을 갖는 이웃으로 안정해 달라는 것이다.

둘째, 이해보다는 체험위주의 접근을 시도하고 있다. 다른 나라의 역사와 민족, 종교, 예술 등에 대한 문화적 이해보다는 음식체험, 놀이체험에 상당 부분을 할애하고 있다. '먹거리' 문화로 치부해 버린다는 내부적 비판을 받고 있다.

셋째, 상식적이고 단편적인 문화의 접근에만 치우친다. 다문화교육을 기획하는 주체가 이주민이 아닌 지원단체의 실무자이기 때문이다. 실무자가 이해하고 있는 문화적 이해는 다른 사람도 이해하고 있는 부분이다. 현장에서 실무자가 기획하는 다문화교육은 일반인도 인지하고 있는 상식적인 이해의 수준에만 그칠 때가 많다.

다음으로, 다문화교육은 연속기획보다는 일회적 교육으로 끝난다. 내국인들은 다양한 문화에 대한 호기심과 문화적 이해에 대한 욕구가 발생하게 된다. 그러나 지속적인 프로그램이 없기에 다수자의 요구에 의한 욕구들은 묻혀버리고 만다. 결국 사회적 소수자가 살아가기에 알맞은 사회적 환경을 만들어 내는 것은 다수자의 변화에 의해 생겨날 수 있는 것이다. 그런데 다수자의 욕구에 대한 지속적이고 계획적인 다문화교육이 없다는 것이다.

마지막으로, 다문화교육의 주체와 대상자 문제를 지적한다. 교육의 주체가 이주민 지원단체인 것은 현실이다. 자원을 가지고 있는 곳이 이주민 지원단체라고 해도 교육계와 문학계, 학계에서의 적극적인 참여가 필요하다. 이주노동자나 이주민이 아닌 현장 실무자의 시각에서 다문화교육이 기획되고 실행되었다. 따라서 현장 실무자의 의도대로 교육되며 이주노동자 공동체의 의견보다도 현장 실무자의 시각이 지배적일 수 있다. 다수자의 변화에 대한 관심도 부족하다. 다수자인 한국 사람들, 특히 교육적령기의 학생들은 다문화교육에 지대한 관심을 갖는다. 그러나 현장에서의 다문화교육은 이들을 충족할 만한 지속적이고 계획적인 대안을 내놓지 못하고 있다. 소수자 보호를 위한 다문화교육 뿐만 아니라 다수자 변화를 위한 다문화교육으로 전환해야 한다.

2) 다문화교육 담당 교사의 전문적 자질 문제

한국에서는 아직까지 다문화교육을 담당하고 있는 현장의 교육자들에게 전문적인 훈련이나 경험이 제대로 이루어지지 못하여 다문화교육자로서의 자질이 부족한 실정이다. 다문화 경험이 없던 교사들이 학생들을 만나게 되면 당황하게 되며 어떻게 대처해야 할지 모르며 심지어 무엇을 가르쳐야 하는지에 대해서도 확실한 대안도 없는 편이다.

조혜영(2007)은 교사들이 다문화가족 자녀들에 대해 연민이나 동정심, 혹은 어렵던 시절 외국으로 나갔던 사람들을 떠올리며 '지원이 필요한 학생들'이라는 인식을 갖게 된다고 한다. 초기에는 연민으로 도와주려고 하던 관점이 그래서는 안 된다는 쪽으로 바뀌며, 관심이 있고 이들과 상호작용 경험이 많았던 교사들은 다문화가족 내의 구조적 문제에 대해서 안타까워하고 있다고 한다.

고학년인 경우 사춘기를 맞고 있는 아동들의 정서를 고려해야 함과 동시에 배경이 다른 아동에 대해 의식적으로 한국 아동들과 구분되는 상호작용을 하지 않으려 하지만 그게 쉽지 않다고 한다. 또한 교사들은 같은 기준을 적용해서는 안 된다는 의식을 가지고 미안해하거나 답답하다고 한다. 다문화교육 담당 교사들은 특히 아이들 및 학부모와의 의사소통의 어려움에 대해 토로하고 있는데 학부모와 의사소통이 제대로 되지 않아서 지도가 매우 어렵다고 한다.

3) 일반인들의 다문화 수용성 문제

다문화가정과 학생에 대한 일반 학생들의 수용현황을 보면 그들의 인식과 행동이 다르게 나타난다. 일반학생들은 의식적으로는 다문화가족 자녀들과 잘 지내야 한다는 생각을 하고 있다. 다문화가정 자녀들에 대한 배려가 강조되고 다양성 수용에 대한 의식적 노력이 있기 때문에 다문화 인종주의적 편견이나 배제를 표면적으로 드러내는 경우는 예전에 비하여 많이 줄어들었다. 다문화가정 아이들에 대하여 우호적인 발언을 하거나 서로 어울려 지내야 하는 사이라고 인식은 하고 있다. 하지만 이러한 인식이 일상의 자연스러운 실천으로 항상 이어지는 것은 아니다. 대부분의 학생들은 외국인 친구에 대해 우호적인 태도를 지닌 반면에 일부 학생들은 부정적 태도 및 거부감을 드러내기도 한다. 소수이긴 하지만 학생들 중에는 외국인 자체에 대하여 적대감을 표하는 경우도 있다(조혜영, 2007).

학생들과는 별도로 일반 국민들의 정서는 아직 부족한 편이다. 특히 이들을 고용하는 업주들의 생각에 많은 문제들이 있다. 이주근로자 유입정책은 값싼 노동력을 선호하는 기업에서 외국인근로자 채용이 늘면서 한국 노동자들이 실직을 하게 될 것이라는 우려도 있고, 임금인상이 미루어질 가능성도 있다는 부정적 시각도 존재한다. 정부의 외국인 관련 정책에 대한 비판의 글 중 탈북자나 결혼 이주여성보다는 외국인근로자 이민정책에 대한 글이 월등히 많다는 점에서 사회불안의 요소와 갈등의 원인이 될 수 있다(김혜순, 2008: 49)고 보는 사람도 있다.

한국민의 다민족 다문화 지향성을 조사한 황정미 등(2007)의 연구에 의하면 첫째, 한국인은 다문화사회로의 진입을 어느 정도 체감하고 있고 법과 제도의 변화, 외국인이주자 지원정책의 필요성 등은 대체로 인정하고 있으나 이들을 국민이나 가족으로 수용하는 데는 주저하고 있다. 둘째, 문화 다양성의 수용에서 세대별 차이가 난다. 특히 20대에서 대체로 외국문화에 대해 개방적이지만 주로 선진문화에 치우쳐져 있으며, 세계화에 대한 균형감각과 이주민에 대한 이해도는 낮은 편이다. 셋째, 외국과는 달리 생산직 중 소득이 낮은 집단에서 외국인에 대한 관용적 태도가 높았으며 최상층이 중산층보다 오히려 배타적인 응답을 하고 있다.

다민족 · 다문화사회로의 이행에 대한 한국 사회의 수용현실을 연구한 김이선 등(2007)의 연구에 의하면 한국인들은 이주민들에 대하여 개방적이고, 다문화사회로의 변화에 대해 긍정적 가치를 부여하기보다는 이주민이 현저히 증가하는 현실을 인식하는 정도라고 밝히고 있다. 이 연구에서는 다음과 같은 수용현실을 엿볼 수 있다.

첫째, 한국민들은 외국인에 대한 사회적 거리감이 크며, 외국인을 받아들이는데 상당히 폐쇄적이다. 여성결혼 이민자들이 지역사회의 주체로서 적극적으로 참여할 가능성에 대해 그다지 긍정적인 전망을 가지고 있지 않으며 지역사회에 대한 기여도나 활동 역량에 대해서도 다소 냉소적인 반응을 보이고 있다.

둘째, 한국민들은 선진국 지향성과 개도국 출신자에 대한 부정적 편견을 가지고 있다. 경제발전 수준과 문화적 자본으로서의 가치를 기준으로 이주민과 타 문화에 대한 태도를 분화시키는 글로벌 상호 문화지향의 영향을 크게 받는다. 이는 중국과 동남아 중심의 개도국 출신자가 이주민의 대부분이라는 우리의 현실을 고려할 때 수용성 차원에서 긍정적으로 작용하기가 힘들다.

셋째, 다문화가정의 자녀들은 학업성취에 문제가 있는 '결핍'과 '부적응'의 존재로 받아들이는 경향이 짙으며, 결혼 이주여성들은 결혼과정에 문제가 있는 신뢰할 수 없는 대상으로 인식하거나 사회성원으로서 불완전한 존재로 받아들이고 있다.

넷째, 이주민에 대한 태도 형성은 국민들이 직접 관계를 맺는 특정한 이주민들과의 개인적 경험을 통하여 형성된다. 결혼이민자를 지역 주민으로 대하는 이들이나, 국제결혼 자녀나 외국인 근로자 자녀를 학생이나 교우로 대하는 이들 역시 이주민들을 완벽한 역량을 갖춘 사회구성원으로 받아들이는데 여전히 소극적이다.

외국인근로자들을 고용하는 업체에서 이들에 대한 횡포가 아직도 많이 있는데 특히 불법 체류 신분인 근로자들에게는 약점을 이용하여 임금을 주지 않거나 미루고, 성적 희롱을 하는 등 잘못된 행위들이 언론에 기사화되기도 한다.

4) 다문화가정에 대한 교육적 지원 문제

일선 학교에서는 아직 다문화교육의 역사가 일천하고 축적된 경험도 적기 때문에 학교에서 일관된 지원을 하기에는 어려움이 있으며, 지원방안 마련에도 교사들의 개인 역량을 활용할 수밖에 없는 상황이다. 주변에 이주민 적응을 위한 지원센터가 없는 경우 비슷한 처지의 학부모를 만나 위안을 얻고 어려움을 토로하는 수준이다. 지역에 외국인 근로자센터나 결혼이주민 지원센터에서 자녀교육 지원 프로그램을 실시하고 있는 경우는 학교와 연계하여 적절한 지원이 이루어지는 사례도 있다(조혜영, 2007).

결혼 이주여성이 시어머니와 함께 동거하는 경우 한국의 문화 및 자녀 양육

관행에 대해 잘 모른다는 이유에서 어머니 · 자녀 관계에서 어머니의 역할을 거의 행사할 수가 없다.

어머니가 자녀의 학교교육 지원과 관련하여 다양한 한국어 어휘 및 교육 관행을 알지 못하는 점은 자녀 교육 지원에 큰 어려움을 주고 있다. 자녀의 알림장이나 일기장 등을 보아도 무슨 말인지 이해할 수 없는 점이 가장 큰 어려움이며, 언어 및 여러 가지 배경 지식의 한계로 자녀의 숙제를 도와주는 일이 힘들다. 자녀들이 한국어에 익숙해져 가는 속도와 이주민 부모가 한국어에 익숙해지는 속도는 차이가 커서 자녀와의 대화가 점차 줄어들게 된다.

이주민들은 자녀들이 모국의 문화 혹은 어머니의 문화에 대해 좀 더 알았으면 하는 바람을 가지고 있다. 한국생활에 적응한 뒤에는 부모의 언어나 문화를 유지하고 나아가 이중의 정체성을 가지고 살았으면 좋겠다고 말한다. 그러나 그러한 교육열이나 기대가 충족되기에는 당국의 지원이 부족한 것이 현실이다(성용구, 2009).

합법적인 체류 신분임에도 불구하고 한국사회의 관행은 소수 민족이나 문화적 배경을 가진 사람들이 편안하게 거주하여 안착할 수 있도록 하는 분위기가 아니어서 다문화가정에 대한 지원은 더욱 절실하다.

제11장

페미니즘과 교육

1. 페미니즘의 개념
2. 성역할 사회화
3. 양성평등 교육

지구상에 인간이 존재하기 시작한 이래 여성과 남성은 서로를 필요로 하면서 함께 살아왔다. 그러나 이 두 집단이 서로 조화롭고 평등한 관계만을 유지해 온 것은 아니다. 그보다는 한쪽이 다른 쪽을 지배하는 불평등한 관계를 지금까지 지속시켜 왔다. 남성지배 · 여성종속이라는 불평등하고 수직적인 관계 속에서 여성은 강요된 희생에 고통당하며 억압된 삶을 살아왔던 것이다.

남녀 사이에는 생리적인 차이가 존재한다. 그리고 사회적인 차이나 심리적인 차이는 생리적인 차이에 기인한 부가적 현상이다. 그런데 우리 사회는 단순히 남녀간에 생물학적으로 '다르다'라는 차이 이상으로 다양한 측면에서 남녀간에 차등적 가치를 둔다는데 문제의 심각성이 있다.

오늘날 사회는 세계화의 경쟁 속에서 여성의 사회적 역할이 강조되고 있다. 정보화 · 다원화된 정보사회에서는 농경사회에서 요구되는 육체적인 힘의 논리보다는 창조적이며 유연한 사고를 소유한 인력을 절대적으로 필요로 한다. 이 사회가 여성적 사고와 능력을 필요로 하고 있으며 여성의 역할이 현대사회를 변화시킬 수 있는 강력한 힘으로 대두되고 있는 실정이다.

남성과 여성이 조화를 이루며 살아가는 것은 자연의 법칙이다. 여성이 없는 혹은 남성이 없는 세상이란 존재할 수도 없듯이 남성과 여성의 상호인정과 존중이 보장되지 않는 사회는 자연의 섭리에 위배되는 사회이다. 한 가정 내에서 부부가 상호 존중하고 인정할 때 그 가정이 화목하듯이 사회조직 내에서도 남성과 여성이 상호 존중하고 인정할 때 사회적 조화가 잘 이루어져 건강하고 행복한 공동체의 삶을 누릴 수 있을 것이다.

이러한 맥락에서 본 장에서는 페미니즘에 대한 학문적 연구의 과정과 교육적 관점 및 양성평등의 당위성에 대해서 구체적으로 알아보고자 한다.

1. 페미니즘의 개념

1) 페미니즘 등장 배경

인류는 오랫동안 남과 여의 양성을 중심으로 살아왔다. 이러한 이분적 양성에 따라 역할이 주어졌고, 그 역할은 고정화되었다. 역할 차이에 따른 차별은 당연한 것으로 받아들이며 인류 역사는 존속되어 온 것이다.

하지만 인류는 발달의 과정에서 차이에 따른 차별의 문제에 대해 고민하기 시작했고, 저항하기 시작하였다. 시간이 흐름에 따라 그 저항은 물결에서 성난 파도가 되었다. 그럼에도 불구하고 사회적 관습이나 가부장적인 남성 지배사상은 차별을 만들었고, 그 차별은 여전히 존재한다. 따라서 이러한 차별은 여성을 보조적이고 수동적인 존재로 여기게 하여 사회활동에 소극적인 입장을 취하도록 유도해 왔고, 결국 여성이 제도권의 중심에서 멀어짐으로써 소외당하고 있는 실정이다.

세상의 절반은 여성이다. 여성과 남성은 헌법이 보장하는 평등한 권리를 가지고 태어난 존엄한 인간이다. 그러나 여성과 남성은 인간이기에 앞서 여성으로서, 또는 남성으로서의 역할을 수행하기를 기대하고 이를 가치판단의 준거로 삼는다.

특히 우리나라는 유교적 가부장제의 전통이 강하게 자리하고 있기 때문에 여성은 여성대로 남성은 남성대로 사회적으로 규정된 성정체성(gender identity)에 따라 성역할에 대한 기대에 구속되어 있다고 볼 수 있다(송인자, 2004). 따라서 이러한 남성중심의 사회는 여성들을 억압하고 지배하는 풍조로 이어져 남성과 여성의 관계는 상호 보완적 관계가 아닌 구속적 불평등한 관계로서 많은 사회적 문제로 나타나게 되었다.

실제로 한국 사회에서 여성을 말할 때는 늘 이중적 잣대를 들이대며 곱지 않은 시선을 받아야 했다. 오랜 동안 남성중심의 가부장적 권위주의 문화에 길들여진 한국의 주류문화를 대안적인 양성평등 문화로 변혁하고자 하는데 있어서 주류문화의 저항과 그 문화에 길들여진 여성층의 침묵은 현재까지 진행되고 있는 인간 해방적 양성평등 문화 조성을 어렵게 만드는 근간이라는 것이다(강순원, 2003).

우리 헌법에서는 '모든 국민은 법 앞에 평등하며, 누구든지 성별 · 종교 또는 사회적 신분에 의하여 정치적 · 경제적 · 사회적 · 문화적 생활의 모든 영역에 있어서 차별을 받지 아니 한다'라고 명시하고 있다. 남녀차별 금지 및 구제에 관한 법률에서도 헌법의 남녀평등 이념에 따라 고용, 교육, 재화 · 시설 · 용역 등의 제공 및 이용, 법과 정책의 집행에 있어서 남녀차별을 금지하고, 이로 인한 피해자의 권익을 구제함으로써 사회의 모든 영역에서 남녀평등을 실현함을 목적으로 하고 있다.

그럼에도 불구하고 우리의 현실은 폭포의 물이 아래로 일방적으로 흐르듯이 남성 주도적 사회분위기가 결국 여성들의 소심한 목소리로 이어져 남성위주의 편향적인 사회로 고착화되었다고 볼 수 있다. 물론 많은 페미니즘 운동들이 어느 정도의 양성평등 사회를 이끌었다고 볼 수 있지만, 실질적인 측면에서는 아직도 남성과 여성의 동반자적인 평등관계가 아닌 수직적 일방통행식 관계가 나타나고 있는 실정이다. 따라서 보다 한국 사회가 양성평등적인 분위기에 익숙해지고 자연스러울 정도로 발전하기 위해선 사회전반적 제도들과 교육적 노력들이 요구된다고 볼 수 있다.

2) 페미니즘의 정의

페미니즘은 1960년대 말부터 서구에서 몰아닥친 반체제 운동의 거센 물결을 타고 마치 성난 파도처럼 퍼져 나갔다. 이처럼 인류 역사를 통하여 어떤 운동이나 사상도 페미니즘 만큼 폭발적인 관심을 끈 적은 일찍이 없었고, 그 절박성과 열정은 가히 종교운동을 떠올리기에 충분하였다(변기찬, 2003).

우선 페미니즘의 정의에 대해서 알아보자.

페미니즘은 흔히 여성해방론, 여성주의, 여성중심주의, 여권론 등 다양한 개념으로 번역되어 사용되지만, 통상적으로 페미니즘 원어 그대로를 대체로 사용하고 있다. 일반적으로 페미니즘은 양성평등의 이론에 기반을 두고 남녀의 동등한 권리에 관한 사조로서 통상적으로 정의된다. 페미니즘이란 용어의 어원은 여성과 여성적인 것을 나타내는 female에서 비롯되어 여성 중심적, 여성성 지향으로 여성 존중 의식을 나타내고 있다. 이는 인류 사회가 역사 이래 남성 중심적으로만 진행되어 왔기 때문에 그 동안 은폐되고 왜곡되어 온 여성의 활동과 삶을 우선적으로 부각시키기 위한 것이며, 궁극적으로 남녀가 평등한 사회를 지향하기 위함이다(안혜련, 2001).

페미니즘 사전에 의하면 남녀평등의 신념을 바탕으로 한 여성의 권리주장으로 정의되며, 어떠한 방법이나 이유이건 여성의 종속에 대해 깨닫고 그것을 마감하려는 것을 가리킨다. 또한 페미니즘은 여성을 취급하는 사회적 방식이 어딘가 잘못되었다는 인식에서 시작하여 여성 억압의 원인과 규모를 분석하고 여성해방을 실현하려는 것이라고 적고 있다(조희원, 2006 재인용).

한편, 장필화(2001)는 페미니즘은 성평등 이념이며 동시에 이를 실현하기 위한 이론으로서 여성이 인간으로서 갖는 기본적 권리를 실현하기 위한 과제로 설명하고 있다.

첫째는 인간은 누구나 빈부, 인종, 계급, 능력, 장애유무 혹은 역할의 차이에 관계없이 하나의 인간으로 존중받을 수 있는 인간적 존엄성을 가진 존재라는 의미의 확인이고,

둘째는 상대적인 의미로서 비교집단이 되는 남성 집단과 동등한 대우를 받을 권리를 의미한다. 즉 남녀동권은 형식적 평등뿐 아니라 실질적 평등, 나아가 결과적 평등으로 나타나야 한다고 정의하고 있다.

3) 페미니즘에 대한 교육적 접근들

페미니스트 이론의 발전에 대한 광범위한 분석적 전망은 스탠포드대학교의 노딩스(N. Noddings, 1990, 1994)에 의해서 발달되었다. 노딩스는 남성과 같이 평등을 추구하려는 제1물결의 관점, 남성위주의 세상 속에서 여성의 우수함을 강조하고, 남성권위의 세상에 무비판적인 동화를 거절하는 제2물결의 관점, 낡고 새로운 질문들의 신중한 통합으로부터 기인하는 문제해결들을 추구하고, 제1물결과 제2물결의 단계에서 달성되었고, 탐구되었던 것들을 비판하는 것으로의 제3물결을 설명하고 있다.

송현주(2002)는 페미니즘 운동을 시대별로 문제삼는 주제에 따라 다양하게 분류될 수 있으나 크게 제1물결로서의 자유주의적 관점과 마르크스주의 및 사회주의적 관점, 제2물결로서의 급진적 관점 및 후기구조주의적 관점으로 분류하고 있다. 제1물결 페미니즘은, 여성은 근본적으로 남성과 같으나 여성에 대한 차별이 사회적 관습 또는 법제도 등에서 불평등한 성격을 띠고 있기 때문이라고 본다. 1960년대부터 시작된 제2물결 페미니즘은 여성은 남성과 근본적으로 다르다고 보고, 그 차이로 인한 차별이 결국 여성을 억압하는 것으로 설명한다. 다시 말해 제1물결 페미니즘은 대체로 남성과 동일한 권리를 갖기 위한 투쟁의 역사였다면, 제2물결 페미니즘은 여성만의 독자적인 문제제기와 현상 인식을 주요 쟁점으로 삼았다. 여성들만이 체험하는 문제의 이슈를 사회적, 정책적 문제로 내걸고 남성과 같아지려는 노력이 아니라 그들과 차별화시키는 전략으로 여성의 정치사회적 지위를 상승시키려 하였다(이영애, 2007).

〈표 11-1〉은 제1물결과 제2물결의 한계점을 비판한 제3물결 여성해방운동으로 구분하여 시대별 페미니즘의 주장과 발전과정을 정리하였다.

표 11-1 페미니즘의 분류

제1물결	제2물결	제3물결
투표권 획득, 법적 제도적 측면에서의 여성문제 해결→초기의 자유주의적 관점, 마르크스/사회주의적 관점(사회구조의 문제)	이데올로기적 측면에서의 여성문제 해결→현대의 자유주의적 관점, 급진주의적 관점, 포스트모던페미니즘	제2물결에서 탈피→탈이데올로기적 측면, 남성들과 공유할 수 있는 사회문제에 관심, 여성문제에 대한 새롭고 다양한 운동과 실천 강조

출처: 금인숙 외(2001: 334).

제1물결 페미니즘은 18세기 말부터 1950년대까지의 여성주의 운동으로서 18세기 말 유럽에서 발생한 계몽주의 사상의 영향으로 나타나 여성은 근본적으로 남성과 같으나 여성에 대한 차별이 사회 전반에 존재하고 있으며, 이는 사회관습 또는 법제도 등에서 기인하는 문제로 보고, 자유주의적 관점(liberal feminism)에서 접근하는 시각이다.

1960년대에 들어서 '제2물결(The second wave)'로 일컬어지는 여성운동은 미국을 중심으로 나타났고, 1970년대에 성장해서 1982년 버나드학회[6]를 통해 전환점을 이룬다(이나영, 2009). 제2물결 페미니즘은 여성은 남성과 근본적으로 다르다고 주장하면서 그 차이로 인한 여성의 다른 경험이 남성중심 사회에서 차별화되고, 여성의 억압이 초래된다고 보고 있다.

제3물결의 관점은 지금까지의 여성운동이 성 불평등 문제해결의 한계점에 도달하였다고 보고 인류가 당면한 모든 사회문제에 대한 공동의 원인과 해결 방식을 찾아야 한다는 것이다. 즉, 여성문제 역시 환경, 인종, 빈곤의 문제 등과 함께 남성들과의 의식 공유가 필요한 공동체적인 사회문제라는 시각에

6) 버나드학회(Barnard College): 1982년 "섹슈얼리티 정치학을 향하여(Towards a Politics of Sexuality)"라는 주제로 열린 버나드대학의 학술대회는 섹슈얼리티에 대한 페미니즘의 사고에 두번째 전환을 가져온 계기가 되었다. 페미니스트들은 여성운동의 뿌리인 '여성 권한 부여의 원천으로서 성적 쾌락'의 입장에서 섹슈얼리티를 논하고자 하였다.

동의하게 되었고, 개인적 차원이 아닌 집단조직을 통해서만이 문제해결이 가능하다는 것을 인식하게 되었다. 따라서 제2물결에서 남긴 환경문제, 경제문제, 그리고 사회문제(이혼율의 증가와 각종 폭력문제 그리고 에이즈 문제) 등을 해결하려는 인식을 갖고 직접 집단을 형성하여 실천해 나가는 적극성을 보여주는 것이 특징이다. 또한 이러한 여성문제가 여성들의 여성 중심적인 문화의 강조와 여성 중심적 문제해결이 아니라 남성들과 공유할 수 있는 문제에 관심을 두고 사회단체를 통해 문제를 직접 해결해 가는 특성을 보이면서 여성과 남성의 공동체적 의식을 통해 해결해 나가고자 하는 움직임을 보인다.

2. 성역할 사회화

교육사회학에서 성불평등 문제가 1970년대 후반부터 학문적 연구의 대상이 되기 시작하면서 성불평등과 교육과의 관계를 설명하는 연구들이 등장하였고, 특히 성역할 사회화를 담당하는 학교에 관한 연구들이 이루어졌다(주동범 · 김정희 · 정일환, 2002).

이 장에서는 성역할 사회화에 대해서 종합적으로 살펴보고자 한다.

1) 성역할 사회화의 개념

흔히 우리는 남자로 태어나면 '남자답게' 행동하도록 성역할을 기대한다. 그래서 사람은 태어나면서 남자로 혹은 여자로 태어나지만 사회적으로도 그 역할에 있어서 구별되어지는 것이다. 이를 성역할 사회화라 한다. 다시 말해 성역할 사회화는 남자로 태어나면 '남자답게' 행동하도록 사회가 은근히 때로는 단호하게 강요하면서, 사회적으로도 그 역할에 있어서 구별되어지도록 사회적 기대치에 의해서 이루어지는 사회화라 볼 수 있다.

앤더슨(Anderson, 2000)은 성역할 사회화를 사회의 구성원으로서 필요한 성역할을 학습하는 과정으로서 설명하고, 이 과정을 통하여 남자 또는 여자에게 필요한 행위와 태도가 권장되며 그렇지 못할 경우 제재를 받게 된다는 것을 주장한다. 즉 무엇이 남성적인 또는 여성적인 자질로서 적합한 것인가에 관한 문화적 기대치가 사회화를 통해 전달된다는 것을 주장한다.

이러한 맥락에서 브로버먼(Broverman, 1972: 63)은 일반적으로 우리 사회가 가지고 있는 남성적, 여성적 자질로서의 문화적 기대치를 다음과 같이 제시하고 있다(최용선, 2003 재인용).

표 11-2 남성적, 여성적 자질

남성의 자질	여성의 자질
• 공격적임, 독립적임, 비정서적임, 감정을 늘 감춤, 객관적임, 쉬이 동요되지 않음, 매우 지배적임, 위기 시에 쉬이 흥분하지 않음, 매우 적극적임, 매우 경쟁적임, 매우 논리적임, 세계적임, 업무에 숙련됨, 직접적임, 감정이 쉬이 상하지 않음. 매우 모험적임, 결정이 쉬이 내림, 리더로서 잘 행동함, 자신에 참, 공격적인 일에 불안해하지 않음, 매우 야심적임, 의지하지 않음 등.	• 거친 언어를 사용하지 않음, 말이 많음, 재치 있음, 매우 부드러움, 타인의 감정을 의식함, 종교성이 강함, 외모에 관심이 많음, 단정함, 매우 조용함, 안전을 강하게 갈망함, 예술과 문학을 즐김, 민감한 감정을 쉬이 표현함 등.

한편, 곽삼근 · 조혜선 · 윤혜경(2005)은 성역할 사회화 과정에서 생애주기별로 성역할 태도가 어떻게 형성되어 나가는지를 연구하였는데, 결과는 다음과 같다.

첫째, 유아기는 성 고정관념을 무비판적으로 수용하는 시기로서, 부모와 교사의 태도가 가장 영향력을 발휘하는 시기이다.

둘째, 아동기는 가정과 학교 간 이중적 성역할 사회화를 체험하는 시기인 동시에 전통적 성역할에 대하여 의문을 제기하는 시기이다.

셋째, 청년기에는 남녀간에 성 평등의식 수준에 있어서 격차가 발생하기 시작하고, 성별 분업의 현실에서 진로선택에 대한 고민을 하게 된다.

넷째, 성인기는 부부간에 가사분담으로 인한 갈등을 체험하게 되고, 여성의 경우 결혼, 출산 및 양육으로 인한 직업 단절의 위기를 맞게 된다.

다섯째, 노년기는 은퇴로 인하여 사회와 가정에서의 새로운 성역할에 적응해야 하고, 또한 한 가정의 어른으로서 전통적 성역할과 남아 선호사상을 후손들에게 강조함으로써 양성불평등을 고착화시키는 역할을 담당하는 경향이 있는 것으로 나타났다.

표 11-3 생애주기별 성역할 태도

생애주기	성역할 체험 및 갈등관점
유아기	• 성고정관념 무비판적 수용
아동기	• 가정 학교간 이중적 성역할 체험
청년기	• 남녀간 성평등의식 수준 격차 발생
성인기	• 가사분담 갈등 및 결혼 출산으로 인한 여성의 직업 단절
노년기	• 새로운 성역할 부적응

출처: 곽삼근 · 조혜선 · 윤혜경(2005: 173).

결국 성역할 사회화는 청소년들이 자신의 장래 발전 뿐만 아니라 남성과 여성이 함께 살아가는데 학생으로서 남학생들과 여학생들이 다른 성별에 대해 이해하고 존중할 수 있는 자세의 밑바탕이라고 볼 수 있다. 따라서 교육적인 측면에서 청소년들이 성역할 사회화의 고정관념에서 양성평등 의식을 함양할 수 있는 유연하고 개방적인 성역할 태도를 형성할 수 있도록 적극적인 양성평등 교육이 이루어져야 할 것이다. 또한 양성평등을 추구하는 성역할 태도는 다른 사회 구성원들과 조화를 이루면서 사회발전과 사회통합에도 기여할 수 있을 것이다.

2) 성역할 사회화 기관

아동은 부모나 학교, 또래집단, 대중매체 등에 의해 상호작용이 끊임없이 일어나고 다양한 정보를 바탕으로 성별 정체감을 형성한다. 그에 따라 긍정적이고, 부정적인 성역할 사회화가 이루어지는 것이다. 따라서 여기서는 이러한 아동의 성역할 사회화에 지대한 영향을 미치는 가정, 학교, 또래집단 및 대중매체 등의 성역할 사회화 기관에 대해서 살펴본다.

(1) 가정

가정은 인간이 태어나 최초로 소속되는 사회화 기관이면서 인간이 사회생활에 필요한 가장 기초적인 사회화가 이루어지는 곳이다. 따라서 사회화의 출발지라고 볼 수 있는 가정은 우리가 가족 안에서 태어남과 동시에 남자와 여자로서의 존재감에 대해 일차적으로 가족 구성원, 특히 부모로부터 직접적으로 영향받게 된다.

대부분 가정에서 남아와 여아들이 태어나자마자 다르게 다루어진다. 병원에서부터 남아들은 파란색 팔찌가 여아들은 분홍색 팔찌가 주어진다. 이후 여아들은 전형적으로 인형을 가지고 노는 반면, 남아들은 대부분 전쟁놀이나 로봇 장난감을 가지고 논다. 이러한 차이들은 아이들이 부모들, 교사들, 친구들의 기대와 직면하면서 강화되어지고 내면화되어진다(Hoffman, 1988; Mclaren & Renninger, 1993; Raffalli, 1994).

예를 들어 사회화의 차이에 대한 한 연구에서 아이가 태어나면서부터 어머니와 아이간의 상호작용에서 사회화의 차이가 일어난다고 한다. 즉, 어머니들은 여아보다 훨씬 더 명백하게 남아들을 높은 활동 수준으로 눈을 뜨도록 자극하는 경향이 있다는 것이다. 또한 다른 연구에서는 생물학적 성에 개의치 않고 일반적으로 남아에게는 전쟁게임이나 로봇장난감 같은 것이 주어지고, 여아에게는 인형을 선물로 주어진다는 것이다(Keating, 1990; Lloyd and Duveen, 1990; Baxter, 1994).

송정아(2006)의 연구도 마찬가지로 아이들은 부모들이 제공하는 장난감이나 놀이를 통해서 직접 경험할 수 없는 외부세계를 간접적으로 경험함으로써 자신에 대한 성역할 개념을 형성한다고 한다. 즉, 딸들에게는 인형놀이나 소꿉놀이 등 대인관계나 가정생활을 중시하는 놀잇감을, 아들에게는 자동차나 로봇, 블록, 축구공 등 공간능력과 추리력, 창의력이 요구되는 기회를 제공하여 개인적인 능력을 키우도록 기대한다는 것이다.

이렇듯 가정에서의 성역할 사회화는 일상생활에서 자연스럽게 무의식적으로 여자는 집안 일, 여자는 조신, 남자는 바깥일, 남자는 '남자답게'가 우선시 되면서 여전히 성차별적인 상황이 나타나고 있다는 것이다. 또한 부모들과의 상호작용에서도 자녀의 성에 따라 서로 다른 기대를 갖고 있으며, 여아보다 남아에게 더 많은 기대와 자율성, 성취와 경쟁 등을 강조한 반면, 여아들은 얌전하고 의존적인 존재로 길러지는 경향이 있다.

(2) 학교

학교는 공식적인 사회화 기관으로 지속적이고 체계적인 교육과정을 바탕으로 사회생활에 필요한 지식과 규범을 학습하는 곳이며, 성역할 사회화의 공식적인 기관으로 그 영향력은 매우 크다.

이명실(2005)은 우리 사회가 여성에게 근대적 학교교육의 기회가 주어진 지 100년이 지난 현재에도 성차별적 사회의식이 유지 · 강화되고 있는 이유로 학교교육의 성차별적 의식에 주목하고 있다.

우리나라는 교육의 평등이나 기회균등이라는 이념을 바탕으로 원칙적으로 양성평등 교육을 지향하도록 되어 있다. 그럼에도 불구하고 학교는 평등한 교육이 이루어지지지 않고 있으며, 여전히 학교조직, 교과서, 교과내용, 교사의 의식과 태도 등에서 성 고정관념에 입각한 성차별적 교육이 이루어지고 있는 실정이다.

따라서 학교는 남성 중심적 지식을 진리체계로 명명하고, 체계적, 국가적 차원에서 여성의 지식을 주변적인 것으로 만드는 이데올로기적 국가기구로 본다. 즉, 교실의 편성 및 교과서의 내용은 물론 교사의 남녀 학생을 다루는 과정에 이르기까지 학교는 반페미니즘의 문화, 정치적 장소로 학교의 성역할 사회화에 대해 비판하고 있다(정민승, 2004).

이러한 맥락에서 학교에서의 성역할 사회화 과정에서 나타나는 여러 유형(예; 교사-학생 상호작용, 교육과정상 교과서 내용 분석)들의 불평등적 요소를 살펴보고자 한다.

먼저 교사와 학생간의 상호작용에서 나타나는 성역할 사회화의 모습들을 살펴보면, 성역할 고정관념은 특별한 방식으로 학교에서 나타나고 있다. 유치원에 인형의 집 놀이시간에 여아들에게는 인형을 가지고 놀 것으로 기대되어지고, 남아들에게는 블록 쌓기 놀이가 기대되어지며, 음악활동에 있어서도 남아들에게는 드럼 연주를 기대하고 여아들에게는 트라이앵글을 제공한다는 것이다(Kang, 1993).

한편, 성역할 유형의 획득과 관련한 학교에서의 학생들과 교사의 상호작용에 대해 베일리(Bailey, 1993)는 일반적으로 남학생이 여학생보다 교사에게서 더 많은 주의와 꾸지람을 받는다고 하였다. 하지만 남학생은 여학생보다 교사에게서 긍정적인 반응 또한 많이 받는다고 지적하면서, 전반적으로 남학생이 여학생보다 그들의 교사와 더 활발하게 상호작용을 한다는 것을 보여주고 있다.

둘째, 교실장면에서 역시 흔히 발견할 수 있는 성차와 관련된 예를 살펴보면,

남학생은 남자답게, 여학생은 여자답게 행동할 때 칭찬하는 교사, 같은 실수를 하더라도 친구들 앞에서 여학생보다 남학생을 더욱 심하게 꾸중하는 교사, 진로지도를 할 때 남학생과 여학생에게 각각 다른 조언을 하는 교사, 국어시간에는 여학생을, 수학과 과학시간에는 남학생을 더 지목하는 교사, 수업 중 예를 들 때 여자는 교사, 간호사, 사회봉사자 등으로, 남자는 기술자, 의사, 법률가 등으로 묘사하는 교사, 여자를 주부로, 남자를 밖에서 일하는 가장으로 묘사하는 교과서 등 다양한 성차별적 요소들이 내재되어 있다는 것을 지적하고 있다(임규혁 · 임웅, 2009 재인용).

셋째, 교과서 내용적인 측면에서 나타나는 성차별적인 요소들을 살펴보면, 초등학교 실과 교과서가 양성평등성을 지향하는 정도가 가장 높아 성차별적인 요소가 적은 반면 중학교 기술 · 가정에서는 각 분야 모두 전통적인 기존의 이미지를 탈피하지 못하고 있었으며, 기술 분야에서 그 성격이 더 뚜렷하게 나타났다(최영선 · 윤인경, 2008). 더군다나 중학교 기술 · 가정 교과서를 대상으로 삽화를 단원별로 계량 분석한 결과에 따르면, 제7차 교육과정 중학교 가정교과서에는 제4차, 5차, 6차 교육과정에 비해 성별 분포와 성별구성, 등장인물간의 관계 측면에서는 많이 개선되었지만, 아직도 삽화에는 남녀의 출현과 관련하여 성역할이나 활동배경, 활동묘사, 옷의 색과 옷차림 등에서 남녀불평등이 나타나고 있다는 것을 지적하고 있다(김미정 · 유태명, 2004).

고등학교 교과서와 관련해서는 기술 · 가정 과목에서는 임신, 피임 등의 주제에 있어 여성 편향적 내용을 다루며 상대적으로 남성적 내용이 부족한 것으로 나타났고, 체육 교과에서는 성 폭력과 관련하여 남성 편향적 사례 요소가 많았다. 사회와 도덕과에서도 성역할 고정성과 여성 희소성, 불균형성 등에서 남성 경향의 요소가 발견되었다(김선옥 · 허균, 2008).

종합적으로 학교에 내포되어 있는 문제점들을 조경원(2006)은 다음과 같이 정리하고 있다.

첫째, 오늘날 학교교육에의 접근기회 면에서 남녀간의 격차는 거의 없어지고 있지만, 고등교육에 있어서 전공 영역 선택에 예나 지금이나 크게 변화되지 못하고 있다.

둘째, 학교교육이 표방하는 교육이념이나 교육목적은 형식상 남녀동등하게 제공되고 있으나, 전통적인 성역할 의식과 성 고정관념이 모두 사라진 것은 아니어서 교육이념과 목표의 추상적 개념들 속에 내재하는 구체적 의미가 남녀에게 각기 달리 해석되고 적용될 소지가 남아 있다.

셋째, 교육과정과 교육내용 및 교과서 등에 나타나는 남녀간 차별의 문제를 들 수 있다.

넷째, 교사와 학생간의 상호작용에서 교사의 성역할 의식과 성차별적 태도와 가치의식은 학생의 교육경험에 영향을 미친다.

다섯째, 교육의 구조와 교육환경 면에서 성차별 구조가 있다. 학생들은 교육환경안에 있는 구성원간의 상호작용과 역할 모델에서 많은 것을 배우는데, 학교의 조직들은 성차별적 위계질서의 이미지들이 남아 있다는 것으로 정리하고 있다.

이상에서 학교교육활동 과정에서의 성차별적 요소들을 개괄적으로 살펴보았듯이 전반적으로 불평등적인 요소들이 많이 개선되고 있는 실정이지만 그럼에도 불구하고 많은 연구들은 아직도 불평등적인 내용들이 존재하고 있다는 것을 지적하고 있다. 따라서 학교교육을 통해서 이루어지는 다양한 사회화의 내용이 성별에 따른 전통적 고정관념 속에서 발생하는 여러 가지 성차별적 문제들을 지적하고 이를 개선하기 위한 바람직한 교육적 방법을 탐색해야 할 필요성이 제기된다.

이러한 맥락에서 교과서에 내재되어 있는 여성에 대한 성역할 고정관념을 개선하도록 돕는 학습 내용, 남성에 대한 성역할 고정관념을 줄일 수 있는 방안에 대한 논의가 필요할 것이고(구정화, 2009), 나아가 교사 측면에서도 낮은 양성평등 인식을 많은 교육과 훈련을 통해서 높여 가도록 적극 노력해야 할 것이다(유문숙, 2006).

나아가 연구방법적 측면에서도 기존 학교교육에서의 성불평등 연구들이 대부분 교육학 내의 특정 학문분야에만 한정되어 있다는 점, 대부분의 성평등 연구가 여성연구자들에 의해서 진행되었다는 점, 그리고 성불평등 상황에 대한 분석은 많지만 그러한 현실이 재생산되는데 기여하고 있는 사회와 교육 분야 내에 존재하는 불평등한 성별 관계에 관한 분석 등은 아직 미흡하다는 점 등으로 조사되었다.

따라서 앞으로는 학교교육 내의 성불평등 현상에 대한 거시적 분석과 더불어 그러한 현상을 만들어 내는 다양한 성별 관계와 그러한 관계구조의 구성 및 유지양식 등에 대한 심층적인 분석과 연구가 많이 진행될 필요가 있다(오재림, 2006).

(3) 또래집단

또래집단은 비슷한 연령의 친구들로 구성된 자연발생적 사회화 기관으로 놀이를 통해 집단의 규칙을 학습하고 인간관계를 맺어 보는 최초 경험의 장으로서 청소년기의 자아 정체성 확립에 중요한 역할을 담당한다. 따라서 또래집단에 의해 다른 사람의 역할을 이해하게 되고 자신들만의 놀이나 언어 등 독특한 문화를 바탕으로 또래집단의 생각과 행동을 학습하게 된다.

또래집단의 성역할 사회화 특징은 다음과 같다(김재인 외, 2009).

① 또래집단에서 아동은 자발적이고 능동적으로 사회화된다는 특징이 있다.
② 또래들이 함께 모여 여러 가지 활동을 하면서 겪는 일상적 경험은 매일 반복되므로 강력한 영향력을 갖는 것 또한 특징으로 대두된다.
③ 또래집단은 사회성을 기르며, 우정을 나누고, 소속감을 주며, 성취와 자아통합에 대한 관심을 증진시키고, 교수 · 학습의 기회를 제공하는 기능을 한다.

④ 또래집단은 아동이 대등한 입장에서 서로 의사소통하는 민주적 과정을 습득하거나, 건전한 자아 정체감을 가지고, 부모로부터 정서적으로 독립하기 위해서는 또래와의 상호작용과 또래의 지지, 수용이 반드시 필요하다.

이러한 특징을 바탕으로 또래집단은 성역할 사회화 과정에서 또래들의 기대와 가치관 형성 및 사회화를 형성하는데 있어 매우 중요한 매개체이며, 그 영향력은 매우 강력하다고 볼 수 있다.

한편 심미옥(1995)은 교육사회학적 시각에서 또래집단에서의 경험을 통한 성역할 사회화에 대하여 다음과 같이 설명하고 있다.

첫째, 흔히 성역할 사회화는 부모, 교사, 대중매체, 공식적 교육과정을 통하여 성인들에 의해 주도되는 것으로 여겨져 왔으나, 또래집단의 상호작용도 성역할 사회화의 대행자(agent)로서 영향력을 갖는다.

둘째, 성역할 사회화 과정에 있어 아동이나 청소년은 외부로부터의 사회적 기대를 받아들이기만 하는 수동적 존재는 아니다. 즉, 아동이 수동적으로 사회화가 되는 존재가 아니라 자신의 발달에 능동적 역할을 한다는 것은 기존의 성역할이 단순히 성인들에 의해 전수되는 것이 아니라 아동들에 의해 변화할 수도 있음을 의미한다.

셋째, 아동이나 청소년의 경험 속에서 성에 대한 정의는 고정되어 있는 것이 아니라 상황마다 다르다는 점을 알 수 있다. 다시 말해, 특정한 행동이 연령이나 계층 또는 사회문화적 상황에 따라 때로는 적절한 행동으로 또래들 사이에 인정되거나 인기를 끄는 요인이 되기도 하지만 반대로 놀림감이 되거나 배제되는 이유가 되기도 한다.

이처럼 또래집단은 성역할 사회화에 있어서 자라나는 아이들에게는 어떠한 요인들보다도 지대한 영향을 미친다. 특히 유아기에는 또래들 간의 상호작용과 의사소통 및 놀이를 통해 친구를 모방, 동일시함으로써 성역할 발달이 이루어진다.

(4) 대중매체

오늘날 대중매체의 영향력은 지대하다. 남녀노소를 막론하고 장시간 노출되고 있으며, 많은 사람들이 대중매체에서 정보를 얻고 즐거움을 얻는다. 뿐만 아니라 우리는 텔레비전, 신문, 인터넷, 잡지 등 다양한 대중매체를 통해 세상이 돌아가는 이치를 깨닫고 다양한 지식과 정보를 바탕으로 세상을 이해하는 데 중요한 영향을 받는다.

대중매체는 손쉽게 접할 수 있으며 이에 올바른 지식과 정보를 습득하고 활용하는 태도가 필요한데, 그렇지 않고 무분별한 대중매체에의 의존은 잘못된 성역할 사회화로 이어질 수 있는 직 · 간접적인 영향을 주는 곳이라 볼 수 있다. 예컨대, 텔레비전을 통해 전달되는 성차별적인 내용들, 선정적인 장면이나 폭력적인 장면, 인기 연예인들의 몸짓, 태도 등 모든 장면들이 아이들의 성역할 사회화에 지대한 영향을 미친다고 볼 수 있다.

이수연 · 김양희(2001)는 우리나라 텔레비전 드라마의 성차별적인 면을 등장인물의 묘사나 장면의 설정에서 찾고 있다. 즉, 각각의 등장인물이나 장면의 묘사에 있어 고정관념을 그대로 반영되어 있다는 것이다. 또한 성차별적인 언어의 사용이 암암리에 이루어지고 성차별적인 메시지에 젖어들고 있다고 지적한다.

표 11-4 **텔레비전 내용의 성차별적 메시지**

대분류	소분류	예시
가. 외모에서의 성차별	① 외모지상주의 조장	• 얼짱, 미녀스타, 몸짱, 상큼한 외모, 조각같은, 꽃미남 같은 언어표현 • 내용이나 대화와 무관하게 잘 생긴 여성을 클로즈업하거나 자주 비춤 • 남성과 달리 잘생긴 외모를 기준으로 출연진 구성하는 것 • 성형사실에 대한 언급 등
	② 외모비하 및 희화화	• 못생긴 사람에 대해 폭탄, 지뢰 등의 비하적 표현 • 뚱뚱한 몸매를 가진 사람에 대해 조롱하는 표현 • 신체적 특징을 동물에 비유하는 묘사 등
	③ 외모와 능력 동일시	• 잘생긴 외모가 능력과 동등한 것으로 묘사 • 잘생긴 여성은 머리가 나쁘다는 고정관념을 조장하는 표현 • 잘생긴 사람은 무엇을 하든지 용서가 된다는 식의 표현
나. 성역할 및 지위 차별	① 성역할 고정관념 조장	• 여성비하, 남아선호, 가부장제를 강화하는 내용이나 표현 • 가사노동이나 전업주부를 과소평가 • 전문직 여성에 대한 비난이나 왜곡된 평가 • 남성은 사회활동, 여성은 가정을 돌보아야 한다는 식의 도식적인 내용 • 남성은 강인, 유능, 듬직한 것으로, 여성은 아름답고 상냥하여야 한다는 내용 등
	② 남녀 역할 및 지위의 불균형	• 남성이 프로그램 진행을 주도하고 여성이 보조하는 구도 • 여성이 전임자임에도 나중에 합류한 남성을 주진행자로 표현 • 인터뷰 대상 선정에서 전문가 인터뷰는 남성이 여성보다 많은 경우
	③ 성적 대상화 및 장식화	• 프로그램이나 기사의 내용과 무관하게 수영복 입은 여성의 모습을 강조해서 보여주는 것 • 아무 역할 없이 주출연자 뒤에서 배경으로 서 있는 역할 • 신체 일부분을 클로즈업하거나 위나 아래에서 비추는 카메라 움직임 • 남녀 신체의 과다한 노출 등

출처: 이수연 · 김양희(2001).

여성가족부(2007)에서도 텔레비전 내용의 성역할과 지위에 따른 성차별적 사례들을 제시하고 있다. 지위와 역할에서의 차별은 성역할의 고정관념을 반영하여 남성과 여성의 역할의 왜곡, 성역할 고정화를 통하여 여성의 지위와 성비의 불균형을 통해 남녀의 불평등을 초래하는 사례들이 나타났다고 지적하고 있다. 또한 특정인의 능력과 성격과 관계없이 외모를 중시하고 미화하는 등 지나치게 외모중심적인 외모 차별 사례에서는 "외모에 따른 후광효과(halo effect)"가 남성과 여성에게 다르게 적용되고 있다는 것이다. 즉, 이러한 후광효과는 외모가 잘 생기면 다른 능력도 있을 것이라는 암묵적인 믿음도 존재하며, 이것이 외모지상주의 및 성차별을 더욱 심화시키고 있는 것이라고 지적하고 있다.

이에 텔레비전의 성차별적 요소들은 적나라하게 표현하기보다는 성차별에 따라 역할에 관한 고정관념을 답습하고 있고, 여성적인 시각이 결여되었다고 볼 수 있다. 뿐만 아니라 텔레비전의 성차별적 내용은 많은 경우 의식하지 않은 채 만들어지고 또한 별다른 의식 없이 받아들여지지만 대중의 의식에 미치는 영향은 결코 무시할 수 없는 사회화 매체로서 보다 더 비판적 시각을 가지고 개선을 위한 노력을 기울여야 할 것이다.

한편 일상생활에서 인터넷과 연결되지 않는 일들이 없을 정도로 인터넷이 우리 생활에 깊숙이 자리잡고 있다. 인터넷은 사용자들이 원하는 다양한 정보를 쉽게 접근할 수 있게 해 준다. 문화적 수용성이 매우 빠른 청소년층에서 그 이용률은 급증하고 있다. 따라서 이러한 인터넷 이용이 자라나는 청소년들에게 매우 강한 영향을 미치는 것으로 성역할 고정관념 및 왜곡된 성충동을 유발하는 경우가 매우 높다고 볼 수 있다.

이러한 맥락에서 인터넷 이용이 빈번한 청소년에게 있어서 음란물 접촉이 청소년의 성의식에 부정적 영향을 미치고 있으며, 특히 음란물에 나타나는 성적 노골성과 폭력성 및 공격성의 내용이 청소년들에게 성차별적인 여성 종속적 관념을 강화함으로써 청소년들에게 바람직한 이성관계의 발전을 저해할 수 있다고 볼 수 있다(성경원, 2000). 이에 청소년들의 건전한 인터넷 활용에 대해 적절한 지도와 교육이 병행되어야 할 것이다.

이상으로 대중매체는 사회생활에 필요한 여러 가지 지식과 정보를 신속하게 전달하는 곳으로 실제 아이들의 성역할 사회화에 많은 영향력을 미치는 사회화 기관이다. 즉, 대중매체는 우리 주변 가까이에 존재하면서 영향을 받는다는 느낌조차 없이 우리의 성역할 사회화에 깊숙이 영향을 미치고 있다. 따라서 성인들에 의한 대중매체의 건전한 이용과 적절한 교육이 지속적으로 이루어져야 할 것이다.

3. 양성평등 교육

1) 성 차별

차이란 서로 같지 않고 다른 것으로 성 차이는 성에 따라 제각기 다른 것을 의미한다. 이러한 성 차이는 상황이나 형태가 객관적으로 다르게 나타나는 자연발생적인 현상으로 그 자체로서 존중되어야 한다. 여기서 성 차이에 따른 정의를 생물학적 성으로서의 'Sex'와 사회적 성으로서의 'Gender'를 중심으로 차이를 설명한다.

(1) 생물학적 성(Sex)과 사회적 성(Gender)

생물학적인 성(Sex)은 생물학적으로 결정되어진 성, 즉 본질적으로 여성(female)과 남성(male)을 지칭한다. 여성과 남성은 생물학적으로 생식기의 다름으로 성이 결정되어지는데, 정상인의 경우 염색체가 모두 23쌍의 유전자로 이루어지며, 그 중 23번째 염색체가 성의 결정에 관여한다. 즉 수정시 난자로부터 X염색체, 정자로부터 Y염색체가 결합하면 XY염색체의 남성이 되고, 반면 난자로부터 X, 정자로부터 X염색체가 결합하면 여성이 되는 것이다.

따라서 남성들이 한 개의 X염색체와 Y염색체를 소유한 반면 여성들은 2개의 X염색체를 소유하고 있다는 것이다. 이처럼 생물학적 성은 여성과 남성의 성 차이는 X염색체 차이로 인해 나타나는 것이라고 볼 수 있다(Wilson, 1993; Lewontin, 1994; Gur et al., 1995).

반면, 사회적인 성(Gender)은 사회문화적으로 구성되어진 성으로 사회규범, 제도, 그리고 문화와 관습 등에 의해서 후천적으로 성역할이 사회화된 결과로 형성된 여성성(femininity; 여성다움), 남성성(masculinity; 남성다움)이라는 성 정체성을 의미한다. 젠더는 성 차이가 생물학적인 운명이 아니라 사회 문화적 산물로서, 남녀 간의 심리적, 사회 문화적 차이로서 남성과 여성에게 적합한 것으로 간주되는 행위 및 가치관에 대한 사회적 기대로서 사회적으로 형성된 성 정체성을 의미한다고 볼 수 있다.

(2) 성 차별

성 차별이라는 개념에 대해서 먼저, 감정적인 측면, 인지적 측면, 행동적인 측면에서 정리한 내용을 살펴보면 다음과 같다(김옥순, 2001).

첫째, 감정적인 측면으로서 성 차별이란 여성에 대한 부정적인 정서를 나타내는 편견으로써 예를 들면 '여교장과는 일하기 싫다'는 감정 같은 것을 말한다.

둘째, 인지적 측면으로서의 성 차별은 부정확한 지식과 왜곡된 인식을 나타내는 성 고정관념으로써 '여자는 감정적이며, 남자는 논리적이다'라는 생각을 들 수 있다.

셋째, 행동적인 측면으로서 성 차별은, 특정 성에 대한 부정적 행동 경향을 나타내는 차별이다. 예를 들면 '학생회장은 여자보다 남자를 우선으로 뽑는다'는 등을 바탕으로 성 차별에 대해서 설명하고 있다.

한편, 법률적 측면에서는 성 차별이란 성별과 관련하여 남성과 여성에게 서로 다른 법적 효과를 부여하는 모든 공권력의 행위를 말한다. 즉, 국가기관이 성별에 따라 남성과 여성 중 어느 한 성에게만 이익을 주거나 불이익을 주는 행위는 성 차별에 해당한다. 따라서 성 차별 금지의 원칙은 이처럼 성별에 따라 남성과 여성에게 서로 다른 법적 효과를 부여하는 모든 공권력의 행위를 금지한다는 것을 의미한다.

요컨대, 성 차별은 성 차이를 이유로 사람이나 집단을 부당하게 대우하는 행위를 총체적으로 의미한다고 볼 수 있으며, 이러한 후천적 사회화에 따른 성역할 고정관념에 따라서 사회적으로 성 차별이 이루어지고 이는 결국 여성의 불평등한 삶으로 이어지게 된다는 것이다.

2) 양성평등 교육

(1) 양성평등이란?

양성평등(gender equality)은 여성정책용어사전에 의하면 남녀가 완전한 인권과 사회에 기여할 수 있는 잠재력을 실현하기 위해 동등한 조건을 가지며 그 결과 동등한 수준에 이르는 것으로서 사회는 남녀 간의 유사성과 차이, 남녀의 사회적 역할에 동등한 가치를 부여함으로써 양성평등을 실현할 수 있다고 정의한다.

따라서 양성평등 교육은 양성 중 어느 성에 대하여 부정적인 감정이나 고정관념, 차별적인 태도를 갖지 않고 생물학적인 차이를 사회문화적인 차이로 직결하지 않으며 남녀 모두에게 잠재화되어 있는 특성을 충분히 발현하여 자신의 자유의지로 삶을 계획하고 세상을 볼 수 있도록 촉진하는 교육을 의미한다.

(2) 양성평등 교육의 필요성

조경원(1999)은 남녀 양성에게 교육기회가 균등하게 제공되고 있는데, '왜 양성평등 교육을 말해야 하는가'라고 반문하는 사람들이 많다고 한다. 이는 지금까지 배제되어 왔던 형식적 교육기회를 여성에게 부여함으로써 교육상의 남녀불평등 문제가 사라진 것으로 믿으려고 한다는 것이다. 그러나 그것은 형식적인 교육기회의 균등일 뿐, 그 구체적 내용에 있어서는 '그렇지 않다'는 점이다.

따라서 양성평등 교육은 형식적 교육기회의 차원을 넘어서 존재하는 성 차별과 성 편견을 무력화시키는 교육이 요구된다. 나아가 여성이 자신의 능력을 개발할 수 있도록 균등한 기회를 제공하고, 사회에서는 여성이 자신의 가치에 대한 확고한 신념과 능력을 배양할 수 있도록 적극적인 양성평등 교육이 요구된다.

이러한 맥락에서 양성평등 교육의 필요성이 제기된다. 이에 조경원(1999)은 양성평등 교육의 필요성을 다음과 같이 제시하고 있는데,

첫째, 양성평등한 문화와 교육의 실현 없이는 사회정의를 이룰 수 없다는 점이다. 그것은 우리 인구의 절반을 이루는 여성에 대한 공평한 배려와 분배를 하지 않는 일이며, 여성의 인권을 온전하게 존중하지 않는 일이기 때문이다.

둘째, 세계 경쟁의 대열에서 인구 절반인 여성 노동인력을 충분히 개발하지 못하는데 기인하는 국가적 손실과 개인 능력의 낭비를 들 수 있다.

셋째, 사회발달 차원에서 한 가족, 공동체 일원으로 남성과 여성의 협력은 불가피하다. 폭발하는 여성들의 사회참여 욕구에 대한 사회적 지원과 함께, 여성의 사회참여에 대한 남녀 양성간의 올바른 이해와 교육이 요구된다.

넷째, 21세기는 지식기반사회로 지금까지의 획일적, 권위적 틀에서 벗어나 창의적이고 감성적이며 민주적이고도 다양한 사고가 요구된다는 것이다.

(3) 양성평등을 위한 교육

이러한 양성평등 교육의 필요성을 바탕으로 우리 사회가 뿌리 깊게 안고 있는 성불평등적인 요인들을 교육을 통해서 개선할 수 있도록 노력해야 할 것이다. 따라서 실질적인 양성평등을 위해서 학교교육이 나아갈 방향을 제시하면 다음과 같다(조경원, 2006).

첫째, 학교는 공적 영역과 함께 사적 영역에서의 삶을 준비시킬 수 있는 교육내용을 학교 교육과정에서 보다 광범위하게 포괄해야 할 뿐 아니라, 강조하여 중요하게 가르쳐져야 한다.

둘째, 성/젠더 불평등 문제에 대해 학습자 중심의 비판적 안목과 사고를 키워주는 교육이 필요하다.

셋째, 학교는 초·중등 여학생을 위한 다양한 진로지도 및 여대생을 위한 직업준비교육 및 지원체제를 체계적으로 지원해야 한다.

넷째, 양성평등 교육을 위하여 교육방법에 있어 젠더에 민감한 방법, 즉 교육상황에 미치는 미묘한 여러 영향들을 염두에 두고 보다 정의롭고 자유롭게 교육이 이루어질 필요가 있다.

또한 양성평등 실현을 위한 교수·학습 방법면에서 보릭과 톰바리(Borich & Tombari, 1995)는 교사들에게 다음과 같은 시사점을 제시하고 있다(임규혁·임웅, 2009 재인용),

첫째, 학생과 교과관계에서 교사는 여학생이 부모나 개인적 환경에 의하여 수학과목에 대해 남학생과는 다른 태도, 신념, 가치를 가지고 있다는 것을 인식해야 하고 이에 대처하는 접근으로 가르쳐야 한다.

둘째, 교사와 교과관계에서 교사는 학생들이 자신의 성역할이나 특성에 따라 교과를 달리 바라보고 있다는 것을 인식해야 하고, 여학생의 경우 수학과목에 대한 부정적인 귀인을 극복시켜 주는 방향으로 교수할 필요가 있다.

또한 예를 들 때에도 성역할이나 특성에 따라 편견을 가지고 있는 내용을 평등하게 바꿔야 한다.

셋째, 교사와 학생관계에서 교사는 학생들에게 성역할의 전형적인 모델이 될 수 있음을 인식하고, 수업시간에는 물론 비공식적인 자리에서도 직업이나 교과에 성적 특성이나 편견이 드러나지 않도록 주의해야 한다. 또한 학업적 활동이나 비학업적 활동에서 성차에 따라 공정할 수 있도록 하기 위하여 남녀에 따른 집단 배치를 잘 활용하여야 한다는 것이다.

뿐만 아니라 양성평등 교육의 이념을 실현하는데 있어서 교사의 역할은 매우 중요하다고 할 것이다. 교사는 수업을 이끌어 갈 뿐만 아니라 교사 삶 자체가 학생에게 교육내용으로 다가가기 때문에 학생의 성정체감 형성에 매우 큰 영향을 미친다. 교사는 열린 사고, 양성적 사고를 가지고 성역할 고정관념과 편견을 바꾸어 나가는 지속적이고 의도적인 노력이 필요하다.

정리하자면 김차옥 · 양정호(2004)는 양성평등 교육에 대해 남성과 여성이 느끼는 성차별 문제가 다름에서 오는 요인이 성차별 인식에 영향을 가장 많이 주는 것으로 지적하면서, 다음과 같이 종합하고 있다.

첫째, 양성평등 교육에 있어서 출발선이 다름을 인정하고 제도적인 보완과 정부차원의 남녀평등 교육과 홍보, 의식개선 운동이 활발히 전개되어야 한다.

둘째, 양성평등 문화를 실천할 수 있는 교과서라든지 미디어를 통한 역할 모델을 지속적으로 보여주는 교육과정의 개발이 교육차원에서도 선행되어져야 한다.

셋째, 가정생활에서도 성차별 인식을 여성이 느끼는 것을 볼 때 여성이 사회참여에 불편함을 느끼지 않으려면 육아문제를 사회적인 책임으로 환원해야 할 것이다. 이에 따른 실질적인 대책과 남성도 육아가 공동책임이라는 인식이 확산되어야 할 것이다.

(4) 양성성 교육

양성성이란 지금까지 모든 여성은 여성답고, 모든 남성은 남성다운 것이 바람직하다고 생각해 왔던 고정관념과는 달리, 모든 인간이 각자의 고유한 특성에 따라 지금까지 사회에서 여성적이라고 규정지워 왔던 바람직한 특성과 남성적이라고 규정지워 왔던 바람직한 특성을 동시에 지닐 수 있다는 것을 의미한다. 양성성이라는 개념을 발전시킨 벰(Bem)은 한 사람 속에 남성성과 여성성이 서로 상반되거나 모순되지 않고 공존할 수 있으며, 그 균형의 정도는 다양하다고 얘기하였다(차경수 외, 1997: 333).

양성성에 대한 심리학적 연구가 쏟아져 나오고 토론이 활발히 진행됨에 따라, 양성성에 대한 개념 규정이 더욱 명확해지고 있다. 초기에는 양성성이 우리가 일반적으로 바람직하다고 보는 남성적 특성과 여성적 특성이 혼합된 상태라고 생각해 왔으나, 이러한 이상형을 설정하는 것 자체가 고정관념을 창출해 낸다는 지적과 함께 양성성의 속성을 달리 규정하고 있다. 즉 양성성을 양성적인 사람이 지니는 몇 가지 특징으로 규정하고 있는데, 그 특징이란 ① 다양한 행동을 할 수 있는 것, ② 상황의 요구에 따라 유연하게 반응하는 것, ③ 환경에 효과적으로 대처하는 것을 들고 있다.

구체적으로 보면, 남성적 특성만 혹은 여성적 특성만 지니고 있는 사람에 비하여 남성적 특성과 여성적 특성을 모두 가지고 있는 사람은 훨씬 다양한 자극에 대하여 다양한 반응을 보일 수 있고, 이렇게 다양한 반응 레퍼토리를 가지고 있다는 것은 그때 그때의 상황의 요구에 따라 적합한 반응을 보일 수 있다는 것이며, 이는 곧 사회적 환경에 더 유연하고 효과적으로 대처할 수 있다는 것을 의미한다. 이러한 양성적 인간은 전통적 성역할에 갇혀 있는 이들보다 창의력이 높고, 심리적으로 안정되어 있으며, 자아개념이 높고, 대인관계가 더 원만하다는 연구결과들이 많이 있다.

남성들도 가족과 친구와의 사랑과 관심을 나누고, 편견된 남성 성역할에서 해방되어 태어난 대로 자연스럽게 살 수 있으며, 직업 세계에서의 경쟁과 스트레스에서 해방되며, 자신의 입장을 솔직하고 편안하게 표출하고 발산할 수 있게 됨으로써 자신들이 잃었던 반쪽의 세계를 회복하게 될 것이다(김경식 외, 2011).

제12장

대안교육과 대안학교

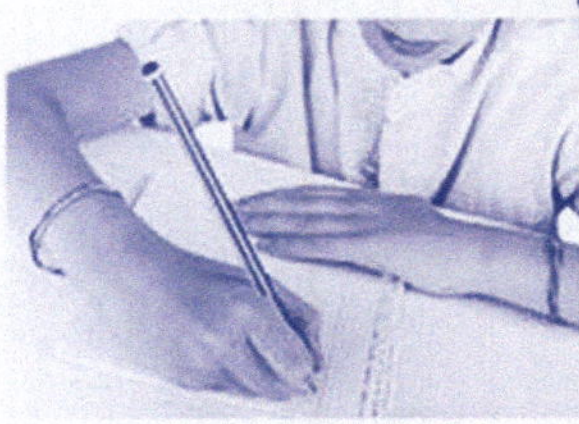

1. 대안교육과 대안학교의 개념
2. 대안교육의 대두 배경
3. 대안교육의 이념
4. 대안학교의 운영 현황
5. 대안학교의 과제

'대안'이란 개념은 사전적 의미상 어떤 문제에 대한 새로운 해결책이란 의미를 담고 있는데 기본적으로 대안교육은 공교육 제도가 시행되면서 낳은 각종 교육적 · 사회적 폐단에 대한 문제 제기를 기초로 한다. 그러나 '무엇'에 대한 해결책인가에 대해서는 어느 정도 공통된 입장이 가능하나 그 해결방안이 무엇인가에 대해서는 하나로 수렴될 수 없을 만큼 다양한 관점이 존재한다.

대안교육 · 대안학교라는 것은 기존의 공적 제도인 제도권 학교교육에 대하여 일정한 거리를 가짐으로써 나름대로 새로운 교육사상과 교육적 구조를 추구하는 개혁의 시도라는 경향을 띠고 있다. 대안교육 또는 대안학교는 본질적으로 기존의 교육체제와 교육방식, 그리고 기존의 학교에 대한 문제 제기에서 출발하고 있는 것이다. 이처럼 기존의 공교육체제에 비교되는 다양한 비주류형 교육형태의 등장은 교육 선진국으로 인정받는 미국이나 독일, 영국 등의 나라에서 더욱 활성화되고 있는 추세에 있다.

본 장에서는 대안교육의 이해를 돕기 위하여 대안교육과 대안학교와 개념과 실천 양상을 수록하였으며, 이를 통하여 향후 대안교육의 발전 과제를 제시하였다.

1. 대안교육과 대안학교의 개념

대안교육이란 무엇인가? 대안교육에 대한 일관된 입장을 정하기가 쉽지 않다. 대안학교 개념 정의의 혼란 양상은 대안학교, 대안적 학교, 새로운 학교, 열린학교, 작은 학교, 실험학교 등 유사한 용어가 혼재되어 편의에 따라서 사용되고 있다는 점에서도 쉽게 이해할 수 있다. 변화의 실제가 다양한 만큼 대안교육이라는 말로 표현되는 내용도 매우 광범위하다.

'대안'이라 함은 기존의 법과 제도, 질서를 모두 무시하는 새로운 생각이 아니라 기존의 모든 제도와 법, 질서를 인정하면서 그 안에서 새로운 제도와 법과 질서를 찾는 것을 말한다. 대안교육은 성적(成績) 지상주의에 바탕을 둔 경쟁적이고 비인간적인 기존의 학교교육에서 탈피하여 개인적인 가치와 사회적인 가치가 존중되는 '공동체적 사회를 실현하는 것'을 교육목적으로 하는 새로운 교육실천 운동이라고 할 수 있다. 즉 대안교육은 개인의 잠재력과 능력을 계발하는 교육의 본질적인 목적 외에, 이웃, 지역사회, 자연과의 상호작용과 협동을 중시하는 공동체적 인간을 양성하는 것을 목적으로 한다.

위와 같은 논의를 토대로 '대안교육', '대안학교'를 정의하면 대안교육이란 '기존의 제도권 학교교육이 무책임하고 비합리적이고 때로는 부적합하다는 한계에 대한 비판과 불만에서 출발하여 나름대로의 교육적 신념과 이상을 실천하고 운영하는 교육운동을 포괄한다'라고 정의 내릴 수 있다. 즉, 국가 주도 교육의 경직성 타계 및 공교육 정상화를 목표로 교육다운 교육을 추구하는 유형의 교육형태를 말한다. 따라서 대안교육의 범주에는 학교의 틀 속에서 대안적 가치를 실천하고 있는 대안학교는 물론, 홈스쿨링(Home schooling), 학습공동체[7]와 같은 탈학교 유형의 교육형태까지 포괄하는 개념이다.

이에 대해 대안학교는 학교라는 제도 유형을 따르면서 대안적인 접근방식을 취하는 학교 유형을 말한다. 이렇게 볼 때 대안학교는 대안교육의 범주에 속하며 학교라는 실체를 인정하면서 교육 본연의 모습을 되찾고자 하는 움직임으로 해석할 수 있다. 여기에서 우선 공통적인 것은 기존의 공교육 제도에서 더 이상 만족스러운 교육을 기대할 수 없다고 하는 것이다. 국가의 힘과 관료적인 조직을 기반으로 운영되는 기존의 공교육 제도는 학습자 개인의 자유로운 욕구를 충족시킬 수 없음은 물론이고 국가의 필요에 따라 원치 않는 것들을 개인에게 강요하는 구조를 가지고 있다. 따라서 대안교육은 일차적으로 다양

7) 학습공동체는 극단적인 대안교육의 형태인데 학교라는 기관을 통하지 않고 지역사회의 기관을 이용하여 학습자 스스로 정한 주제에 대해 각자의 방식으로 학습하는 일종의 스터디 그룹(Study group)을 말한다(이병환 · 김영순, 2008).

한 개인의 생각을 반영할 수 있는 자유로운 형식의 학교를 추구한다. 이러한 학교는 제도보다 인간을, 집단보다는 개인을, 교사보다는 학습자를 우선한다 (이병환 · 김영순, 2008).

이상에서 살펴보았듯이 대안교육이나 대안학교가 개념적으로는 애매하고 명확하지 않지만 그것의 본래 의미나 성격은 파악할 수 있을 것이다. 여기서 말하는 대안교육은 개념적인 표현이기보다는 교육 현장에서 일고 있는 변화의 실제를 지칭하는 표현이기 때문이다. 그리고 그 변화는 기존의 방식과 내용의 교육이나 학교로는 교육다운 교육을 담아 낼 수 없다는 비판적 정서를 바탕으로 하고 있다.

2. 대안교육의 대두배경

1) 공교육의 한계

획일적인 공교육 제도에서 탈피하여 교육목적과 학생 수준 등에 따라 자유롭고 다양하게 교육과정 · 학습방법 등을 운영하는 대안학교는 기존의 교육제도와 학교운영에 대한 의문과 비판에서 시작된다.

대안교육은 공교육 체제로서는 더 이상 대안적 교육이 불가능하다는 진단에서 대두되었다. 공교육 위기의 문제가 첨예하게 대두되면서 상대적으로 대안교육에 대한 관심이 증대된 것은 대안교육을 통하여 공교육에서 대두되고 있는 문제의 일부를 해소할 수 있다는 기대가 반영되었다고 볼 수 있다. 이것은 학교 붕괴로 대변되는 공교육 위기의 문제가 사회적 파장을 불러일으키고 있던 1990년대 후반에 가서야 정부에서 특성화고등학교의 형태로 공교육의 일부로 인정하였던 것에서도 알 수 있다. 이 당시 정부에서 대안교육에 대해

서 관심을 가지게 된 계기는 공교육 위기라는 절박한 상황이 압박하고 있던 가운데 부적응 학생들을 대상으로 기다림의 교육을 실천하고 있는 몇몇 대안학교의 경이로운 교육실천의 모습에서 공교육이 직면하고 있는 문제의 해법을 찾았기 때문이다.

사실 정부에서 처음부터 대안교육에 대해서 우호적이었던 것은 아니었다. 왜냐하면 대안교육이 추구하고 있던 이상적 교육의 모습이 지나치게 급진적인 모습을 띠고 있다고 판단했었고 대안교육을 이끌어 가는 주체들이 기존 체제에 대해 비판적인 성향을 지니고 있다고 생각했기 때문이다.

오늘날 학교 부재론이나 학교 무용론으로 대표되는 비판의 목소리는 '생명이 없는 교실에서의 수업', '사제간의 존경과 사랑이 사라진 학교', '더 이상 학생들에게 꿈을 심어 주지 못하는 교육현실' 등 다양한 모습으로 교육의 한계성을 표출시키고 있다. 그러나 교육제도와 학교교육에 대한 의문과 비판은 비단 한국에만 국한된 문제는 아니다. 이미 1970년대에 프레이리(P. Freire)가 제기했고, 이와 비슷하게 일리치(I. Illich)가 학교 이데올로기에 관한 명제와 함께 공적인 교육제도의 허구를 폭로하면서 '학교교육에 대한 대안(Alternatives to schooling)'을 문제로서 제기한 것은 오늘날 학교교육이 봉착한 위기 상황에 대한 하나의 단호한 문제 제기임에 분명하다.

기존의 공교육 제도에 만족할 수 없다고 하는 것은 비단 형식의 문제뿐만 아니다. 기존의 학교제도가 근대 산업사회와 함께 출현, 발달한 것으로서 근대성의 이념을 바탕으로 하고 있다고 본다. 즉, 오늘날 학교는 도구적 이성을 바탕으로 한 지식위주의 교육내용과 인간과 자연을 엄격히 분리된 관계로 보는 가치관을 지니고 있으며, 산업사회에 필요한 노동력을 양성하기 위한 통제 위주의 대량교육 체제의 성격을 띠고 있다는 것이다. 이러한 바탕은 현대 문명의 위기와 비인간화의 근원인 것이다. 따라서 대안교육의 또 다른 중요한 의미는 근대성을 기반으로 하는 기존의 학교교육과는 다른 세계관과 가치관을 지향한다는 점이다.

그렇다면 문제는 어떻게 이러한 현상을 극복하기 위한 새로운 교육의 모습을 찾는가 하는 것일 텐데 이러한 일련의 노력들이 대안학교의 모습으로 나타나고 있다. 최근 그 심각성이 날로 고조되고 있는 청소년 문제의 원인이 학교교육에도 있는 만큼 사랑과 인간적인 결속이 어우러지고 환경을 생각하며 더불어 사는 공동체적 인간을 육성하려는 대안학교에 대한 관심이 높아지는 것은 당연한 결과라고 하겠다.

2) 사회사적 요구

한국의 대안교육은 서양과 같이 제도교육의 모순에서 비롯되었음은 동일하다고 할 수 있다. 제도교육의 모순 속에서 등장한 대안교육의 이념은 1980년대부터 싹트기 시작했다. 학교교육이 지배 세력의 재생산 도구라는 인식이 팽배하던 시대에 대안교육을 모색하는 이론이 많이 수입되고 제창되었다.

실버만(Silberman)의 「교실의 위기」, 라이머(Reimer)의 「학교는 죽었다」, 보울스와 진티스(S. Bowles & H. Gintis)의 「자본주의 미국의 학교교육」, 카노이(M. Carnoy)의 「교육과 문화적 식민주의」, 프레이리(P. Freire)의 「의식화론」, 애플(M. Apple)의 「교육과 이데올로기」, 해리스(Harris)의 「교사와 계급」등은 한국 제도교육의 모순을 갈파할 수 있는 이론적인 틀을 제공하였던 대표적 비판서로 소개되었다(심성보, 1996). 이 저서들은 경쟁중심의 비인간적 학교 분위기와 학교교육의 경제적, 문화적 불평등으로 인하여 하층계급 아동의 교육적 소외, 학교교육의 외세 종속성과 식민화에 대한 비판, 그것을 극복하는 비판 의식과 저항의식을 고양하는 비판적 입문서들이었다. 사회 운동가, 종교 운동가를 비롯하여 교육학을 전공하는 진보적 소장 학자들에 의해 널리 소개되었던 이 이론서들은 당시 제도교육의 억압성과 제도적 모순을 지적하는 비판서가 빈약한 시절에 제도교육의 개혁을 실천하는 중요한 지침서의 역할을 하였다(이병환, 1999).

이러한 비판서들이 대부분 사회주의적 성향을 가지고 있어 현실 자본주의 모순을 비판하는 데는 도움을 주었지만 그것이 실천적 대안이 되기에는 관념적 급진성을 보였다. 1980년대 후반부터 가속화된 사회주의권의 현실적 몰락은 자본주의 교육 모순의 반작용으로 동경의 대상이 되었던 사회주의 유토피아에 대한 동경을 사라지게 하였다. 그래서 자본주의 교육 자체의 장점을 부분적으로 수용하면서 새로운 대안적 전략을 세우지 않으면 안 되게 되었다.

3. 대안교육의 이념

대안학교의 논의에서 가장 중요한 것은 '어떤 가치를 지향하는가'의 문제이다. 학교가 아무리 첨단 기자재로 완벽하게 설립되었다 하더라도 대안적 가치의 근본 전제들이 나타나지 않으면 특수목적고는 될 수 있어도 대안학교는 될 수 없다.

우리는 정치, 경제, 사회, 문화 등 사회의 모든 영역에서 참으로 전례 없는 위기에 봉착해 있다. 그리고 이러한 위기를 헤쳐 나가기 위해서는 무엇보다도 사고의 전환, 가치관의 전환이 요구되는데, 조기 영어교육이나 위성과외의 실시, 교육 정보환경 구축 등에서 볼 수 있듯이, 우리의 교육적 대응은 기존의 가치관을 유지한 채, 개인적 차원이나 국가적 차원에서의 행동이나 기술공학적 제도 개선을 통하여 위기에 대응하려고 하고 있다. 그러나 현재 위기의 극복은 제도와 구조의 개선을 넘어 가치관의 변혁으로 이어지지 않으면 안 된다. 우리나라의 대안교육운동은 바로 이러한 시대적 요구에 성실히 부응하려는 과정에서 운동의 발전과 확산이 이루어지고 있다는 점에서 기존의 진보적 교육운동과 차별성을 갖는다.

대안학교가 추구하는 대안적 가치는 어떤 것인가? 이 물음은 대안학교를 이해하고 해석하는데 가장 중대한 문제가 된다. 한 마디로 경제 개발과 이윤 획득, 편리한 생활을 가치관의 핵심으로 삼고 있는 정부, 기업, 시민의 보편적 의식과 풍요한 소비주의를 지향하는 현대의 생활양식을 바꾸지 않고는 인류가 직면한 총체적 위기의 원천적 해결은 불가능하다는 것이다(정유성, 1997).

환경 문제는 본질적으로 인간 중심적인 사고, 즉 자연 환경은 무한정 잡아 늘이는 것이 가능하고, 그렇게 하는 것이 '진보'라고 생각하는 유럽 중심의 과학적 세계관에서 비롯되었다. 바로 이러한 세계관과 철학 그리고 그것에 입각해서 발전한 과학에 의해서 산업문명은 성립되었고, 그 산업문명은 인간에게 엄청난 생산력과 생활의 편리를 가져다 주었다. 그러나 동시에 사람들은 그들이 원하는 것을 획득하는 과정의 윤리성과 도덕성에는 별로 관심을 보이지 않았다. 오히려 사회의 모든 것들, 심지어 인간의 생명, 인간관계, 생태계 등과 같은 것들까지도 시장가치나 물질적 가치로 고려하게 되었다. 이 모든 것이 지구의 자원을 고갈시키고 생태계를 파괴하고 있다. 그리고 그 결과 인류의 지속적인 생존이 근본적으로 위협받게 된 것이다. 따라서 산업사회가 우리에게 불어넣는 '허황된 꿈과 욕망'을 통제하고, 소비주의를 대치할 수 있는 '새로운' 가치를 창출하고, 그것을 기초로 우리들이 맺고 있는 제 관계들과 생활 방식을 생명 존중과 자연친화적인 것으로 바꾸어 내는 노력을 각자의 일상생활에서 스스로 만들어 갈 수 있게 하는 교육, 이것이 바로 현재의 것을 대신할 수 있는 대안교육의 핵심적 특징이 될 것이다. 생태위기의 근본적 해결책은 지속적인 생산력 증대와 그로 인한 자원 고갈을 조장하는 소비주의적 삶의 양식을 포기하고 '지속 가능한 소비(sustainable consumption)'를 우리 모두가 일상화함으로써 기대할 수 있다. '지속 가능한 소비'를 일상화한다는 것은 바로 생태적 질서를 인간 사회의 조직과 활동 원리에 도입한다는 의미로 해석할 수 있다. 이렇듯 '지속 가능한 소비'가 그 사회의 조직과 활동의 원리로 작용하는 사회를 우리는 '생태적 공동체'라고 부른다. '공동체'란 한 마디로 삶의 원리로서의 '더불어 사는 삶'이 실체화된 '공간'을 말하는데, '생태적 공동체 운동'은 생태 파괴로 대변되는 전 인류적인 위기의 본질을 자각하고, 문제해결을 위해 의도적으로 공동체를 형성하여 인간과 인간, 인간과 자연이 조화를 이루는 '대안 사회'를 건설하는 것을 지향한다.

그런데 이 새로운 대안적 가치인 인간과 인간, 집단과 집단, 인간과 자연의 '더불어 사는 삶'을 어떻게 다른 사람, 다른 집단, 자연의 관계에서 조화롭게 통일하느냐 하는 것이 무엇보다 중요하다. 여기에 대안교육의 시작이 있으며, 왜 우리 사회에서 대안교육운동이 짧은 시간에 사회적으로 확산되었는지를 설명해 주는 이유가 있다. 그리고 바로 이 이유 때문에 새로운 '공동체적 가치'를 어떻게 교육의 결과로서 일상생활화할 것인가가 대안교육 성패의 관건이 될 것이다. 생태주의자들은 인류가 가까운 미래에 멸절할 수 있다는 가능성은 과학기술이 모자라서가 아니라, 과학기술 지식을 파괴적으로 사용하기 때문에 높아지고 있다는 사실을 직시해야 한다고 보았다. 따라서 우리 인류가 직면한 이 엄청난 위기에 대처하기 위해서는 그 어느 것보다도 우리 인간이 삶을 어떻게 영위해야 할 것인가에 대한 가치관을 전해 주어야 하는데, 우리는 사실 조금만 여유있게 사고하면 새로운 삶의 철학의 기본적 성격과 내용이 무엇인지 알 수 있는 바 대안학교란 이런 가치관을 중시하는 학교라고 할 수 있다(이병환 · 김영순, 2008).

대안교육은 학교교육의 비판을 넘어서 구체적인 대안을 제시한다는 점에서 공감을 얻고 있다. 하지만 대안교육이 진정 제도권 교육에 대한 대안을 제시해 주고 이를 통해 학교교육의 문제점을 개선할 수 있는 방안을 제시하기 위해서는 대안학교의 교육 실천들을 체계적으로 분석 · 논의할 필요가 있다.

4. 대안학교의 운영 현황

대안학교의 유형을 분류하는 방법은 학자들에 따라 그 견해가 다양하다.

여기서는 대안교육 특성화학교, 각종학교로서 대안학교, 위탁형 대안학교, 미인가 대안학교, 홈스쿨링으로 구분하여 살펴보기로 한다.

1) 대안교육 특성화학교

대안교육 특성화학교는 1998년 2월 24일 공포된 「초 · 중등교육법 시행령」에 의거하여 특성화학교 및 자율학교로 당시 비(非)인가 대안학교들 중 영산성지고 · 양업고 · 한빛고 · 경주화랑고 · 원경고 · 간디학교 등 6개교를 대안형 특성화고등학교로 전환한 것을 시작으로 하여 2014년 현재 중학교 12개교, 고등학교 24개교가 운영되고 있다(〈표 12-1〉 참조).

2000년 이후 교육당국의 대안교육에 대한 관심은 더욱 높아져서 대안학교에 대한 각종 정책연구가 빈번해졌으며 대안교육 법제화가 논의되기 시작했다. 급기야 2006년도에는 대안교육 특성화학교로 지정되지 못한 미인가 대안교육기관도 정식 학력으로 인정해 주는 안을 통과시켰으며 그 후속 조치로 2007년도에는 「대안학교의 설립 · 운영에 관한 규정」(대통령령 제20116호: 2007. 6. 28. 공포)이 제정되어 대안학교의 학력 인정과 대안학교 설립에 대한 가이드라인을 구체적으로 제시하였다.

최근 학교폭력이나 학업중단 학생의 증가 문제에 능동적으로 대처하기 위한 공립 대안학교의 설립도 교육 관계 당국에 의해 적극 추진되고 있다. 공립 대안학교는 2002년도에 설립된 경기대명고등학교를 시초로, 2010년도에는 경남의 태봉고등학교가, 2012년도에는 인천의 해밀학교, 전남의 한울고등학교가 개교하였다.

공립 대안학교는 교육행정기관의 안정적인 재정적 지원을 받을 수 있다는 장점에도 불구하고 학교운영체제가 기존의 학교와 별반 다를 것이 없다는 점과 특히 교직원들이 현직 교육공무원이란 신분으로 대안교육의 철학에 대한 이해가 낮아서 대안적 교육을 구현하는 데에는 한계가 있다는 우려의 목소리도 나오고 있는 실정이다.

표 12-1 대안교육 특성화고등학교 현황 (2014년 8월 기준)

시도	학교명	지정연도	설립별	법인	학생정원	소재지
부산	지구촌고	2002년	사립	복음	90	연제구
대구	달구벌고	2003년	사립	덕성	120	동구
인천	산마을고	2000년	사립	산마을학원	60	강화군
광주	동명고	1999년	사립	동명	180	광산구
경기	두레자연고	1999년	사립	수곡두레	120	화성시
	경기대명고	2002년	공립	·	120	수원시
	이우고	2003년	사립	이우	240	성남시
	한겨레고	2006년	사립	전인	120	안성시
강원	전인고	2005년	사립	전인	100	춘천시
	팔렬고	2006년	사립	이화	60	홍천군
충북	양업고	1998년	사립	청주카톨릭	120	청원군
충남	한마음고	2003년	사립	한마음교육 문화재단	120	천안시
	공동체비전고	2003년	사립	선천	120	서천군
전북	세인고	1999년	사립	DIA세인	180	완주군
	푸른꿈고	1999년	사립	푸른꿈	120	무주군
	지평선고	2009년	사립	원진	120	김제시
전남	영산성지고	1998년	사립	영산성지	120	영광군
	한빛고	1998년	사립	거이	225	담양군
	한울고	2012년	공립	·	180	곡성군
경북	경주화랑고	1998년	사립	삼동	120	경주시
경남	간디학교	1998년	사립	녹색	120	산청군
	원경고	1998년	사립	원명	120	합천군
	지리산고	2004년	사립	학림	60	산청군
	태봉고	2010년	공립	·	135	마산시
계	24개교				2,780명	

특성화중학교는 2002년에 송학중학교가 개교한 이래 2014년에는 광주평동중학교가 설립되었으며, 2014년 현재 전국에 12개교가 운영되고 있다(〈표 12-2〉 참조).

표 12-2 대안교육 특성화중학교 현황(2014년 8월 기준)

시도	학교명	지정연도	설립별	법인	학생정원	소재지
경기	헌산중학교	2003년	사립	전인	120	용인시
	두레자연중학교	2003년	사립	수곡두레	60	화성시
	이우중학교	2003년	사립	이우	180	성남시
	한겨레중학교	2006년	사립	전인	60	안성시
	중앙기독중학교	2006년	사립	중앙학원	252	수원시
강원	팔렬중학교	2010년	사립	이화	60	홍천군
전북	지평선중학교	2003년	사립	원진	120	김제시
	전북동화중학교	2009년	공립	·	120	정읍시
전남	성지송학중학교	2002년	사립	영산성지	80	영광군
	용정중학교	2003년	사립	보성	112	보성군
	청람중학교	2013년	공립	·	80	강진군
광주	평동중학교	2014년	공립	·	52	광주광역시
계	12개교				1,296명	

2) 각종학교로서 대안학교

2005년 3월 「초 · 중등교육법」에 대안학교(代案學校) 관련 규정(제60조의3)을 신설함에 따라 미인가 대안학교가 최초로 관련법에 명시되어 초 · 중등과정의 미인가 대안학교들은 학교라는 명칭으로 제도권 안에 진입할 수 있는 기회가 마련되었다.

「초 · 중등교육법」 제60조의3에서는 학업을 중단하거나 개인적 특성에 맞는 교육을 받으려는 학생을 대상으로 현장 실습 등 체험위주의 교육, 인성위주의 교육 또는 개인의 소질 · 적성 개발 위주의 교육 등 다양한 교육을 하는 대안학교를 같은 법 제2조제5호에 따른 각종학교에 포함시켜 같은 법 제4조에 따라 설립인가를 받도록 규정하고, 대안학교에 대해서는 별도의 설립 · 운영에 관한 규정을 두어 교육과정, 학기운영, 교과용 도서의 사용, 교원의 자격 · 배치 등을 정규 초 · 중 · 고등학교와 다르게 운영할 수 있도록 하는 한편, 초 · 중 · 고등학교의 학력을 인정하고 있다.

각종학교로서 대안학교는 초등학교 · 중학교 · 고등학교의 과정을 통합하여 운영할 수 있고, 대안학교의 설립기준, 교육과정, 수업연한, 학력인정, 기타 설립 · 운영에 필요한 사항은 「대안학교의 설립 · 운영에 관한 규정」(2007년 6월 28일 제정)에 의한다.

〈표 12-3〉에서 볼 수 있듯이 2008년 TLBU글로벌학교(초 · 중 · 고 통합)와 서울실용음악학교(고)가 개교한 이래 2014년에 광주월광기독학교(초), 경기광성드림학교(초 · 중통합), 산자연학교(중), 나무와학교(중), 꿈키움학교(중), 어울림학교(중) 등이 설립되었으며 2014년 현재 전국에 총 24개교가 운영 중이다.

표 12-3 각종학교로서 대안학교(총24교) 현황(2014년 8월 기준)

시 · 도	학교명(과정)	설립 구분	설립 연도	소재지	시 · 도	학교명(과정)	설립 구분	설립 연도	소재지
서울	서울실용음악학교(고)	사립	'09	신당동	경기	TLBU글로벌학교(초 · 중 통합)	사립	'08	고양시
	여명학교(고)	사립	'10	남산동		경기새울학교(중)	공립	'13	이천시
	지구촌학교(초)	사립	'12	오류동		광성드림학교(초 · 중 통합)	사립	'14	고양시
	서울다솜학교(고)	공립	'12	흥인동	충북	글로벌선진학교(중 · 고 통합)	사립	'11	음성군
인천	인천청담학교(고)	사립	'11	동춘동		한국폴리텍다솜학교(고)	사립	'12	제천시
	인천해밀학교(중 · 고 통합)	공립	'12	구월동	충남	여해학교(중)	공립	'13	아산시
	인천한누리학교(초 · 중 · 고 통합)	공립	'13	논현동	경북	한동글로벌학교(초 · 중 · 고 통합)	사립	'11	포항시
광주	월광기독학교(초)	사립	'14	화정동		글로벌선진학교문경캠퍼스(중 · 고 통합)	사립	'13	문경시
대전	그라시아스음악학교(고)	사립	'12	도마동		산자연학교(중)	사립	'14	영천시
경기	새나래학교(중 · 고 통합)	사립	'11	용인시		나무와학교(중)	사립	'14	영천시
	화요일아침예술학교(고)	사립	'11	연천군	경남	꿈키움학교(중)	공립	'14	진주시
	쉐마기독학교(초 · 중 · 고 통합)	사립	'11	양주시		어울림학교(중)	사립	'14	하동군

3) 위탁형 대안학교

위탁교육은 일반 중 · 고등학교를 다니는 학생들 가운데 학교가 맞지 않는 학생들이 원하는 교육기관에 가서 학습해도 출석으로 인정하는 제도다. 전학과 달리 원래 다니던 소속 학교에 학적을 두고 위탁학교를 다녀서 교육과정을 마치면 졸업 때는 소속 학교에서 졸업장을 받게 된다. 위탁생의 성격을 보면 여러 가지 이유로 학업중단 위기에 놓인 학생들이 많은데, 대체로 사회경제적으로 소외 계층에 속하는 편이다. 해마다 수만 명에 이르는 중도탈락생들의 문제를 해결하려는 교육당국의 요구와 대안교육의 흐름이 만난 것이라고 할 수 있다. 위탁교육기관은 전국적으로는 100여 군데에 이르는데, 기관에 따라 교육방식은 상당히 다른 모습을 띠는 만큼 위탁교육기관이 곧 대안학교라고 볼 수는 없다.

위탁형 대안학교는 「초 · 중등교육법」 제28조와 「초 · 중등교육법시행령」 제54조에 근거하여 학습부진이나 성격장애 등의 사유로 정상적인 학교생활을 하기 어려운 학생과 학업중단 위기에 처한 학생들을 정규학교로부터 위탁받아 교육하는 곳이다. 위탁형 대안학교는 시 · 도교육감이 위탁교육을 실시하기에 적합하다고 인정하여 지정되는데, 지정 대상에는 기존의 정규학교와 대안교육기관 및 민간기관까지도 포함된다(김광수, 2011). 위탁형 대안학교는 시 · 도교육청의 심사를 거쳐 지정 또는 해제되는데, 지정되는 경우 교육청으로부터 장학활동 및 운영비 보조 등 행 · 재정적 지원을 받는다.

위탁형 대안학교는 서울의 경우 서울시교육청이 2001년 3월 당시 급증하던 정규학교 중도탈락자들의 대안적 교육수요 충족을 위하여 기존 학력인정 평생교육시설 3곳(청량정보고, 한림실업고, 성지고)을 지정하면서 시작되었다. 또 2003년 6월에는 서울산업정보학교 부설 대안교육종합센터에서 최초의 공립 위탁형 대안학교(꿈타래학교)의 운영을 시작하였다. 당시 교육인적자원부의 '대안교육 확대 및 내실화 추진방안' 발표(2003. 7) 이후에는 위탁형 대안학교의 수가 증가하였고 위탁교육 대상자도 중학생으로까지 확대되었다. 2004년 1월 서울시교육청이 공포한 '대안교육기관의 지정 및 학생위탁 등에 관한 규칙'(서울특별시교육규칙 제628호)은 위탁형 대안학교의 법적 근거가 되었으며, 같은 해에 강북청소년수련관 외 3곳의 민간기관으로도 지정이 확대되었다.

지방에서도 위탁형 대안학교에 대한 필요성이 부각되면서 부산, 인천, 경남, 전북에서 위탁형 대안학교들이 지정되었다. 위탁형 대안학교의 총괄 및 지원을 위하여 서울과 부산시교육청은 각각 대안교육종합센터와 대안교육지원센터를 두고 있고, 다른 시 · 도교육청은 교육청의 담당장학사가 행정적인 총괄을 하고 있다(김미숙 외, 2009).

최근에는 학교폭력 문제의 해결방안의 하나로 각 시 · 도교육청에서 공 · 사립 위탁형 대안학교의 설립을 적극 지원하고 있어서 급속히 확산되는 추세이다.

4) 미(비)인가 대안학교

미(비)인가 대안학교는 특정한 교육신념 등을 이유로 국가로부터 공식적인 학교로의 인가를 받지 않은 상태에서 학생을 교육하는 곳으로 졸업시 학력인증이 되지 않는 대안적 교육기관이다. 미(비)인가 대안학교는 설립이념 · 주체, 교육철학과 방법, 규모, 의사결정 구조, 재정 상태 등에서 매우 다양하다. 또 학교의 형태를 갖춘 곳도 있는 반면 그룹홈이나 홈스쿨링을 하는 청소년들의 교류와 학습을 돕는 사랑방 형태의 시설도 있다.

미(비)인가 대안학교는 다문화 · 탈북, 학업부적응 학생 등에게 교육 기회를 제공하는 긍정적 역할을 수행해 왔으나, 영세한 규모 및 시설의 문제, 학생들의 건강 및 안전에 대한 보장 시스템 미비 등으로 학습권 침해가 우려되고, 일부 미(비)인가 대안학교에서는 외국대학 진학을 목적으로 사실상의 고가(高價)의

사교육기관 형태로 운영하여 위화감을 조성하는 사례도 나타나고 있다.

2000년대 초반부터 본격적으로 등장하기 시작한 미(비)인가 대안학교는 고등학교 과정 뿐만 아니라 의무교육 단계인 초등학교와 중학교 과정까지 운영되고 있어 취학의무 이행 측면에서는 비합법성 문제가 제기되어 있기도 하다. 정부는 2005년 「초·중등교육법」 제60조의3(대안학교)을 신설하여 미인가 대안학교(대안교육계는 '비인가'로 표현)를 제도권 안으로 끌어들이고자 하였고, 2010년에는 '대안학교의 설립·운영에 관한 규정'의 개정으로 대안학교의 요건을 완화하여 인가를 유도하였으나 실효를 거두지 못하였다.

또 2006년부터 2009년까지는 '미인가 대안교육시설 재정지원 사업'을 시행하여 첫해에 79개교의 신청을 받아 최종 55개교를 선정한 이래 2010년부터는 '학업중단 학생 교육지원사업'으로 명칭을 변경하여 2014년 현재까지 실행해오고 있다(이종각, 2013).

그런데 미(비)인가 대안학교의 급속한 제도화는 반길 일 만은 아니다. 인가받은 학교는 물론이고 미(비)인가 대안학교에까지 정부가 재정 지원을 하겠다는 것은 그만큼 국가의 규제도 커진다는 말이기 때문이다. 재정 지원이나 학력 인정은 공공적 영역에 속하는 사안이기 때문에 국가가 규정하고 있는 틀 속에서 운영되기를 기대할 것이고, 그렇게 되면 그 동안 척박한 환경 가운데서 누려 왔던 대안성이 훼손될 것이기 때문이다.

전국에서 운영되고 있는 미(비)인가 대안학교의 수는 정확히 파악되어 있지 않으나 대략 230여 개가 운영되고 있는 것으로 추정된다.

5) 홈스쿨링(home schooling, 가정학교)

홈스쿨링은 자녀들을 학교에 보내지 않고 부모가 가정에서 직접 교육자가 되어 가르치는 교육 유형이다. 이러한 방식은 초기에는 종교적 이유에서 시작되었으나 이후 공교육에 대한 비판이 거세지면서 학교교육을 불신하거나 반대

하는 학부모들이 점차 참여하게 되었다. 1980년대에 이르러서는 홈스쿨링이 하나의 새로운 교육운동이자 사회운동으로 급속히 확산되어 미국에서만 거의 백만 명에 가까운 초 · 중등 학령의 아동 및 청소년들이 교육받을 정도로 새로운 형태의 교육으로 자리매김하였다.

홈스쿨링은 최근 많은 관심의 대상이 되고 있다. 단순하게 말하여 부모가 취학 연령의 자녀를 학교에 보내지 않고 가정에서 가르치는 교육형태를 가리키며 이런 의미에서 가정학교라고 말하기도 한다. 우리 사회에 홈스쿨링이 본격적으로 알려진 것은 얼마 되지 않았으나, 종교적인 이유 등으로 오래 전부터 실천해 온 사람도 적지 않다고 한다. 최근 학교교육에 대한 불신이 커지면서 홈스쿨링을 시도하는 사람들이 급격하게 늘고 있는데, 일부 언론에서는 국내의 홈스쿨링 인구를 천명 이상으로 추산한 적도 있지만, 정확한 실태는 알 수 없다. 홈스쿨링 방식으로 자녀를 기르고 있음을 공개적으 밝히는 경우도 많지 않지만, 본질적으로 검정고시 등을 통하여 조기에 대학진학을 실현하고자 하는 경우와 대안적인 교육 방식으로 가정에서 학습을 하려는 경우가 구분되기 어려운데서 기인하기도 한다.

홈스쿨링이라고 해서 꼭 부모가 가르치는 것은 아니며, 때로는 몇 가정이 분담하거나 특정 교사에게 맡기기도 한다. 최근 학교교육에 대한 불만이 높아지면서 홈스쿨링을 선택하는 학부모가 늘어가는 추세이다.

최근에는 홈스쿨링 법제화 논의가 정치권에서 활발하게 논의되고 있다. 국회 농림수산식품위원회 새정치민주연합(당시 민주통합당) 김춘진의원은 2012년 9월 18일 현행법 테두리 밖에 있는 미(비)인가 대안학교와 홈스쿨링에 대해 각각 등록제와 신고제의 법적 근거를 마련하는 「학교 밖 학습자 교육지원에 관한 법률안」과 유명무실해진 대안학교의 법적 근거인 「초 · 중등교육법」 제60조의3을 삭제하는 초 · 중등교육법 개정안 등 법률안 3건을 대표 발의한 바 있다.

김 의원은 "우리나라 헌법과 교육기본법은 교육을 권리이자 의무로 규정하고 있으나, 초 · 중등교육법은 교육이 반드시 교육당국의 인가를 받은 학교를 통해서 이루어지도록 제안하고 있어, 미인가 대안학교 학생과 홈스쿨러 등 학교 밖 학습자들은 법적인 보호를 받지 못하고 사각지대에 방치돼 왔다"고 지적한 뒤 "교육주체 중 가장 중요한 것은 바로 학습자와 그 학부모인 만큼 교육주체가 원하는 방법으로 학습이 이루어질 수 있도록 제도를 개선하고 돕는 것이 국가의 책무"라며 법안 발의 취지를 밝혔다.

미(비)인가 대안학교를 등록제로, 홈스쿨링을 신고제로 하고, 대안교육지원센터를 통하여 대안교육과 학교 밖 학습자에 대한 지원 근거를 마련하는 이 법안은 18대국회에 이어 19대 국회에서도 재추진되는 입법으로 여당의 일부 지지를 받고 있어 법안 통과의 가능성이 대단히 높은 편이다. 이 법안이 국회를 통과하게 되면 미(비)인가 대안학교와 홈스쿨링이 하나의 교육체제로 인정을 받으면서 공교육체제 보완재의 기능을 충실히 하게 된다.

미국에서 홈스쿨링을 하려는 부모는 대부분 적절한 커리큘럼을 구성하여 지역학교로부터 허가를 받아야 한다. 학교에는 홈스쿨링 담당교사가 배치되어 있어 부모들이 어떤 과목을 어떤 수준으로 가르칠 것인가에 대해 논의하고 교육프로그램에 대한 전문적 조언을 얻을 수 있다. 기본적 과목 외의 교육에 대해서는 부모에게 재량권을 준다. 최근에는 인터넷의 활용으로 각 가정에서도 다양한 정보에 접근할 수 있게 되어 홈스쿨링의 가능성은 더욱 확대되고 있다고 볼 수 있다(이종각, 2013).

5. 대안학교의 과제

1) 대안적 가치의 지향

대안적 가치란 대안학교가 궁극적으로 추구하는 정신적 일면을 말한다. 즉 대안학교가 추구하는 자연친화적, 인간중심적 가치가 교육적 실천을 통해 어떻게 지속적으로 파급되는가의 문제이다.

대안학교의 독특한 대안적 가치가 대안학교에만 그치지 말고 일반 학교에도 보급되어야 한다. 대안학교의 교육을 학교 밖에서 일어나는 급진적 움직임으로 무시해 버리지 말고 탈학교의 힘을 정책화하여 학교교육의 새로운 가능성을 실천할 수 있도록 해야 한다.

그러나 몇몇 대안학교는 지식교육을 악의 화신처럼 보고 있으나 지식교육을 하는 주입식교육 자체의 내재적 모순으로 이해하는 것은 바람직하지 않다. 교과중심의 지식교육과 아동중심교육의 허구적 이원론, 인문주의 교육관과 자연주의 교육관의 이원적 분리는 전인적 교육을 가로막는다. 지식교육과 인간교육을 대립적인 것으로 보지 않아야 한다. 교육의 지적 영역과 정의적 영역은 대립적인 것이 아니라 하나로 통합되고, 교육내용론과 교육방법론이 올바로 결합하여야 한다.

또 하나 중요한 사실은 대안적 교육을 받고 자란 학생들이 나중에 다른 사회에서 적응할 수 있을지에 대해 치밀한 교육전략을 세워야 한다는 것이다. 대안학교가 정치사회적 현실과 연계성을 고려하지 않은 대안교육을 한다면 이런 교육을 받은 학생이 다음 단계의 교육과정이나 사회생활에 적응하지 못하는 사태가 생길 수 있다. 후기 산업사회로 진입한 이래 그것이 갖고 있는 부정성이 노정되고 있지만, 생태중심적, 지역공동체적 대안교육운동은 항상 현실의 삶 속에서 추구되어야 한다.

대안교육을 실천하는 설립자나 교사는 개교 당시 가졌던 교육철학과 교육구상을 끝까지 견지하면, 교육이 정치나 경제 논리에 의해 취급되지 않도록 할 수 있을 것이다. 대안교육의 이념과 목표에 대한 철학을 가진 교사를 양성하기 위해서는, 전문적인 교육기관의 설립과 교사 연수프로그램의 개발이 시급하다. 그리고 교사의 한국 교육의 현실에 대한 인식과 미래에 대해 전망이 필요하다. 한국 대안학교의 실천이 종국에는 철학과 의식을 가진 교육자의 어깨에 달려 있으므로 교사의 변함없는 자기 혁신과 개발이 지속적으로 이루어져야 할 것이다.

2) 사회적 인식

한국에서는 아직 대안교육에 대한 명확한 개념규정이 없는 탓에 대안교육이 마치 학교교육의 문제를 모두 해결할 수 있을 것이라는 성급한 기대감을 가진 사람이 많다. 이런 기대감은 대안교육을 확산시키는 기능도 하지만 정체성 형성이 덜된 상황에서 부담감을 안겨 주기도 한다. 그러나 대안교육이 지향하는 핵심적인 요소, 예컨대 인간존중, 학습자중심, 생태주의적 가치, 공동체정신 등은 어떤 방식으로든지 미래의 학교에도 중요하게 고려되리라고 예상할 수 있다. 이는 1990년대 이후 대안교육이 단지 전통적인 학교교육에 대한 반발에 그치지 않고 미래 교육의 중요한 지향을 예시하고 있다고 판단되기 때문이다. 도시생활과 농촌생활, 도시학교와 농촌학교를 이분화하여 사고하기보다 자연성과 문명성이 손상되지 않는 공존을 추구하면서 중첩성 속의 독특성을 추구하는 대안교육 철학을 갖는 것이 바람직하다. 또한 사회개혁적 의미를 갖는 대안교육운동이 되려면 지역 당사자가 주체가 되어 주민자치의 정신에 터전을 두고 작은 공동체가 여기저기서 스스로를 되살림으로써 새로운 지역사회 연계망을 형성하여야 한다.

앞으로 대안교육은 기존 공교육제도의 성격이 근본적으로 변화되지 않는 한 지속적으로 존속·확대될 것으로 예상된다. 그러나 대안교육의 존재 의의는 절대적 소수만을 위한 교육실천 그 자체에 있다기보다는 거대한 공교육제도에 문제를 제기하고 그 변화의 방향을 예시하는 데 있다고 보아야 할 것이다. 이 점은 장차 교육연구자나 교육당국이 학교개혁의 선행지수로서 대안교육에 대한 관심을 좀 더 적극적으로 기울일 필요가 있음을 시사한다고 하겠다.

3) 교육환경적 측면

풀무학교, 간디학교, 영산성지고등학교 등 거의 모든 대안학교들은 자연친화적 삶과 지속 가능한 가치를 추구하고 있다. 또 대부분 대안교육 실천은 '작은 학교'를 지향한다. 지역사회에 뿌리박은 '작은 학교'를 지향하는 것은 경험 부족이나 법적 제약 따위 때문이 아니라 소박함과 다양성, 공동체 정신을 중시하는 개성적 교육을 위해서다. 또한 그것은 주민자치운동과 맞닿아 있기도 하다. 지역의 생활협동조합운동과 유기적 관련을 맺고 있는 풀무학교나 영산성지고등학교 등이 그 대표적 사례이다.

대안학교 교육환경의 공통적 특성은 자연친화적 환경, 작은 학교, 지역사회학교, 전원기숙학교를 지향한다. 그러나 지금의 탈산업사회가 가지고 있는 부정적인 측면을 인정한다고 하더라도, 전체 사회가 농업사회로 회귀할 수 없다는 엄연한 현실을 고려할 때 생태중심적 대안학교운동의 현실을 인정하는 유연성을 가져야 한다. 그런데 대부분의 대안학교들이 생태주의에 기초한 공동체적 품성을 소중히 여겨 도시에서 멀리 떨어진 시골에 자리를 잡고 기숙학교 형태로 운영되고 있다는 점이 주목된다.

그러나 이런 대안학교에 학생들을 보내기에는 경제력이 뒷받침되지 않는 사람들이 아직은 많음을 상기해야 한다. 그런 이들에게 좋은 기숙사가 있고 풍성한 자연이 있는 대안학교는 또 하나의 벽일 수 있다. 그리고 가족과 떨어져서 독립심을 기르고 또래와 함께 공동체 생활을 해 보는 것도 청소년기에 필요할지 모르나, 가족과 함께 지내는 것도 소중한 경험이라 생각하는 이들도 많다. 자연 속에서 자란다고 훌륭한 교육이 저절로 되는 것은 아님을 감안할 때 자연성과 문명성이 손상되지 않는 공존을 추구하면서 도시 · 농촌이 연계된 학교 연결망을 구축하는 것이 필요하다.

4) 대안학교 제도화 문제

대안학교는 두 차례의 입법 과정을 통하여 제도교육 내로 편입되는 과정을 거쳤다. 첫 번째는 1997년 12월 13일 제정된 「초·중등교육법」에 따라 1998년 2월 24일 공포된 「초·중등교육법시행령」에 특성화학교 및 자율학교라는 이름 아래 대안학교가 공교육기관의 하나로 설립·운영될 수 있는 법적 기반이 갖추어진 것이다. 두 번째는 2005년 3월 「초·중등교육법」에 제60조3항의 신설에 의해 '대안학교'라는 이름으로 학교를 설립할 수 있게 된 것인데, 이로써 대안학교가 법적 용어가 되었다.

이와 같은 두 차례에 걸친 대안교육 제도화는 이후 2007년 「대안학교 설립·운영에 관한 규정」이 제정·공포되면서 제도교육에 편입된 대안학교들에게 안정적 운영 기반을 마련해 주었으나, 공교육 재정 지원에 따르는 각종 행정 규제로 인해 인가받은 대안학교는 많지 않다. 또한 대안교육이 두 차례의 입법 과정에 의해 각기 다른 법 조항에 의해 제도화됨으로써 대안교육 특성화학교와 각종학교로서의 대안학교, 그리고 제도권 바깥에 있는 미(비)인가 대안학교 사이에는 공통점보다는 차이가 두드려져 상호 소통이 되지 않는 가운데 각자의 길을 가고 있어 대안교육의 미래에 어두운 그림자를 드리우고 있다.

대안교육이 제도화되어 법의 테두리 안으로 들어간다는 것은 필연적으로 대안교육이 국가와 행정관료에 의해 일정부분 통제된다는 것을 의미한다고도 할 수 있다. 그러나 대안교육계가 바라는 제도화는 정부의 통제 아래 정체성의 약화 또는 상실을 감수하면서까지 제도권으로 들어가고자 하는 것이 아니다. 우리 사회가 다양한 교육을 수용할 수 있고, 부모들과 학생들이 스스로 원하는 교육을 선택할 수 있는 학습권을 제도적으로 보장하도록 하는 것이다. 김춘진 의원실에서 제출한 법률안이 교육의 다양성과 학생들의 학습권 보장을 위한 법률에는 미치지 못하고 있다. 하지만 대안교육을 새로운 교육 영역으로 자리매김할 수 있는 시발점이 된다는 것에 의미를 가질 수 있을 것이다.

이와 같이 대안교육 제도화에 대한 논의는 계속되고 있으며 지금까지의 논의 경과는 〈표 12-4〉와 같다.

표 12-4 대안교육 제도화 진행과정

2006년	1월	대안교육 법제화 프로젝트팀 연구보고서 교육부 제출
	3월	법제화 포럼(대안교육연대 – 성미산학교)
2007년	5월	대안교육법제화 토론회(대안교육연대 – 성미산학교)
	6월	대안학교의 설립운영에 관한 규정(시행령) 공포
	7월	법제화 대응팀 구성(대안교육연대)
2008년	3월	인가된 대안학교 개교(TLBU 글로벌스쿨)
2009년	3월	인가된 대안학교 개교(서울실용음악학교)
	9월	김춘진의원실 대안교육제도화 토론회(국회의원회관 대회의실)
	10월	김춘진의원실 '대안교육기관 등에 관한 지원법률' 민주당 당론 확정
	10월	대안학교의 설립운영에 관한 규정 개정 공포
	11월	대안교육연대 임시총회(하자센터)
2010년	3월	인가된 대안학교 개교(여명학교)
	3월	대안교육제도화 정책팀 구성(대안교육연대)
	6월	대안교육제도화 토론회 개최(대안교육연대 – 연세대)
2012	5월	동아일보 동아닷컴 전남강진 미인가대안학교 늦봄학교의 좌편향 교육 기사 보도
2012	12월	교육부 대안교육 지원사업 대상학교에서 늦봄문익환학교 탈락
2013	6월	김황식국무총리 주제 제11차 교육개혁협의회에서 대안교육 발전방안 논의
2014	5월	법원 동아일보의 늦봄학교 좌편향 기사 정정 보도 및 관련 기사 삭제 판결
2014	6	교육부 미인가 대안교육시설 현황 조사 결과 발표 – 대안교육시설 등록제 도입 추진
2014	7	대안교육연대 소속 교원 교육부의 대안학교 법제화 반대 릴레이 1인 시위 진행

지금까지 대안교육 제도화 관련 논의는 주로 대안학교를 어떻게 제도화시킬 것인가를 중심으로 되어 왔다. 정부는 물론이고 대안교육 진영도 크게 다르지 않았다. 교육부가 중심이 되어 진행시킨 대안교육 제도화는 명백히 학교에 대한 인정 여부였다. 특성화학교 관련법, 초·중등교육법 60조3이 그렇다.

하지만 새로운 제도화 논의는 이 전제를 넘어서는 것에서 시작해야 한다. 대안학교가 아닌 대안교육으로 제도화 논의를 진전시켜야 하는 현실적인 이유가 여기에 있다. 학교 설립에 관한 법률 범주가 아닌 범주를 새롭게 만들어내고 이에 대한 구체적 인증시스템을 제안할 때 대안교육의 실천을 제대로 인정하는 실질적인 제도화가 가능할 것이다.

아울러 대안교육의 바른 실천과 우리들의 지향을 분명히 하기 위해서도 대안학교가 아닌 대안교육의 제도화가 필요하다. 학습자의 특성과 조건을 고려해 가장 적절한 배움의 형태를 찾아가는 것이 대안교육운동의 실천이었고, 이 방향 속에서 여러 다양한 모형들이 나왔다. 홈스쿨링을 포함해 학교형태가 아닌 실천들도 다수 있었고, 학교형태라 하더라도 기존의 학교와는 규모나 발상에서 완전히 다른 모습의 실천들이 이어졌다.

이런 다양한 대안교육운동의 모형이나 실천들이 제도화 과정에서 소외되어선 안 된다. 사회적으로 교육이 학교라는 형태로만 이뤄지는게 아니라는 패러다임의 전환을 꾀하고, 학습자의 교육적 권리를 보장하는 방향으로 제도화가 진행되어야 하며, 국제적 합의 사항에 대한 실천과 국내 헌법 및 교육기본법에 명시된 권리와 학습권을 실현하는 방향으로 제도화가 이루어져야 한다는 것을 대안교육 진영 안에서도 공유할 필요가 있다.

강상철 외(1992). **교육사회**. 서울: 동문사.

강상철(1995). **신교육 사회학의 이해**. 서울: 원미사.

강상철(1997). **교육사회**. 서울: 동문사.

강순원(2003). "인권교육적 견지에서 본 우리나라 양성평등교육의 성과와 한계". 한국교육사회학회 연차학술대회(교육 부문에서의 양성평등 실태 및 과제), 27-43. 12월 20일. 대전: 유성호텔 3층 코스모스홀.

강창동(2009). **교육사회학의 이해**. 서울: 학지사.

고형일(1996). **근대화, 정보화 그리고 한국교육**. 경기: 교육과학사.

곽삼근 · 조혜선 · 윤혜경(2005). 생애주기별 성역할 발달 및 갈등. **한국여성학** 21(2), 147-179.

구는옥(1996). 초등학교 도덕 교과서에 나타난 성차의 특성과 문제점. 경북대학교 교육대학원 석사학위논문.

구정화 · 박윤경 · 설규주(2009). **다문화교육 이해**. 서울: 동문사.

금인숙 외(2001). **현대사회와 여성**. 서울: 정림사.

김규태(2012). **교육책무성: 이론 · 정책 · 제도**. 서울: 원미사.

김경근(1999). “교육성취에 대한 가족구성의 영향”. **교육사회학연구** 9(3), 1-23.

김경근 외(2009), 이주근로자 가정 청소년들의 적응전략. **교육사회학연구** 19-2, 한국교육사회학회.

김경동(1995). **현대의 사회학-사회학적 관심**. 서울: 박영사.

김경식 · 박형진 · 윤주국 · 이병환 · 이현철(2011). **제3판 교육사회학**. 경기: 교육과학사.

김기석(1987). **문화재생산이론**. 경기: 교육과학사.

김광수(2011). 학교부적응 청소년을 위한 위탁형 대안교육의 제도적 위상. **교육철학**, 44, 1-23.

김명기(1994). **사회이론**. 서울: 한국방송통신대학교.

김미숙 · 백성준 · 옥준필(2009). 대안학교의 직업교육 운영실태 분석 연구. **정책연구** 2009-17. 한국직업능력개발원.

김미정 · 유태명(2004). “양성평등적 관점에 기초한 제7차 교육과정 중학교 가정교과서 삽화의 단원별 계량적 내용분석”. **한국가정과 교육학회지** 16(4), 27-41.

김병성(1990). **교육사회학 관련이론**. 경기: 양서원.

김병성(2002). **교육사회학 이론 신강**: 거시 · 미시적 관련이론. 서울: 학지사.

김병욱(2007). **교육사회학**. 서울: 학지사.

김병욱(2013). **교육사회학**. 서울: 학지사.

김병희 · 김경식 · 김형구 · 박형진 · 윤주국(2011). **교육사회학**. 경기: 공동체.

김부태(2014). 한국 학력 · 학벌사회 개혁론에 대한 분석적 고찰. **열린교육연구** 22(3), 3-25.

김부태 · 손종현(1991). “한국 지리교과서 내용의 정치경제학적 분석”. **교육비평** 2, 서울: 우리교육, 269-290.

김상봉(2005). **도덕교육의 파시즘**. 서울: 길.

김석원 역(1982). 학교는 죽었다. 서울 : 한마당. Reimer, E.(1971). *School is dead : An essay on alternatives in education.* New York : Doubleday & Company.

김선옥 · 허균(2008). “고등학교 성교육 관련 교과 내용 분석-siecus의 양성평등 관점 중심-”. **수산해양교육연구** 20(1), 1-11.

김영천(2008). **질적연구방법론 I**. 서울: 문음사.

김억환(1988). **교육사회학**. 건국대학교출판부.

김옥순(2001). 초등학교 현장에서의 성차별 분석. 영남대학교 교육대학원 석사학위논문.

김은미 외(2008). 다인종 다민족 사회의 형성과 사회 조직. **한국사회학** 42-2, (1-35). 한국사회학회.

김이선(2007). 한국사회의 수용현실과 정책과제. 다민족 · 다문화사회로의 이행을 위한 정책 패러다임 구축 4-1. 한국여성정책연구원.

김재인 · 곽삼근 · 조경원 · 유현옥 · 송현주 · 심미옥 · 곽윤숙 · 오재림 · 박성정 · 이해주 · 나임윤경 · 임선희 · 민무숙 · 정해숙(2009). **여성교육개론**. 경기: 교육과학사.

김종두(2013). **교육사회학**. 경기: 교육과학사.

김진균 외 역(1996). J. H. Turner(저). **사회학 이론의 구조**(개정판). 서울: 한길사.

김차옥 · 양정호(2004). "초등학생의 남녀교사에 대한 인식 비교 연구". **교육정치학연구**. 11. 228-247.

김창걸(2003). **교육조직행위론**. 서울: 형설출판사.

김혜순(2008). 결혼이주여성과 한국의 다문화사회 실험. **한국사회학** 42-2, 36-71. 한국사회학회.

나항진 · 김경수 · 박성희 · 박영미 · 신정혜(2011). **교육사회학**. 경기: 양서원.

류성환(2007). 현장에서의 다문화교육 사례. 한국에서의 다문화주의(262-280). 서울: 한울.

박용헌 · 최정숙(1998). **교육사회학**. 한국방송대학교출판부.

박은하(2009). "한국 전래 동화에 표현된 성차별 언어". **아시아여성연구** 48(1), 7-30.

변기찬(2003). "페미니즘 및 페미니스트 용어의 기원". **중앙사론** 제18집, 157-176.

석태종(1996). **교육사회학**(수정판). 경기: 교육과학사.

성경원(2000). 컴퓨터 음란물이 청소년의 성의식과 학습에 미치는 영향. 한양대학교 행정대학원 석사학위논문.

성용구(2005). **교육사회학**. 서울: 태영출판사.

성용구(2009), 우리나라 다문화 교육의 문제와 개선방안. **초등교육연구논총** 25(2), 219-248. 대구교육대학교 초등교육연구소.

성용구(2012). 새로운 **교육사회학**. 2011증보개정판. 서울: 태영출판사.

손직수 역(1992). **교육사회학의 전망**. 경기 : 양서원. Robinson, P. E. D. (1981). *Perspectives on the sociology of education : An introduction*. London : Routledge and Kegan Paul.

송병순(1987). **교육사회학**. 서울 : 문음사.

송병순(1996). **교육사회학**. 서울: 문음사.

송인자(2004). 양성평등의 이해와 교육. 국립특수교육원 직무연수 4, 47-54.

송정아(2006). "성역할과 성역할 사회화에 관한 문헌 고찰". **진리논단** 14, 9-25.

송현주(2008). 성불평등과 교육 : 페미니스트 페다고지를 중심으로. 한국양성평등교육진흥원(http://www.kigepe.or.kr)에서 2010.12.30 인출.

송현주(2002). "대안적 패러다임으로서의 페미니스트 페다고지". **한국성인교육학회** 5(3), 1-28.

신군자(2001). **새로운 교육사회학.** 서울: 집문당.

심미옥(1995). "또래집단의 성역할 사회화에 관한 교육사회학적 논의". 춘천교육대학교 논문집, 35, 91-106.

심성보(1996). "한국 대안학교운동의 현황과 과제". **교육사회학연구** 6(2), 173-202.

안병환(1990). 학교교육과 사회적 재생산 - 사회과 교과서 분석 . 박사학위논문. 영남대학교 대학원.

안병환(2012). **교육사회학의 이해**. 경기: 공동체.

안혜련(2001). **페미니즘의 거울**. 서울 : 인간사랑.

양경숙(2002). "Pierre Bourdieu의 아비투스와 문화자본에 관한 교육적 논의". 경북외국어테크노대학 논문집, 8, 159-165.

양영자(2008). 한국 다문화교육의 개념 정립과 교육과정 개발 방향 탐색. 이화여자대학교 박사학위 논문.

오욱환(2003). **교육사회학의 이해와 탐구**. 경기: 교육과학사.

오재림(2006). "교육부문에서 성평등에 관한 국내연구의 동향과 과제". **아시아여성연구** 45(1), 235-265.

여성가족부(2007.12.10). "TV, 성역할과 지위에 따른 성 차별 여전". 보도자료.

유네스코 21세기 세계교육위원회 편(1997). 21세기 교육을 위한 새로운 관점과 전망. 서울: 오름.

유문숙(2006). "초등학교 학생과 교사의 양성평등에 관한 인식비교-5, 6학년을 중심으로". **한국모자보건학회지** 10(1), 1-10.

이건만(2006). "문화적 계급지배와 교육 불평등-P. Bourdieu 문화재생산이론의 음미". **교육사회학연구** 16(2), 111-139.

이규환 편역(1975). R. H. Turner(저). 교육에 의한 사회계층상승의 형태. **교육과 사회,** 이화여자대학교출판부.

이규환 · 최정숙(2001). **지역사회와 교육**. 한국방송대학교출판부.

이나영(2009). "급진주의 페미니즘과 섹슈얼리티-역사와 정치학의 이론화". **경제와 사회** 여름호(제82호), 10-37.

이명실(2005). "젠더화된 교육정책-해방이후 학교교육의 군사화를 중심으로". **아시아여성연구** 44(1). 157-189.

이병환(1999). 한국 대안학교의 특성 분석. 박사학위논문. 경북대학교.

이병환(2008). "미국 대안교육의 다양화와 경향 분석과 정책적 시사". 교육행정학연구 26(1), 163-188.

이병환 · 김영순(2008). **대안교육의 실천과 모색**. 서울: 학지사.

이병환 · 박미란(2012). 제2판 예비교사를 위한 지침서 **교직실무**. 경기: 교육과학사.

이병환 · 장기풍 · 김규태(2013). **최신 교육행정 및 교육경영** 서울: 태영출판사.

이수연 · 김양희(2001). 성차별 개선을 위한 텔레비전 모니터 결과보고서. 여성부.

이영애(2007). **현대 여성학의 이해**. 서울: 법문사.

이윤수 · 이상로 역(1972). **교육사회학**. 경기: 교육과학사.

이윤식 · 김병찬 · 김정휘 · 박남기 · 박영숙 · 송광용 · 이성은 · 전제상 · 정영수 · 정일환 · 조동섭 · 진동섭 · 최상근 · 허병기(2007). **교직과 교사**. 서울: 학지사.

이윤희 역(1995). J. C. Alxender 현대 사회이론의 흐름. **한국사회학연구소**. 서울: 민영사.

이종각(2013). **Basic+교육사회학**. 서울: 태영출판사.

이종각(1998). **교육사회학 총론**. 서울: 동문사.

이종각(2000). **교육사회학 신강**. 서울: 동문사.

이종각(2001). "학교위기의 실상과 대안 탐색". 교육연구 10월호 21(10), 20-25.

이종각(2004, 2005). **새로운 교육사회학총론**. 서울: 동문사.

이종각(2009). **새로운 교육사회학총론**. 서울: 동문사.

이 한(2000). **탈학교의 상상력**. 서울: 삼인.

임규혁 · 임웅(2009). **학교학습 효과를 위한 교육심리학**. 서울: 학지사.

장재천(2010). **교육사회학의 이론과 실천**. 경기 : 교육과학사.

장필화(2001). **여성학의 이해**. 서울: 경문사.

전인철(1997). "교육과정사회학의 재고". 용인대학교 논문집 13, 127-147.

정민승(2004). " '합리적 대화'를 넘어 '차이 배우기'로: 후기구조주의 페미니즘의 교육학적 의미지평 탐색". **교육사회학** 14(3).

정범모(2009). **교육의 향방**. 경기: 교육과학사.

정우현(1994). **교육사회학연구**. 경기: 교육과학사.

정유성(1997). **대안교육이란 무엇인가**. 서울: 내일을 여는 책.

정정희(2006). 결혼 이주여성 자녀교육 프로그램 개발과 교육지원 방안. 경북대학교연구보고서.

조경원(1999). "양성평등실현을 위한 교육의 방향". **교육과학연구** 29(1), 3-17.

조경원(2006). "젠더와 교육 : 무엇이 문제인가?". 여성연구논집 제17집, 29-62.

조용하(2012). **교육사회 : 교육의 사회적 기초**. 서울: 태영출판사.

조홍식 · 정선욱 · 김진숙 역(2010). **질적 연구방법론: 다섯가지 접근**. John W. Creswell (2007). *Qualitative inquiry & research design : Coosing among five approaches.*
조혜영(2007). 다문화가족 자녀의 학교생활실태와 교사 학생의 수용성 연구. 한국여성정책연구원.
조희원(2006). “여성과 차이-여성, 여성들, 여성개념의 다원화”. **한국정치학회보** 40(3), 103-123.
주동범 · 김정희 · 정일환(2002). **교직과정을 위한 교육사회학**. 서울 : 원미사.
차경수 · 최충옥 · 이미나(1997). **교육사회학의 이해**. 경기: 양서원.
차경수 · 최충옥 · 이미나 · 옹정근 · 남기석(2010). **교육사회학의 이해**. 경기: 양서원.
최명선 역(1990). **교육이론과 저항**. 서울: 성원사. Giroux, Henry A.(1986). *Theory and resistance in education : A pedagogy for the opposition.*
최영선 · 윤인경(2008). “양성평등적 관점에 기초한 실과(기술 · 가정)교과서의 사진 및 삽화 계량 분석”. **한국가정과교육학회지** 20(1), 85-100.
최용선(2003). “성별에 따른 영어사용상의 차이 · 차별에 대한 연구”. **새한영어영문학** 45(1), 269-292.
최정웅 편역(1993). **교육의 사회학적 이해**. 경기: 교육과학사.
최충옥 외(2009). **다문화교육의 이론과 실제**. 경기: 양서원.
한만길 · 윤종혁 · 이향규 · 김일혁(2009). 탈북학생의 교육실태 분석 및 지원방안 연구. 한국교육개발원 연구보고서(RR2009-10).
한민석(2010). **일반교육학**. 서울: 에듀넷.
한준상 외(1996). **신교육사회학**. 서울: 학지사.
한준상(1990). **교육사회학이론과 연구방법론**. 서울: 문음사.
허은주 · 유현정 · 이수진 · 안영화 · 배석영(2011). **현대 교육사회학**. 경기: 양서원.
황정미 · 김이선 · 이명진 · 최현 · 이동주(2007). 한국사회의 다민족 、다문화 지향성에 대한 조사연구. 한국여성개발원 연구보고서. 한국여성정책연구원.
Anderson, C. S.(2000). “The search for school climate: A review of the research”. *Review of Educational Research*. 52. 368-420.
Apple, M. W.(ed.)(1982). *Cultural and economic reproduction in education: Essays on class, ideology and state.* London: Routledge & Kegan Paul. 배종근 역(1987). **교육의 재생산이론**. 서울: 성원사.
Ballantine, J. H.(2001). *The sociology of education: A systematic analysis*(fifth ed.). Prentice Hall.

Ballantine, J. H.(2001). 김경식 · 이병환 역(2005). **교육사회학**. 경기: 교육과학사.

Banks, J. A.(2006). *Race, culture and education.* NY: Routledge.

Baxter, S.(1994). The last word on gender differences. *Psychology Today*. 27(2).

Bernstein, B.(1977). *Class, codes and control. Vol. 3. Toward a theory of educational transmissions*(2nd ed.). Routledge and Kegan Paul.

Blackledge, D. & Hunt, B.(1985). *Sociological interpretations of education.* London: Croom Helm.

Bourdieu, P., & Passeron, J. C.(1977). *Reproduction in education society and culture.* London: Sage

Bowles, S., & Gintis, H.(1976). *Schooling in capitalist America: educational reform and the contradictions of economic life.* New York: Basic Books.

Broom, L. & Selznick, P.(1973). *Sociology*(5th ed.). N.Y.: Harper & Row.

Burrell, G & Morgon, G.(1979). *Sociological paradigms and organizational analysis.* London: Heinemann.

Carnoy, M.(ed.)(1975). *Schooling in a corporate society.* New York: McKay.

Christine I. B.(2007). *Comprehensive Multicultural Education-Theory and Practice*(6th ed.), Pearson : Allyn and Bacon.

Clark, B.(1962). *Educating the expert society.* San Francisco: Chandler.

Coleman, J. S.(1968). "The concept of equality of Educational opportunity". *Harvard Educational Review.* 38(1), 37-77.

Collins, R.(1971). Functional and conflict theories of educational stratification. *American Sociological Review 36*, December, 1002-1019.

Cookson, Jr. P. W., & Sadovnik, A. R.(2002). Functionalist theories of education. In D. L. Levinson, P. W. Cookson, Jr., A. R. Sadovnik *An Encyclopedia Education and Sociology*, New York: Routledge Falmer.

Creswell, J. W.(2007). *Qualitative inquiry & research design : Choosing among five approaches.* Thousand Oaks, CA : Sage Publications. 조홍식 · 정선욱 · 김진숙 · 권지성 역(2010). **질적 연구방법론 : 다섯 가지 접근**. 서울 : 학지사.

Denzin, N. & Lincoln, Y.(Eds).(1994). *Handbook of qualitative research.* Thounsand Oaks, CA: Sage Publications.

Eggleston, J.(1974). *Contemporary research in the sociology of education.* London : Cambridge University Printing House.

Gordon, D.(1997). Neo-Marxist approaches to curriculum. In Lawrence J. Saha(ed.). *International Encyclopedia of the Sociology of Education.* Pergamon. 135-138.

Gur, R. C. et al.(1995). Sex differences in regional cerebral glucose metabolism during a resting state. *Science.* 267. 528-531.

Hid I., McLaren, J., and Renninger, A.(1993). Individual interest and gender. *Paper presented at the annual meeting of the American Educational Research Association*, Atlanta. 361.

Hoffman, l. W.(1988). *Changes in family roles, socialization, and sex differences. in Childhood Socialization,* edited by Gerald Handel. New York: Aldine de Gruyter. 361.

http://www.nypi.re.kr/bbs/viewbody.np?code =press&id=47&number=47

Hogan, D.(1981). The Marxist sociology of education A critique. *The British Journal of Sociology,* 33(4), 563-578.

Hurn, C. J.(1978). *The limits and possibilities of schooling: An introduction to the sociology of education.* Boston: Allen and Bacon, Inc.

Hurn, C. J.(1985). Conflict theory. In D. L. Levinson, P. W. Cookson, Jr., A. R. Sadovnik. *An encyclopedia Education and Sociology,* New York: Routledge Falmer.

Illich, I.(1971). *Deschooling society.* New York: Harper & Row. 김광한 역(1984). **탈학교논쟁**. 서울 : 한마당.

Inkeles, A. & Smith, D. H.(1974). *Becoming modern : Individual change in six developing countries.* Cambridge, MA : Harvard University Press.

Jencks, C. et al.(1972). *Inequality: A reassessment of the effect of family and schooling in American.* New York: Basic Books.

Kang, B.(1993). The effects of gender, race, and social class differences on childres's friendships. *Paper presented at the annual meeting of American Educational Research Association.* Atlanta.

Karabel, J. & Halsey(ed.)(1977). *Power and ideology in education.* Oxford University Press.

Keating, P.(1990). *Striving for sex equity in schools.* In Access to knowledge, edited by John I. Goodlad and Pamela Keating. New York: College Entrance Examination Board.

Keddie. N(1971). Classroom Knowlege. In M. F. D. Young(ed.). *Knowledge and Control.* 133-160.

Englund, S. (1986). *The action research planner.* Deakin University Press, Victoria.

Levine, D. U. & Levine, R. F.(1996). *Society and education*(9th ed.). Boston: Allyn and Bacon.

Lewontin, R. C.(1994). *Women versus the biologists.* The New York review of Books 41(7): 31-35.

Light, D. Jr. & Keller, S.(1979). *Sociology.* New York: Alfred A. Knopf.

Lloyd, B., and Duveen, G.(1990). *A semiotic analysis of the development of social representations of gender.* In social representations and the development of knowledge, edited by Gerald Duveen and Barbara Lloyd. New York: Cambridge University Press.

Morrow, R. A. & Torres, C. A.(1995). *Social theory and education: A critique of theories of social and cultural reproduction.* Albany: State University of New York Press.

Nozaki, Y., & Apple, M. W.(2002). Ideology and curriculum. In D. L. Levinson, P. W. Cookson, Jr., A. R. Sadovnik *An encyclopedia Education and Sociology.* New York: Routledge Falmer.

Nodding, N.(1990). Feminist critiques in the professions. In Review of Research in Education 16 edited by Courtney Cazden. Washington, DC: *American Educational Research Association.*

Nodding, N.(1994). Feminism and philosophy. *Paper presented at the annual meeting of American Educational Research Association*, New Orleans.

Ornstein, A. C. & Levine D. U.(2000). *Foundations of education*(7th ed.). Boston: Houghton Mifflin Company.

Parelius, A. P. & Parelius, R. J.(1978). *The sociology of education.* New Jersey: Prentice-Hall.

Persell, C. H.(1977). *Education and inequality.* New York: The Free Press.

Prichard, K. W. & Boxton, T. H.(1973). *Concepts and theories in sociology of education.* Professional Educators Publications. Inc.

Raffalli, M.(1994). *Why so few women physicists?* The New York Times Education Life January 9:26-28.

Sarup, M.(1979). *Marxism and education.* 이혜영 외 역(1988). **마르크스주의와 교육이론.** 서울: 한길사.

Tuner, J. H.(1960). 김진균 외 역(1989). **사회학 이론의 구조.** 서울: 한길사.

Turner, J. H. & Mitchell D. E.(1997). "Contemporary sociological theories of education". In Lawrence J. Saha(ed.). *International encyclopedia of the sociology of education.* Pergamon, 21-31.

Warshay, L. H.(1975). *The current state of sociological theory.* David McKay.

Wilson, J. C.(1993). On gender. *The Public Interest,* 112.

ARNO SCHMIDT
SALMAN RUSHDIE
PIPER
HEINRICH SPOERL · DER GASMANN

찾아 보기

인명

내용

저자 소개

✍ 이병환

경북대학교 대학원에서 교육학 석사 및 박사학위를 받았으며 교육부 교육연구사와 국가전문행정연수원 교수요원을 거쳐 현재 국립순천대학교 사범대학 교직과 및 동 대학원 교육학과 교수로 재직 중이다. 주요 저서로는 「대안교육의 실천과 모색」(학지사 : 2009년 대한민국 학술원 우수추천도서), 「교육사회학(역서)」(교육과학사 : 2006년 문화체육관광부 우수추천도서), 「예비교사를 위한 지침서 : 교직실무」(교육과학사), 「새로운 교원임용시험」(양서원), 최신 교육행정 및 교육경영(태영출판사) 등이 있으며, 「사교육 발생 요인과 대책」, 「창의경영학교 성공 요인 탐색」, 「컨설팅장학에 대한 교육전문직의 요구분석」 등 다수의 논문을 발표하였다. 미국 피츠버그대학교 방문교수로 미국 교육정책의 최신 동향을 연구한 바 있으며, 학교부적응 및 위기학생 지원과 새로운 학교모형 구상 관련 연구를 수행하고 있다.

새로운 **교육사회학**

초판발행 2014년 9월 1일
5판발행 2022년 9월 5일

이병환
2022. 9.

저 자 이병환
발행인 김현태
발행처 태영출판사

주 소 (08301) 서울 구로구 구로동 104-10
전 화 02 · 839-3757, 839-3752
팩 스 02 · 837-3754
등 록 2005년 5월 30일 제12-421호
http://www.taeyeongbook.co.kr
E-mail tys2005@hanmail.net
ISBN 978-89-6302-150-8 93370
정 가 19,000원

* 잘못 만들어진 책은 교환해 드립니다.

NAVER
태영출판사